Z-Wave

3. stark überarbeitete Auflage

Prof. Dr.-Ing. Christian Pätz

April 2017

Denn also hat Gott die Welt geliebt, dass er seinen eingeborenen Sohn gab, damit alle, die an ihn glauben, nicht verloren werden, sondern das ewige Leben haben.. Johannes 3, 16 (LUT)

© 2017 Prof.- Ing. Christian Pätz, 08064 Zwickau, christian.paetz@gmail.com

3. Auflage 2017, 2. Auflage 2014, 1. Auflage 2011

ISBN: 9783738601947

Das Werk einschließlich aller Inhalte ist urheberrechtlich geschützt. Alle Rechte vorbehalten. Nachdruck oder Reproduktion (auch auszugsweise) in irgendeiner Form (Druck, Fotokopie oder anderes Verfahren) sowie die Einspeicherung, Verarbeitung, Vervielfältigung und Verbreitung mit Hilfe elektronischer Systeme jeglicher Art, gesamt oder auszugsweise, ist ohne ausdrückliche schriftliche Genehmigung des Autors untersagt. Alle Übersetzungsrechte vorbehalten.
Die Benutzung dieses Buches und die Umsetzung der darin enthaltenen Informationen erfolgt ausdrücklich auf eigenes Risiko. Der Verlag und auch der Autor können für etwaige Unfälle und Schäden jeder Art, die sich beim Besuch von in diesem Buch aufgeführten Orten ergeben, aus keinem Rechtsgrund eine Haftung übernehmen. Rechts- und Schadenersatzansprüche sind ausgeschlossen. Das Werk inklusive aller Inhalte wurde unter größter Sorgfalt erarbeitet. Dennoch können Druckfehler und Falschinformationen nicht vollständig ausgeschlossen werden.

Herstellung und Verlag: BoD - Books on Demand, Norderstedt

Inhaltsverzeichnis

1	**Einleitung**	**15**
1.1	Was ist ein intelligentes Haus	16
1.2	Begriffs-Definition im Intelligenten Hauses .	24
1.3	Allgemeines Schichtenmodell der Funkkommunikation	26
1.4	Anforderungen an ein Funksystem zur Automation von Häusern	29
1.5	Alternativen für ein Haus-Funksystem . . .	31
	1.5.1 Analoger Funk im 27 MHz oder 433 MHz Frequenzbereich	31
	1.5.2 Proprietäre Protokolle verschiedener Hersteller	32
	1.5.3 Wifi oder WLAN	34
	1.5.4 IEEE 802.15.4 basierte Kommunikation	36
	1.5.5 ZigBee	37
	1.5.6 Thread	40
	1.5.7 EnOcean	41
	1.5.8 DECT ULE	42
	1.5.9 Z-Wave	44

Inhaltsverzeichnis

    1.6 Z-Wave - eine Kurzeinführung 45
          1.6.1 Z-Wave Geschichte 45
          1.6.2 Das Geschäftsmodell 49
          1.6.3 Z-Wave entwickelt sich zum offenen Standard 51
          1.6.4 Z-Wave Plus 54
          1.6.5 Z-Wave Logos 56

2 Funkschicht 58
    2.1 Grundlagen zur Funkausbreitung 58
    2.2 Frequenznutzung bei Z-Wave 61
          2.2.1 SRD860 64
          2.2.2 ISM915 67
          2.2.3 Wie Z-Wave mit unterschiedlichen Frequenzen umgeht 69
    2.3 Reichweitenabschätzung 71
          2.3.1 Hintergrund-Rauschen 75
          2.3.2 Antennendesign und Antennenverlust 78
          2.3.3 Dämpfung 83
          2.3.4 Funkschatten 86
          2.3.5 Reflektion und Interferenz 86
          2.3.6 Fading 89
          2.3.7 Zusammenfassung 90
    2.4 Elektromagnetische Verträglichkeit 92

3 Z-Wave Netzwerkschicht 94
    3.1 Datenkommunikation mit G.9959 94
          3.1.1 Die PHY-Funktionsschicht 94
          3.1.2 Z-Wave-Funkrahmen 99

Inhaltsverzeichnis

- 3.1.3 Home-ID und Geräte-ID 100
- 3.1.4 Transportschicht 109
- 3.1.5 Zuverlässigkeit und Fehlerkorrektur . 114
- 3.2 Routing 120
  - 3.2.1 Grundlagen des Routing 120
  - 3.2.2 Der Routingalgorithmus 125
- 3.3 Verschiedene Gerätearten bei Z-Wave 133
  - 3.3.1 Rolle im Netz: Controller und Slaves 133
  - 3.3.2 Arten der Stromversorgung 136
  - 3.3.3 Zusammenfassung 149
- 3.4 Manuelle Aktualisierung des Netzes 152
  - 3.4.1 Exklusion - Entfernen funktionierender Geräte 152
  - 3.4.2 Entfernen defekter Geräte 153
  - 3.4.3 Netzwerkneuorganisation 156
- 3.5 Automatische Aktualisierung des Netzes .. 159
  - 3.5.1 Statische Controller 161
  - 3.5.2 Explorer-Frame 166
  - 3.5.3 Vergleich zwischen Explorer-Frames und SUC/SIS 170
- 3.6 Verschiedene Netzwerk-Konfigurationen .. 175
  - 3.6.1 Z-Wave-Netzwerk mit einem portablen Controller 175
  - 3.6.2 Z-Wave-Netzwerk mit einem statischen Controller 176
  - 3.6.3 Portabler und statischer Controller in einem Netzwerk 178
  - 3.6.4 Netzwerke mit SUC- und SIS-Controller 180

Inhaltsverzeichnis

		3.6.5	Vergleich der Netzkonfigurationen . . 182

4 Z-Wave Anwendungsschicht — **185**
- 4.1 Geräte und Kommandos 185
  - 4.1.1 Verschiedene Arten von Z-Wave-Geräten 185
  - 4.1.2 Kommandoklassen (Command Classes) 190
  - 4.1.3 Die Kommandoklasse `Basic` 195
  - 4.1.4 Geräteklassen 197
- 4.2 Verwaltung von Geräten 208
  - 4.2.1 Node Information Frame 208
  - 4.2.2 Interview 211
  - 4.2.3 Konfiguration 213
  - 4.2.4 Batterie-Management 217
  - 4.2.5 Maximierung der Batterielebensdauer 222
  - 4.2.6 Multi-Channel-Geräte 227
- 4.3 Assoziationen 230
- 4.4 Szenen 239
  - 4.4.1 Beispiele 240
  - 4.4.2 Szenen-Schnappschuss 243
  - 4.4.3 Definition von Szenen in einem zentralen Controller 245
  - 4.4.4 Aktivieren von Szenen mit Zeitgebern 246
  - 4.4.5 Aktivieren von Szenen mit Funkkommandos 248
  - 4.4.6 Aktivieren von Szenen durch logische Verbindungen 255
  - 4.4.7 Komplexe Szenen mit Scripting . . . 257

	4.4.8	Vergleich zwischen Assoziationsgruppen und Szenen 260
4.5	Nutzerschnittstellen 262	
	4.5.1	Wandschalter und Fernbedienungen . 263
	4.5.2	Installationswerkzeuge 264
	4.5.3	Web-Schnittstellen und Apps 265
4.6	Funksicherheit im Smart Home 267	
	4.6.1	Allgemeine Informationen über Sicherheit und mögliche Angriffsversuche 267
	4.6.2	Verschlüsselung 268
	4.6.3	*Replay*-Attacke 270
	4.6.4	*Denial-of-Service*-Attacken 274
	4.6.5	Weitere Aspekte zur Funksicherheit . 275
	4.6.6	Das herkömmliche Sicherheitskonzept von Z-Wave 277
	4.6.7	Die Sicherheitsarchitektur S2 283

5 Z-Wave in der Praxis   **296**

5.1	Netzwerkaufbau - der allgemeine Ablauf . . 296	
	5.1.1	Definieren der gewünschten Funktion 297
	5.1.2	Wählen der richtigen Geräte 300
	5.1.3	Funk-Wandschalter versus Schalteinsätze 303
	5.1.4	Inklusion aller Geräte in ein gemeinsames Netz 308
	5.1.5	Arten von Inklusion 310
	5.1.6	Inklusion von Controllern 316

Inhaltsverzeichnis

	5.1.7	Probleme batteriegespeister Geräte . 321
	5.1.8	Interview-Prozess 324
	5.1.9	Konfiguration 327
	5.1.10	Assoziationen und Szenen 328
5.2	Hausaufgaben - wie entsteht ein stabiles Funknetz 329
	5.2.1	Funkschicht 329
	5.2.2	Z-Wave Netzwerkfunktion und Routing 331
5.3	Fehlersuche mit CIT bzw. Z-Way Expert UI . 336
	5.3.1	Radio-Schicht 339
	5.3.2	Netzwerk-Schicht - defekte Geräte . . 342
	5.3.3	Netzwerkschicht - falsche oder schlechte Verbindungen 352
	5.3.4	Konfigurationsfehler auf Applikations-Ebene 355
	5.3.5	Zusammenfassung 358
5.4	Bekannte Probleme und Lösungen 358
	5.4.1	Sprachverwirrung 361
	5.4.2	Verwechslung von Funktionen 362
	5.4.3	Keine Vorwärts-Kompatibilität 362
	5.4.4	Multi Channels versus Multi Instances 364
	5.4.5	Sünden der Vergangenheit 366
	5.4.6	IP-Gateways 366
	5.4.7	Schwacher Prüfsummenalgorithmus 367
	5.4.8	Komplettangebote von bestimmten Herstellern 368

6 Spezialthemen rund um Z-Wave — 369
- 6.1 Rechtliche Situation 369
  - 6.1.1 Wichtige Patente im Zusammenhang mit Z-Wave 372
  - 6.1.2 Wichtige Patente, die Z-Wave gegenüberstehen 373
- 6.2 SDKs 376
- 6.3 Wie werden Z-Wave Geräte entwickelt 379
  - 6.3.1 Hardware 379
  - 6.3.2 Firmware 383
  - 6.3.3 ZUNO 385
  - 6.3.4 Z-Way Middleware 390
  - 6.3.5 Z-Wave-Zertifizierung 393
- 6.4 Allgemeines über Dimmer 394
  - 6.4.1 Phasenanschnittdimmer 395
  - 6.4.2 Phasenanschnittdimmer für induktive Lasten 396
  - 6.4.3 Phasenabschnittsdimmer 397
  - 6.4.4 Universaldimmer 400
  - 6.4.5 Leuchtstofflampen 402
  - 6.4.6 LED-Leuchten 402
  - 6.4.7 Zusammenfassung 402
- 6.5 Zweidraht versus Dreidraht 404
  - 6.5.1 Dreidraht-Verkabelungen 404
  - 6.5.2 Zweidraht-Verkabelung 405
  - 6.5.3 Der Bypass 408
- 6.6 Treppenhausschaltung 409

Inhaltsverzeichnis

A Nützliche Online-Ressourcen   411

B Z-Wave Device Types   413

C Z-Wave Command Classes Reference   419

D Frequencies by Country   425

Literaturverzeichnis   431

Inhaltsverzeichnis

Zur deutschen Übersetzung Z-Wave ist ein internationaler Funk-Standard und daher sind alle Bezeichnungen und Prozesse in englischer Sprache definiert. Eine Übersetzung all dieser Begriffe in die deutsche Sprache ist nicht immer möglich und führt teilweise auch zu Irritationen.

Das vorliegende Buch basiert daher auf den folgenden Prinzipien für die Übersetzung der englischen Originalbegriffe.

- Bei den zentralen Prozessen, für die die Z-Wave Spezifikation sogar Vorschriften zur Benutzung in Handbüchern macht, existieren dem englischen Original entsprechende deutsche Begriffe, die nur der deutschen Orthographie entsprechen. Die Begriffe Inclusion → Inklusion, Exclusion → Exklusion, Association → Assoziation, Generic Class → generische Klasse, Controller → Controller und Primary Controller → Primärcontroller werden damit in der eingedeutschten Form verwendet und die Beziehung zum englischen Original ist deutlich erkennbar. Im Anhang sind die Kernbezeichnungen der Z-Wave Welt sowie deren Bedeutung im Sinne eines Glossars aufgelistet.

- Z-Wave kennt als Gegenstück zum Controller den Slave. Die deutsche Übersetzung dieses Begriffes ist definitiv irreführend und alle anderen Begrifflichkeiten sind nicht präzise genug. Daher wurde entschieden, den englischen Begriff des *Slave* als Bezeichnung für ein Z-Wave Gerät, das kein Controller ist, zu belassen.

- Namen von Funk-Kommandos werden nur übersetzt, wenn es eine sinnvolle deutsche Bezeichnung gibt und aus dieser deutschen Bezeichnung der englische Originalbegriff herleitbar ist. Teilweise wird zur Sicherheit der englische Originalbegriff kursiv daneben gestellt.

- Quelltexte oder Bezeichnungen, die direkt im Zusammenhang mit quellcodeartigen Darstellungen stehen, werden nicht übersetzt und bleiben im englischen Original erhalten

- Für alle anderen Bezeichner und Beschreibungen wurde so weit wie möglich die deutsche Sprache verwendet.

Gegenüber der Ausgabe von 2014 wurden folgende Themen hinzugefügt bzw. aktualisiert:

- (K1) Update zu alternativen Funkprotokollen

- (K1) Z-Wave ist jetzt Public Domain

- (K1) Neufassung der Einführung in Z-Wave mit Z-Wave-Historie, Geschäftsmodell, Logo-Historie, Technologie und Z-Wave Plus

- (K2) Komplette Neufassung des Kapitels 2 über Funkausbreitung und Reichweitenabschätzung

Inhaltsverzeichnis

- (K3) Explorer-Frame Verfahren im Detail erklärt
- (K3) Netzwerkrollen von Z-Wave Plus jetzt im Rahmen der Netzwerkschicht
- (K3) Energie-Harvesting
- (K3) Z-Wave Kanalkonzept
- (K3) CRC16 im Z-Wave Kanal 3
- (K4) Z-Wave+ Gerätetypen im Rahmen der Geräteklassen
- (K4) Multi-Channel-Geräte
- (K4) Lifeline
- (K4) Central Scene
- (K4) Dezentrale Natur von Assoziationen
- (K4) Neue Sicherheitsarchitektur S2
- (K5) Praktisches zum Interview-Prozess
- (K5) Fehlersuche mit CIT oder Expert-UI von Z-Way
- (K5) Probleme mit Komplett-Angeboten von manchen Herstellern
- (K6) Entwicklung von Z-Wave Geräten
- Aktualisierung in Bezug auf ICs, SDKs, etc.

Inhaltsverzeichnis

- Klarstellungen in Bezug auf PHY, MAC und Transportschicht
- Über 80 % der Abbildungen wurden überarbeitet oder neu gesetzt

Gegenüber der englischen Erstausgabe von 2012 wurden folgende Themen hinzugefügt:

- Betrachtungen zu Vor- und Nachteilen von Schalteinsätzen gegenüber kompletten Wandschaltern
- Sicherheit im intelligenten Haus und bei Z-Wave
- Update auf Serie 500 Chips
- Update auf FLIRS
- Update auf Autoinklusion als die neue Standard-Version zur Inklusion
- Z-Wave Plus

1 Einleitung

Die Z-Wave-Technologie ist ein internationaler Funkstandard, der drahtlose Kommunikation in intelligenten Häusern ermöglicht. Sie verbindet einzelne elektrische Funktionen im Haus, wie beispielsweise Licht, Klimaanlagen, Heizungen, sowie Entertainment- und Sicherheitssysteme. Das Zusammenspiel dieser Systeme ergibt ein intelligentes Haus, in dem elektronische Geräte verschiedener Anbieter verbunden werden, um den Grad an Sicherheit, Komfort und Lebensqualität der dort lebenden Personen zu erhöhen. Darüber hinaus hilft ein intelligentes Haus auch dabei, Energie zu sparen sowie Umwelt und Menschenleben zu schützen.

Ein intelligentes Haus ist gekennzeichnet durch die Verbindung unterschiedlicher Geräte im Haus und die Möglichkeit diese über eine Bedienoberfläche zu kontrollieren. Diese Bedienoberfläche kann ein Web-Browser, ein an der Wand montiertes Touch-Panel, eine Fernbedienung oder ein Mobiltelefon sein.

Zur Verbindung der Geräte in einem Wohnhaus gibt es drei Möglichkeiten:

- Drahtgebundene Lösungen erfordern Kabel, die während des Baus oder der Sanierung im Gebäude in-

1 Einleitung

stalliert werden müssen. Beispiele dafür sind BACnet (BACnet ist ein Protokoll, das mit verschiedenen Datenträgern funktioniert), bestimmte Versionen von LON oder KNX bzw. Instabus sind typischerweise teuer und daher nur im gewerblichen Bereich und in einigen wenigen Luxuswohnhäusern anzutreffen.

- Sogenannte *Powerline*-Kommunikationsprotokolle verwenden das 230 V Stromnetz als Kommunikationsmedium. Gewisse Standards wie HomeplugAV werden gebräuchlicher, wenn auch eher als Ersatz für die Ethernet-Technologie, die für TV, Video und Audio angewandt wird.

- Drahtlose Lösungen verzeichnen das größte Wachstum am Markt, da sie sowohl zuverlässig als auch bezahlbar sind und im Haus ohne aufwändige Renovierungsarbeiten installiert werden können. Außerdem können gewisse Funktionen, wie beispielsweise intelligente Türschlösser oder -sensoren, nicht drahtgebunden installiert werden, da sich die Tür bewegt oder sie an Stellen angebracht werden sollen, an denen keine Kabel verfügbar sind.

1.1 Was ist ein intelligentes Haus

Der Begriff 'intelligentes Haus', englisch *Smart Home* wird häufig zusammen mit dem Begriff *Home Automation* ge-

1 Einleitung

nutzt. Wikipedia definiert *Home Automation* wie folgt:

> Home automation is the residential extension of building automation. It is automation of the home, housework or household activity. Home automation may include centralized control of lighting, HVAC(heating, ventilation and air conditioning), appliances, and other systems, to provide improved convenience, comfort, energy efficiency and security. Home automation for the elderly and disabled can provide increased quality of life for persons who might otherwise require caregivers or institutional care. A home automation system integrates electrical devices in a house with each other. The techniques employed in home automation include those in building automation as well as the control of domestic activities, such as home entertainment systems, houseplant and yard watering, pet feeding, changing the ambiance 'scenes' for different events (such as dinners or parties), and the use of domestic robots. Devices may be connected through a computer network to allow control by a personal computer, and may allow remote access from the internet. Through the integration of information technologies with the home environment, systems and appliances are able to communicate in an integrated manner which

1 Einleitung

results in convenience, energy efficiency, and safety benefits. [SmartHome2017]

Die Definition ist korrekt aber nicht sehr aufschlussreich. Um sich der Thematik zu nähern, bietet es sich an, sich zunächst einmal in die gute alte Zeit zurück zu versetzen.

Früher erfolgte die Bedienung eines jeden Gerätes oder Produktes direkt am Gerät - Funktion und Bedienung waren eine Einheit. Eine Kerze wurde am Docht angezündet und das Licht kam direkt von der Kerze. Ein Türklopfer musste von Hand bedient werden und das Geräusch des Klopfens wurde unmittelbar vom Türklopfer generiert.

Durch das Aufkommen von Elektrizität hat sich in den letzten 100 Jahren einiges geändert. Die elektronische Türklingel wird an der Tür durch das Drücken eines Knopfes bedient. Der mehr oder weniger schöne Klang der Klingel kommt von einer elektrisch mit dem Knopf an der Tür verbundenen 'Schelle'. Das elektrische Licht wird typischerweise mit einem Lichtschalter an der Wand bedient, der sich nicht mehr direkt neben der Lichtquelle befindet, sondern bequem neben der Tür, sodass der Bewohner ihn einfach erreichen kann, wenn er den Raum betritt. Dieser Lichtschalter an der Wand ist durch einen elektrischen Stromkreis mit der Lichtquelle verbunden.

Andere Beispiele sind die Bedienung der Jalousien am Fenster, Wandthermostate, die die Temperatur im Raum regeln oder einfache Fernbedienungen, mit denen man Geräte ein- und ausschalten kann, die umständlich di-

1 Einleitung

Abbildung 1.1: Herkömmliches Haus am Ende des 20sten Jahrhunderts

rekt zu bedienen sind. Viele Geräte im Haus werden immer noch direkt am Gerät bedient, wie beispielsweise Geschirrspülmaschinen, Waschmaschinen, Wäschetrockner oder Elektroherde. Fernsehgeräte werden seit der Einführung der Infrarot-Fernbedienung vor 40 Jahren mit eben dieser bedient.

Die Abbildung 1.1 zeigt die verschiedenen Arten die Geräte im Haus zu bedienen in einem herkömmlichen Haus am Anfang des 21. Jahrhunderts. Das intelligente Haus bzw. die Hausautomatisierung hat diese Situation vielfach verändert.

Die Bedienung unterschiedlicher Geräte erfolgt über ei-

1 Einleitung

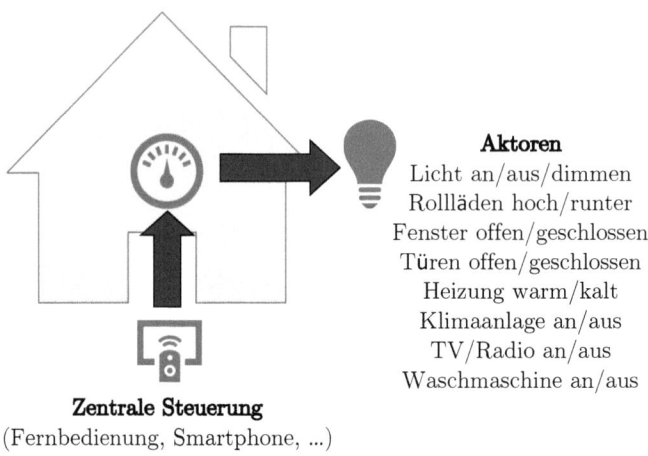

Abbildung 1.2: Erster Schritt zum intelligenten Haus

ne Bedieneinheit. Der Lichtschalter dient nicht mehr nur zum Anschalten des Lichtes, sondern auch für andere Funktionen des Raumes. Die Fernbedienung ist nicht mehr nur einem Gerät zugeordnet, sondern bedient mehrere Unterhaltungsgeräte und Hausfunktionen, wie Licht oder Klimaanlage.

Abbildung 1.2 veranschaulicht den ersten Schritt hin zum intelligenten Haus.

Dieser erste Schritt bietet dem Bewohner erste Erleichterungen im Gebrauch und in der Bedienung der Geräte. Die Bedienung wird zentralisiert und vereint und ist somit in der Nutzung sehr viel bequemer. Ein gutes Beispiel für zentrale Bedienung sind Mobiltelefone, die zu-

1 Einleitung

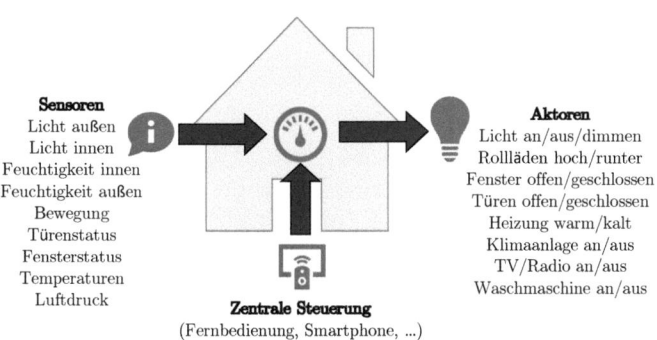

Abbildung 1.3: Zweiter Schritt zum intelligenten Haus

nehmend dazu genutzt werden, verschiedene Funktionen und Services im täglichen Leben zu vereinfachen.

Das zweite Merkmal eines intelligenten Hauses ist die Nutzung von Sensoren, die ausführliche Informationen über den Status des Hauses liefern.

Dies ist keinesfalls ein neues Konzept. Wandthermostate haben einen Temperatursensor, der die Heizung steuert und ein Rauchmelder ist ebenfalls ein Sensor. Die Idee eines intelligenten Hauses bringt die Nutzung von Sensoren auf ein neues Level: Bewegungsmelder steuern das Licht, wenn jemand im Raum ist oder sie drehen die Heizung herunter bzw. schalten sie ganz aus, wenn jemand den Raum verlässt. Sensoren für die Luftqualität steuern Fenster und Ventilation, um eine ausreichende Sauerstoffversorgung sicherzustellen, wenn der Raum genutzt wird.

Diese zweite Funktion ist in Abbildung 1.3 dargestellt.

1 Einleitung

Die Kernfunktion eines intelligenten Hauses ist die Automatisierung. Eine intelligente Schaltzentrale verbindet die Informationen, die Sensoren oder Interaktionen der Benutzer, wie beispielsweise durch Drücken eines Buttons, um eine Funktion des Hauses zu regulieren, ihnen liefern. Die Automatisierung bildet die Verbindung von verschiedenen Funktionen, die schon in der manuellen Bedienung im Schritt 1 eines intelligenten Hauses zentralisiert wurden, mit einer intelligenten Schaltzentrale. Diese stellt sicher, dass das Haus die verschiedenen Funktionen automatisch und unabhängig von der Bedienung durch den Nutzer ausführt.

Ein gutes Beispiel ist die Steuerung eines Dachfensters. Im Winter soll es geschlossen bleiben und während der Nacht sollen die Rollläden unten bleiben, um so viel Energie wie möglich zu bewahren. Tagsüber werden die Jalousien geöffnet und am Mittag, wenn die Außentemperatur hoch genug ist, öffnet sich das Fenster automatisch, um frische Luft in das Gebäude zu bringen. Ein Regen- und Windsensor sorgt dafür, dass das Fenster geschlossen bleibt, wenn es regnet oder starker Wind weht. Im Sommer unterscheidet sich die Automatisierung. Jetzt soll das Fenster tagsüber geschlossen mit heruntergelassenen Rollläden bleiben. Damit soll eine Überhitzung vermieden werden. Nachts soll das Fenster dann geöffnet sein, um frische Luft in den Raum zu leiten. Natürlich ist auch im Sommer der Schutz vor Regen und Wind relevant. Falls die Schaltzentrale weiß, dass der Bewohner nicht im

1 Einleitung

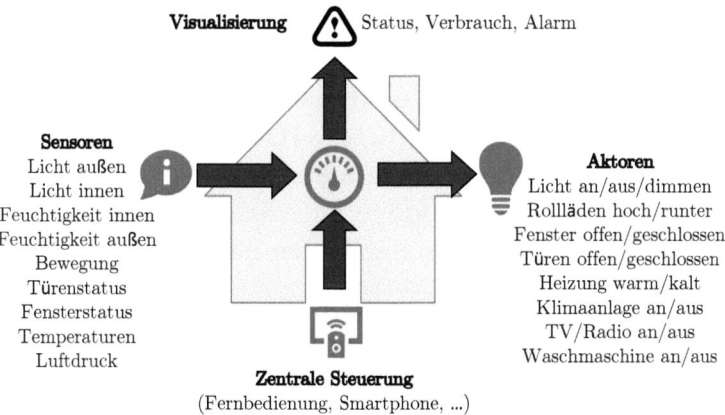

Abbildung 1.4: Letzter Schritt zum intelligenten Haus

Haus ist, können die Fenster aus Sicherheitsgründen 24h geschlossen bleiben. Neben der Steuerung des Hauses erhebt das vernetzte System von Sensoren und Geräten Informationen über gewisse Messwerte bezüglich des Status des Hauses und der Bewohner. Das hilft bei der weiteren Optimierung der Funktionen und informiert die Bewohner über die Sicherheit und hilft, wenn möglich, Energie zu sparen.

Abbildung 1.4 zeigt den finalen Schritt zu einem intelligenten Haus. Die Eigenschaften eines intelligenten Hauses können folgendermaßen definiert werden:

" **Verschiedene, zentralisierte Bedienoberflächen steuern durch Interaktion mit dem Be-**

1 Einleitung

> wohner, Sensordaten und intelligente Entscheidungen, die die Bedienoberfläche selbst trifft, eine Vielzahl von Funktionen im Haus. Gleichzeitig stellt das intelligente Haus dem Bewohner nützliche Informationen zur Verfügung, die dabei helfen kluge Entscheidungen, wie das Einsparen von Energie zu treffen."

Es gibt keine klare Grenze, wann ein Haus zu einem intelligenten Haus wird. Sobald Kommunikationstechnik genutzt wird, muss der Bauherr entscheiden, welche Art von intelligenten Funktionen er integrieren will. Insbesondere die Nutzung von drahtloser Technologie erlaubt es Schritt für Schritt neue Funktionen einzubringen und das Leben und Arbeiten immer 'intelligenter' zu machen.

1.2 Begriffs-Definition im Intelligenten Hauses

Es gibt einige geläufige Eigenschaften und Begriffe, die im Zusammenhang mit einem intelligenten Haus genutzt werden.

- **Sensor:** Ein Sensor ist eine Vorrichtung, die Informationen generiert und diese an andere Geräte mittels eines Kommunikationsnetzwerkes übermittelt. Beispiele für derartige Sensoren sind Temperatursensoren im Raumthermostat, Bewegungsmelder, Türsensoren oder Rauchmelder.

1 Einleitung

- **Controller:** Controller sind Vorrichtungen, die andere Vorrichtungen mittels des Kommunikationsnetzwerkes steuern. Typischerweise sind es Bedienoberflächen. Beispiele sind Fernbedienungen, Tastaturen oder Wandschalter.

- **Aktoren:** Aktoren sind Vorrichtungen, die eine Aktion ausführen. Sie schalten ein oder aus, dimmen, laden auf, schließen usw. Beispiele für Aktoren sind Fenstermotoren, Lichtschalter, Lichtdimmer und elektrische Türschlösser.

- **Steuernetz:** Das Netzwerk ist ein Kommunikationsmedium, das Aktoren, Controller und Sensoren miteinander verbindet.

- **Gateways:** Gateways verbinden das Kommunikationsnetzwerk des Hauses mit anderen Kommunikationsnetzwerken wie TCP/IP (Transmission Control Protocol/Internet Protocol) -basiertes Internet oder dem Mobilfunknetzwerk.

Die Intelligenz des Steuernetzes des Hauses ist meist in einem einzelnen Gerät konzentriert, dem Zentralcontroller oder auch im IP-Gateway, weil ohnehin höhere Rechenleistung gebraucht wird. Es kann aber auch auf mehrere Geräte verteilt sein.

Manche Anbieter mischen verschiedene Funktionen in einem Gerät. Mehrfachsensoren, wie beispielsweise Temperatur oder Luftfeuchtigkeit, sind sehr gebräuchlich. Ein anderes Beispiel einer solchen Mischform ist ein Raumthermostat, das typischerweise einen Temperatursensor mit einer Bedienoberfläche für das Festlegen der Temperatur im Raum kombiniert.

1.3 Allgemeines Schichtenmodell der Funkkommunikation

Drahtlose Kommunikationssysteme sind komplex und bestehen aus zahlreichen Funktionen. Um all diese Funktionen zu strukturieren, gruppieren Kommunikationsingenieure sie in einem Schichtenmodell und sogenannten Protokollstapeln (engl. *protocol stack*). Jede Schicht führt dabei eine bestimmte Funktion aus und nutzt dazu die Funktionen der darunter liegenden Schicht. Die Funktionen sind alle exakt definiert, so dass eine Schicht - zumindest theoretisch - durch eine andere, unterschiedliche Implementierung der gleichen Schicht ausgetauscht werden kann, ohne das andere Schichten und Funktionen betroffen sind.

Jede Schicht hat definierte Funktionen, die sie verrichtet, und diese Funktionen bestimmen die Dienste, die eine Schicht der darüber liegenden Schicht bereitstellt. Für Kommunikationsnetzwerke in intelligenten Häusern ist eine 4-Schichten-Struktur sinnvoll:

1. **Funkschicht:** Diese Schicht bestimmt, wie ein Funk-Signal zwischen einem Sender (*Transmitter*) und ei-

1 Einleitung

nem Empfänger (*Receiver*) ausgetauscht wird. Dabei spielen Frequenz, Signal-Kodierung etc. eine Rolle. Der Dienst, den die Funkschicht bereitstellt, ist der Transport von verschiedenen Bits und Bytes von einem Gerät zu einem anderen Gerät.

2. **Netzwerkschicht:** Diese Schicht organisiert, dass die Daten sicher und verlässlich von der Quelle zum Ziel übertragen werden. In einem drahtlosen Netzwerk können dabei andere Geräte zur Signalverstärkung oder Weiterleitung verwendet werden. Zu den Aufgaben der Netzwerkschicht gehören die Organisation des Netzwerks (wer ist drin, wer ist draußen), Adressierung, Routing, Verschlüsselung und Datenweiterleitung.

3. **Anwenderschicht:** Die Anwenderschicht definiert die Bedeutung der Daten, die von der Netzwerkschicht und anschließend der Funkschicht übertragen werden. Die Netzwerkschicht kennt nur Bytes. Die Anwenderschicht legt die Bedeutung der Bytes fest. Sie definiert das Format, in dem Werte gemessen werden und die verschiedenen Befehle, die bestimmte Aktionen auslösen sollen.

4. **Nutzerschnittstelle:** Die Nutzerschnittstelle dient als Schnittstelle für den Benutzer. Sie legt fest, wie Funktionen und Statusinformationen des Netzwerks auf verschiedenen Nutzeroberflächen wie Mobiltelefonen, Tablets oder Wandschaltern dargestellt werden.

1 Einleitung

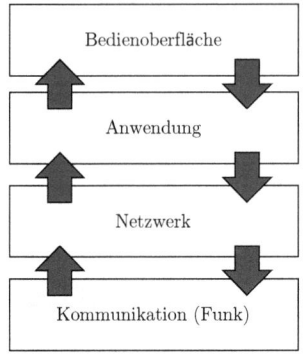

Abbildung 1.5: Allgemeines Schichtenmodell der Funkkommunikation

Nutzerschnittstellen definieren die Bedeutung von Symbolen, das Blinken der LEDs, Anzahl und Geschwindigkeit von erforderlichen Button-Betätigungen, etc.

Diese 4-Schichten-Struktur ist in Abbildung 1.5 ersichtlich. Dieses Buch nutzt zur Beschreibung des drahtlosen Kommunikationsprotokolls von Z-Wave dieses Schichtenmodell.

1 Einleitung

1.4 Anforderungen an ein Funksystem zur Automation von Häusern

Das Kommunikationsnetzwerk eines intelligenten Hauses muss einige Anforderungen erfüllen:

1. **Zuverlässigkeit der Kommunikation:** Wichtige Funktionen wie Türschlösser, Alarmanlage und Heizung müssen zuverlässig gesteuert werden. Um diese Zuverlässigkeit zu sichern, ist es wesentlich, dass alle Funkkommandos ihr Ziel erreichen und der korrekte Empfang vom Empfänger zurück an den Sender bestätigt wird. Eine fehlende Rückmeldung kann dann eventuell zur Neuübertragung der Information genutzt werden oder der Nutzer wird zumindest darüber informiert, dass ein Problem vorliegt.

   Dem gegenüber stehen Funktechnologien, die ohne Rückkanal auskommen (müssen). Hier herrscht bei der Zuverlässigkeit der Datenübertragung das Prinzip Hoffnung.

2. **Sicherheit der Kommunikation:** Es muss sichergestellt werden, dass nicht autorisierte Dritte nicht vorsätzlich oder versehentlich die Kommunikation unterbrechen oder beeinträchtigen können. Meist geschieht das durch Verschlüsselung, Autorisierungs- und Authentifizierungsverfahren (Authentifizierung = Wer bist du ?, Autorisierung = Darfst du überhaupt, was du tun willst ?)

1 Einleitung

3. **Niedrige Funkabstrahlung und Energieverbrauch:** Aus gesundheitlichen und sicherheitsrelevanten Gründen, sowie wegen der Überlagerung mit anderen drahtlosen Geräten, wie Telefonen, Radios und TV-Geräten, ist es wichtig, dass die drahtlose Technologie für die Hausautomation eine möglichst niedrige Funkabstrahlung aufweist und wenig Energie verbraucht. Das hilft auch, um längere Batterielaufzeiten bei batteriebetriebenen Geräten zu ermöglichen.

4. **Einfache Bedienung:** Hausautomation soll das Leben des Bewohners einfacher machen und nicht komplizierter.

5. **Angemessener Preis:** Dieser Punkt ist wesentlich, um eine weitreichende Akzeptanz der Technologie zu sichern.

6. **Investitionsschutz:** Hausautomationslösungen werden meist während des Baus des Hauses oder der Renovierung installiert. Sie sollten demnach eine entsprechende Lebensdauer aufweisen, die im Rahmen normaler Investitions- und Renovierungszyklen liegt. Bereits bei der Anschaffung ist es ratsam, sicherzustellen, dass defekte Geräte auch nach Jahren noch durch identische oder baugleiche und zu den restlichen installierten Geräten kompatible Geräte ersetzt werden können.

7. **Interoperabilität:** Funktionen der Hausautomation

1 Einleitung

wie Heizung, Licht oder Fenstersteuerung werden durch Produkte verschiedener Hersteller erbracht, die in ihrem jeweiligen Gebiet Expertenstatus haben. Es ist schwer vermittelbar, z.B. die Heizungssteuerung von einem Hersteller mit Kompetenz im Lichtbereich zu erwerben, nur um eine entsprechende gemeinsame Steuerbarkeit zu erreichen. Jede verwendete Funktechnologie muss daher unabhängig vom jeweiligen Hersteller einsetzbar sein. Die Interoperabilität zwischen verschiedenen Herstellern wird durch strenge Technologiestandards und Produktzertifikationsprogramme sichergestellt. Ein gutes Beispiel dafür ist die Interoperabilität von WiFi, Bluetooth und eben Z-Wave.

1.5 Alternativen für ein Haus-Funksystem

Am Markt existieren verschiedene drahtlose Funktechnologien für intelligente Häuser, die den oben genannten Anforderungen mehr oder weniger entsprechen.

1.5.1 Analoger Funk im 27 MHz oder 433 MHz Frequenzbereich

Analoge drahtlose Systeme werden meist von No-Name-Herstellern angeboten und haben einen bemerkenswert niedrigen Preis. Das geht einher mit eher dürftiger Qualität und Sicherheit. Weil die Frequenz häufig mit dem Babyphone oder einem CB-Transceiver geteilt wird, sind Überlagerungen alltäglich und das Verhalten dieser Systeme wird unvorhersehbar. Aufgrund dieser Einschränkungen sind analoge Funklösungen als seriöse Hausinstallationen nicht weit verbreitet. Sie werden zunehmend von digitalen Systemen ersetzt, die zuverlässiger sind und mehr Leistung und Flexibilität bieten.

1. **Zuverlässigkeit:** nein
2. **Sicherheit:** nein
3. **Wenig Funkabstrahlung und Energieverbrauch:** ja
4. **Einfachheit:** ja
5. **Günstiger Preis:** ja
6. **Investitionsschutz:** nein
7. **Interoperabilität:** nein

1.5.2 Proprietäre Protokolle verschiedener Hersteller

Mehrere Hersteller haben ihre eigenen proprietären digitalen Funklösungen entwickelt und bieten teilweise sehr

1 Einleitung

umfangreiche Produktfamilien an. Einige dieser Protokolle haben die zuverlässige und durch vollständige Rückbestätigung der Übertragung gekennzeichnete Zwei-Wege-Kommunikation implementiert.

Der größte Nachteil dieser Angebote ist allerdings die Beschränkung auf einen oder sehr wenige Hersteller. Das stellt kein Problem für einfache Lösungen dar, aber verhindert häufig die Umsetzung einer kompletten Automation. Nicht nur die Auswahl der Produkte ist begrenzt, auch die Erhältlichkeit der Produkte nach längerer Zeit ist meist nicht gewährleistet. Es ist nicht ungewöhnlich, dass Hersteller die Protokolle ändern und somit die Vorgängerprodukte nicht mehr zu gebrauchen sind. Trotzdem spielen die proprietären Technologien am Markt immer noch eine große Rolle. Das ist begründet in den dauerhaften Marketinganstrengungen der Hersteller und deren Einfachheit im Kauf einer Komplettlösung.

1. **Zuverlässigkeit:** teilweise
2. **Sicherheit:** teilweise
3. **Wenig Funkabstrahlung und Energieverbrauch:** ja
4. **Einfachheit:** ja
5. **Günstiger Preis:** meistens
6. **Investitionsschutz:** nein
7. **Interoperabilität:** nein

1 Einleitung

1.5.3 Wifi oder WLAN

Wireless LAN (WLAN) ist die Technologie, die am Markt am meisten vertreten ist. Alle Notebooks, Netbooks, Tablet PCs und fast alle Smart Phones sind WLAN-fähig. Das wirft die Frage auf, warum intelligente Häuser WLAN nicht als Standard-Kommunikationsnetzwerk nutzen. Dafür gibt es drei Gründe:

(1) WLAN wurde entwickelt zur Übermittlung großer Datenmengen. Für Übertragung und Empfang der Daten wird viel Energie gebraucht. Der klare Fokus auf Geschwindigkeit, hohe Sicherheit und eine hohe Übertragungsrate hat seinen Preis: WLAN braucht zu viel Energie für ein Hausautomationsnetzwerk, dass zumindest teilweise auf batteriebetriebenen Geräten oder sogar auf Geräten, die ihre Energie aus ihrer Umgebung beziehen (Energy Harvesting) basiert. WLAN kann in den Bereichen eines intelligenten Hauses genutzt werden, in denen die Geräte netzbetrieben werden, aber es kann nicht alle Einsatzbereiche bedienen. Die Verbindung von Geräten eines intelligenten Hauses zu Mobiltelefonen oder Tablets wird ermöglicht durch die Nutzung von WLAN bis zu einem Gateway. Von da aus wird das Signal über eine Technologie mit niedrigerer Geschwindigkeit und geringerem Energieverbrauch weiter zu den Endgeräten wie Sensoren und Aktoren geleitet. Es gibt verschiedene Bemühungen, den Energieverbrauch von WLAN zu senken, aber es wurde noch kein Niveau erreicht, auf dem batteriebetriebene Geräte mit WLAN mit einer sinnvollen Batterielaufzeit ge-

1 Einleitung

nutzt werden können.

(2) WLAN nutzt die 2.4 GHz - und 5 GHz - Funkfrequenz und dieser Frequenzbereich ist schon sehr ausgelastet. Mit steigender Anzahl von WLAN-Geräten und den schnell steigenden Anforderungen an die Datenrate durch IP-Fernsehen und andere Videostreaming- Dienste wird WLAN immer intensiver genutzt. Aussteller auf Fachmessen wissen bereits, dass eine gewisse Menge an aktiven WLAN-Geräten in einem Raum die WLAN-Kommunikation schnell zum Erliegen bringt.

(3) WLAN spezifiziert nur die Funkschicht und die Netzwerkschicht. Bis jetzt gibt es noch keine allgemeingültige, spezifizierte Anwendungsschicht für WLAN-basierte, intelligente Häuser. Das bedeutet, dass verschiedene Geräte, die WLAN nutzen, in einem einzelnen Netzwerk arbeiten, aber nicht miteinander interagieren können. Die IETF (Internet Engineering Task Force) als Standardisierungsgruppe für Internet-Anwendungen arbeitet an einer Lösung des Problems, aber bis jetzt steht kein allgemein gültiger Standard zur Verfügung. Die einzige momentan erhältliche Verbindung zwischen der Internet/WLAN-Technologie und intelligenten Häusern ist die sogenannte 6LoWPAN-Spezifikation [6LoWPAN2017]. 6LoWPAN definiert, wie eine IP-Adresse auf die Adressen, die im Internet genutzt werden und auf drahtlose Technologien, die in intelligenten Häusern genutzt werden, übertragen wird. Das Ziel ist es, ein Internet der Dinge zu entwickeln, in dem jedes Gerät im Haus seine eigene IP-Adresse hat und vom

1 Einleitung

Internet aus erreichbar ist. Die Entscheidung, ob diese Lösung im Hinblick auf Aspekte der Sicherheit und der Privatsphäre wünschenswert ist, liegt beim Nutzer.

1. **Zuverlässigkeit:** größtenteils ja
2. **Sicherheit:** ja
3. **Wenig Funkabstrahlung und Energieverbrauch:** nein
4. **Einfachheit:** ja
5. **Günstiger Preis:** ja
6. **Investitionsschutz:** teilweise
7. **Interoperabilität:** nein, kein Standard auf Anwendungsebene

1.5.4 IEEE 802.15.4 basierte Kommunikation

Der IEEE 802.15.4 - Standard ist definiert als Kommunikationsverbindung mit niedrigem Energieverbrauch und einer niedrigen Datenrate und wird als zugrundeliegende Schicht für verschiedene Kommunikationslösungen auch im Smart Home genutzt. Die Spezifikation deckt aber nur die unteren Protokollebenen ab. Damit können unterschiedliche Hersteller mit unterschiedlichen Protokollen zwar eine gemeinsame und damit preiswert herzustellende Hardwarebasis nutzen; sie sind aber zueinander nicht interoperabel.

1 Einleitung

Tatsächlich ist IEEE 802.15.4 - Funk die meist genutzte Schmalbandfrequenz aufgrund der günstigen Hardware und auch der sehr preiswerten Entwicklungswerkzeuge. Viele proprietäre drahtlose Kommunikationslösungen basieren auf diesem Protokoll. Da es aber keine höheren Kommunikationsschichten gibt, kann dieser Standard nicht als komplette Lösung für das Kommunikationsnetzwerk dienen.

1.5.5 ZigBee

ZigBee ist einer der vielen Kommunikationsstandards, die IEEE 802.15.4 als ihre Funkschicht nutzen. Ursprünglich war ZigBee nur eine Spezifikation einer Netzwerkschicht auf Basis dieser Funkschicht. Später wurden verschiedene Anwenderschichtspezifikationen hinzugefügt und andere Funkprotokolle in das ZigBee-System integriert. Als Resultat gibt es heute eine große Vielfalt an ZigBee-Spezifikationen, die aber außer der Nutzung der gleichen Funk-Schicht und dem Namen wenig gemeinsam haben.

Um der Situation Herr zu werden, wurden verschiedene Anwenderprofile definiert. Leider konnte man sich auch hier wiederum nicht auf eine einzige Definition einigen so das verschiedene Profile existieren, die zueinander ebenfalls nicht kompatibel sind. Bekannte Profile sind das *Smart Energy Profile* und das *Smart Home Profile*. Von diesen gibt es nun wiederum mehrere Versionsnummern, die ebenfalls wiederum nicht zu 100 % zueinander kompati-

1 Einleitung

bel sind.

Die folgende Liste zeigt die Spezifikationen von ZigBee, wie sie im Jahre 2017 verfügbar sind (nach Wikipedia).

1. Aktuelle Spezifikationen
    a) ZigBee Home Automation 1.2
    b) ZigBee Smart Energy 1.1b
    c) ZigBee Telecommunication Services 1.0
    d) ZigBee Health Care 1.0
    e) ZigBee RF4CE - Remote Control 1.0
    f) ZigBee RF4CE - Input Device 1.0
    g) ZigBee Remote Control 2.0
    h) ZigBee Light Link 1.0
    i) ZigBee IP 1.0
    j) ZigBee Building Automation 1.0
    k) ZigBee Gateway 1.0
    l) ZigBee Green Power 1.0 as optional feature of ZigBee 2012
    m) ZigBee Retail Services

2. Spezifikationen in Entwicklung
    a) ZigBee Smart Energy 2.0
    b) ZigBee Smart Energy 1.2/1.3
    c) ZigBee Light Link 1.1

1 Einleitung

d) ZigBee Home Automation 1.3

Es ist also nicht unrealistisch, ZigBee als einen großen Werkzeugkasten zu bezeichnen bei dem sich jeder Hersteller das nimmt, was er für sein jeweiliges Produkt als sinnvoll sieht. Das macht ZigBee gerade für große Hersteller mit Marktmacht attraktiv, verhindert allerdings die Interoperabilität und damit die Bildung eines freien Marktes kompatibler Geräte.

ZigBee-Hardware wird häufig in Geräte der Hausautomation eingebaut, dann aber aus Mangel an kompatiblen Geräten nicht genutzt (ein Beispiel dafür ist das bekannte Wand-Thermostat NEST aus den USA). In jüngster Zeit bekommt ZigBee auch Gegenwind wegen teilweise schwerwiegender Sicherheitslücken [Markoffnov2016].

1. **Zuverlässigkeit:** ja

2. **Sicherheit:** ja

3. **Wenig Funkabstrahlung und Energieverbrauch:** ja

4. **Einfachheit:** ja

5. **Günstiger Preis:** noch nicht

6. **Investitionsschutz:** teilweise

7. **Interoperabilität:** auf Funkebene ja, verschiedene Anwenderprofile verhindern Interoperabilität auf Anwenderebene

1 Einleitung

1.5.6 Thread

Ein weiteres Protokoll, das die Funkchips nach IEEE 802.15.4 nutzt, ist Thread. Die Thread Group wurde 2014 um das Unternehmen Nest gegründet. Nest wurde bekannt durch einen sehr schönen Wandthermostat und später auch durch die Tatsache, das Google dieses Unternehmen für ca. 2500 Mio. US-Dollar übernommen hat. Die Teilnahme namhafter Unternehmen wie Google oder Samsung führten zuviel Vorschuss-Lorbeeren für das Projekt, noch bevor überhaupt eine erste Spezifikation des Protokolls publiziert wurde. Es brauchte bis zum Jahre 2016, bis eine erste anwendbare Spezifikation vom Thread veröffentlicht wurde. Auch danach sind kompatible Produkte auf Basis von Thread nur auf Messen zu bestaunen. Trotzdem existieren bereits zwei verschiedene Versionen von Thread, die untereinander auch nicht mehr kompatibel sind.

Wie ZigBee definiert auch Thread lediglich eine Netzwerkschicht und ermöglicht es damit Herstellern, mit beliebig eigenen proprietären Anwenderschichten zu arbeiten. Eine Interoperabilität von Geräten ist erklärtermaßen kein Ziel von Thread. Die Netzwerkschicht beruht auf 6LoWPAN, einem Mapping von langen IPv6 Adressen auf die kleinen Datenpakete von IEEE 802.15.4. Damit kann Thread damit werben, IP-kompatibel zu sein.

1. **Zuverlässigkeit:** ja
2. **Sicherheit:** ja

1 Einleitung

3. **Wenig Funkabstrahlung und Energieverbrauch:** ja
4. **Einfachheit:** nicht bekannt
5. **Günstiger Preis:** ja
6. **Investitionsschutz:** noch nicht
7. **Interoperabilität:** nein

1.5.7 EnOcean

Die EnOcean GmbH wurde 2001 gegründet und ist ein Ableger der deutschen Siemens AG. EnOcean - Aktoren und - Sensoren funktionieren ohne Batterien, indem sie Methoden zur alternativen Energiegewinnung (*Energie Harvesting*) nutzen. Das Angebot batteriefreier Geräte, die ihre Energie aus alternativen Quellen wie Wind oder Sonne beziehen, wird von der Gesellschaft, die Wert auf Umweltbewusstsein und Nachhaltigkeit legt, gern angenommen. Dieser Anspruch hat aber auch seinen Preis: Die Kommunikation ist nicht so zuverlässig wie andere Technologien, wie z.B. ZigBee oder Z-Wave. Die Energie, die durch alternative Energiegewinnung wie Solarzellen (Ausnutzung des Piezoeffektes) oder Peltier-Elemente (Ausnutzen von Temperaturdifferenzen) zur Verfügung gestellt wird, ist einfach zu gering, um eine Zwei-Wege-Kommunikation zu realisieren. Das EnOcean Protokoll wurde zwar um Zwei-Wege-Kommunikation erweitert. Hier sind die entsprechenden Geräte entweder netzgespeist oder besitzen

1 Einleitung

Batterien.

EnOcean-Geräte sind im Vergleich zu Z-Wave oder Zig-Bee teuer, so dass die Technologie bisher nur im kommerziellen Zweckbau erfolgreich war wo es mit kabelgebundenen Techniken kombiniert werden kann. Gerade im Bereich privater Wohnungen mit unterschiedlichen Gerätetypen und der Notwendigkeit, mit einer Funkverbindung das gesamte Haus abzudecken, ist EnOcean kaum verbreitet.

1. **Zuverlässigkeit:** nein
2. **Sicherheit:** nein
3. **Wenig Funkabstrahlung und Energieverbrauch:** ja
4. **Einfachheit:** ja
5. **Günstiger Preis:** nein
6. **Investitionsschutz:** ja
7. **Interoperabilität:** ja

1.5.8 DECT ULE

Digital Enhanced Cordless Telecommunications (DECT, ursprünglich *Digital European Cordless Telephony*) ist ein internationaler Standard zur Funkanbindung von schnurlosen Telefonen.

1 Einleitung

Da diese Geräteklasse zunehmend von normalen Mobiltelefonen auch innerhalb der Wohnung verdrängt wird, haben die Hersteller nach einer neuen Anwendung für diese Technik gesucht. Im Jahre 2011 wurde daher eine Abwandlung des ursprünglichen DECT-Standards mit Namen DECT ULE (ULE = *Ultra Low Energie*) vorgestellt. Durch einige Vereinfachungen des Protokolls wurde der vorher sehr hohe Stromverbrauch auf ein für Batteriebetrieb erträgliches Maß reduziert.

DECT besitzt den Vorteil, dass es immer noch in vielen Routern in Häusern installiert ist und mit dem 1800 MHz Band über ein eigenes nicht durch Fremdanwendungen gestörtes Frequenz-Band verfügt.

Die DECT ULE-Allianz treibt die Standardisierung der Anwendungsebene voran. Bisher ist jedoch von Ausnahmen abgesehen aufgrund fehlender kompatibler Geräte noch kein breiter Markterfolg sichtbar.

1. **Zuverlässigkeit:** ja

2. **Sicherheit:** ja

3. **Wenig Funkabstrahlung und Energieverbrauch:** ja

4. **Einfachheit:** ja

5. **Günstiger Preis:** wahrscheinlich

6. **Investitionsschutz:** unbekannt

7. **Interoperabilität:** noch nicht

1 Einleitung

1.5.9 Z-Wave

Z-Wave wurde insbesondere als drahtlose Kommunikationstechnologie für Wohnhäuser entwickelt. Daher erfüllt es auch perfekt die Anforderungen dieses Marktes. Die Hauptvorteile von Z-Wave sind:

- Z-Wave nutzt das für Industrie- und Medizinanwendungen reservierte Frequenzband von 868 MHz und vermeidet damit die stark überfüllten 2.4 GHz-Frequenzen, auf denen WLAN und ZigBee angesiedelt sind.

- Z-Wave bietet sichere und zuverlässige Zwei-Wege-Kommunikation, indem es Empfangsbestätigungen und ein funkvermaschtes Netz nutzt. (Eine Definition und Erläuterung von Funkvermaschung befindet sich in Abschnitt 3.2)

- Z-Wave bietet einen angemessenen Preis; sicherlich höher als für einfache analoge Technologien, aber wesentlich niedriger als vergleichbare Technologien wie EnOcean, die eher für den Industriemarkt geeignet sind.

- Als Kernversprechen versichert Z-Wave 100 % Kompatibilität. Alle Geräte, die mit Z-Wave arbeiten, funktionieren ohne Einschränkungen zusammen in einem einzigen Netzwerk und können mit jedem Steuerelement, das auch Z-Wave nutzt, gesteuert werden.

1 Einleitung

1. **Zuverlässigkeit:** ja
2. **Sicherheit:** ja
3. **Wenig Funkabstrahlung und Energieverbrauch:** ja
4. **Einfachheit:** ja
5. **Günstiger Preis:** fast
6. **Investitionsschutz:** ja
7. **Interoperabilität:** ja

Tabelle 1.1 fasst die Vor- und Nachteile der verschiedenen Protokolle zusammen.

1.6 Z-Wave - eine Kurzeinführung

1.6.1 Z-Wave Geschichte

Z-Wave ist eine Entwicklung des Unternehmens Zensys, das Ende der 90er-Jahre von zwei dänischen Ingenieuren gegründet wurde. Die ursprüngliche Idee war, eine eigene Hausautomationslösung zu entwickeln und zu vertreiben. Abbildung 1.6 zeigt dieses allererste Z-Wave-Produkt der Firma Zensys.

Das Unternehmen erkannte jedoch bald, das eine weitaus größere Marktchance darin besteht, die Funktechnologie als Lizenz an andere Unternehmen zu geben und die dafür notwendigen ICs zu verkaufen.

1 Einleitung

Technologie	Vorteil	Nachteil
Analog	Günstig	Unzuverlässig, nicht kompatibel
Digital	Proprietär	Nicht kompatibel
WLAN	Weit verbreitet, verfügbar in Handys etc., niedriger Preis	Nicht kompatibel, hoher Energieverbrauch / kein Batteriebetrieb möglich
ZigBee	Stabiler Standard, viele günstige Chips	Nicht kompatibel
Thread	preiswerte ICs große Spieler wie Google sind beteiligt	wenig Geräte keine Interoperabilität
Z-Wave	kompatibel, zuverlässig	Kosten höher als bei analogen Systemen
EnOcean	Keine Batterien, kompatibel	Hoher Preis, geringe Sicherheit
DECT ULE	bereits im Markt der Telefone	noch kein Markt für Smart Home Produkte

Tabelle 1.1: Vor- und Nachteile verschiedener Funktechnologien

1 Einleitung

Abbildung 1.6: Das erste Z-Wave-Gerät, hergestellt von Zensys im Jahre 2001

Source: Z-Wave Alliance

1 Einleitung

Die Entscheidung, ihre eigene sehr robuste, skalierbare und insbesondere interoperable Technologie Herstellern in aller Welt verfügbar zu machen, führte letztlich zum heute größten weltweit aktiven Ökosystem für Smart-Home-Geräte.

Die ersten großen Kunden fand Zensys in den USA, wo aufgrund der Verbreitung der Powerline-Technologie X10 bereits ein Markt im Heimvernetzungsbereich vorhanden war.

Der erste größere Z-Wave-Geräte-Hersteller in Europa war der deutsche Schalterhersteller Merten (jetzt ein Teil von Schneider Electric), der sein auf Z-Wave basierendes System namens CONNECT Ende 2007 der Öffentlichkeit vorstellte [Merten2007].

Einen der bedeutendsten Meilensteine in der Z-Wave Entwicklung ist die Gründung der Z-Wave Alliance im Jahr 2005. In dieser Industrieallianz sind alle Hersteller Z-Wave-kompatibler Produkte vereinigt (über 550 Hersteller, Stand Januar 2017). Die Z-Wave Alliance treibt die Weiterentwicklung und Marktverbreitung des Funkstandards voran und realisiert zentrale Marketingmaßnahmen, wie z.B. Messen und Trainings. Eine weitere zentrale Aufgabe der Z-Wave Allianz ist die Kontrolle der Interoperabilität der Geräte auf Basis des Z-Wave-Protokolls. Dies wird durch ein Zertifizierungsprogramm gewährleistet, nach dessen erfolgreichen Bestehen ein Logo am Gerät die Einhaltung der notwendigen Interoperabilitätskriterien garantiert.

1 Einleitung

Abbildung 1.7: Z-Wave Alliance Webseite (von 2017)

Abbildung 1.7 zeigt die Webseite der Z-Wave Alliance. Im Jahre 2008 wurde das Startup Zensys vom US-amerikanischen IC-Hersteller Sigma Designs (NASDAQ: SIGM) übernommen.

1.6.2 Das Geschäftsmodell

Das Geschäftsmodel von Zensys bzw. Sigma Designs in Bezug auf Z-Wave hat sich in all den Jahren nicht geändert. Das Unternehmen konzentriert sich auf die Weiterentwicklung des Z-Wave ASICs (ASIC = Application Specific Integrated Circuit) und den hardwarenahen Teilen der Steuersoftware (Gerätetreiber). Die erste Generation der Z-Wave Hardware bestand noch aus diskreten

1 Einleitung

Bauelementen auf Basis eines Standard-Microcontrollers von Atmel. Die Plattform wurde in den folgenden Jahren konsequent weiterentwickelt. Die nachfolgenden IC-Generationen sind:

- Series 100 (2003)
- Series 200 (2005)
- Series 300 (2007)
- Series 400 (2009)
- Series 500 (2013)

Abbildung 1.8 zeigt die aktuell sehr verbreitete IC-Generation Serie 500. Dieser ASIC kombiniert das Funkmodul mit einem Microcontroller, internem Speicher und diverser Peripherieanschlüsse in ein einziges Bauelement. Dies spart im Vergleich zu diskreten Implementierungen erhebliche Kosten bei der Entwicklung von Produkten. In Kapitel 6.3 werden weitere Informationen zur Hardwareentwicklung auf Basis eines Z-Wave-ASICs gegeben.

Neben dem ASIC liefert Sigma Designs ein System Development Kit (SDK), um die Entwicklung von Produkten auf Z-Wave-Basis zu vereinfachen. Dieses SDK enthält unter anderem vorkompilierte Bibliotheken für verschiedene Z-Wave-Gerätetypen, die bereits alle Aspekte des Kommunikationsprotokolls implementiert haben. Alle Hersteller sind verpflichtet eine dieser Bibliotheken in ihren Pro-

1 Einleitung

Abbildung 1.8: Sigma Designs Z-Wave ASIC Series 500

dukten zu verwenden. Damit wird sichergestellt, das Z-Wave auf allen unteren Protokollschichten genau identisch ist und damit interoperabel funktioniert. Z-Wave definiert auch Teile der Anwendungs-Schicht, aber hier ist der Hersteller für die Implementierung verantwortlich. Die meisten Hersteller nutzen das und verbessern und erweitern die notwendige Mindestfunktion.

Der Zertifizierungsprozess bei Z-Wave kann sich daher auf die Anwendungs-Schicht konzentrieren, um die Interoperabilität der Funktionen über Herstellergrenzen hinaus zu testen und zu sichern.

1.6.3 Z-Wave entwickelt sich zum offenen Standard

Ursprünglich war Z-Wave ein proprietäres System, das nur den Herstellern vorbehalten war, die mit dem früheren Anbieter Zensys vereinbarten, Produkte zu entwickeln, die auf der Zensys-Technologie basierten.

Mit der Verbreitung der Z-Wave-Technologie am Markt

1 Einleitung

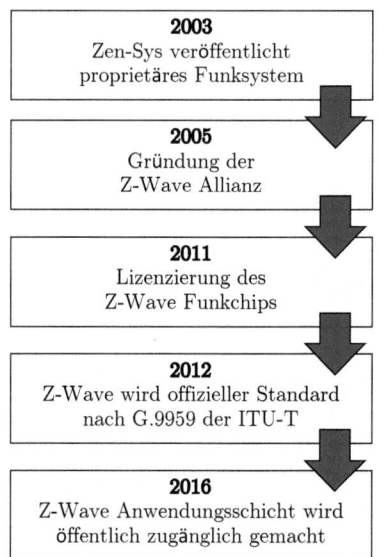

Abbildung 1.9: Entwicklung vom proprietären Produkt zum offenen Standard

1 Einleitung

und dem Erfolg von Z-Wave als Ökosystem hat sich die Technologie zunehmend geöffnet.

Der erste Schritt in diese Richtung war sicherlich die Gründung der Z-Wave Alliance, die jetzt als zentrales Marketing-Instrument für Z-Wave arbeitet. Interessant ist die Vielfalt in der Allianz. Weltmarktführer finden sich neben kleinen Start-Up-Unternehmen. Unternehmen mit unterschiedlichem Branchenhintergrund wie Alarm und Sicherheit, Marketing, Lichtschalter, TV, Fernsteuerung, Software, Testhäuser etc. finden sich hier wieder.

Der nächste Schritt in der Öffnung der Z-Wave-Welt war die Möglichkeit den Z-Wave SOC Chip von anderen Unternehmen als dem Originalhersteller zu beziehen. 2011 kündigte das japanische Unternehmen Mitsumi an, dass sie zertifizierte SOC-Chips anbieten werden. [Mitsumi2011]

2012 wurde Z-Wave ein öffentlich zugänglicher Standard. Die Funkschicht wurde als Standard G.9959 der internationalen Telekommunikationsunion ITU-T standardisiert [ITU2012]. Abbildung 1.9 zeigt die einzelnen Schritte von einem geschlossenen proprietären System eines einzelnen Anbieters zu einem offenen von vielen Herstellern genutzten Standard.

2016 entschieden Sigma Designs und die Z-Wave Alliance, die Spezifikation der Anwendungsebene öffentlich zugänglich zu machen. Sie kann jetzt kostenfrei und sogar ohne Registrierung auf http://zwavepublic.com/ heruntergeladen werden. Diese Webseite bietet auch eine Beispiel-Software an, darunter ein fertiger Controller für die be-

1 Einleitung

kannte Hardwareplattform Raspberry Pi [Sigma2016].

1.6.4 Z-Wave Plus

Im Jahre 2013 wurde durch die Z-Wave Alliance eine wesentliche Verbesserung des Z-Wave-Standards veröffentlicht - **Z-Wave Plus**.

Das Ziel von Z-Wave Plus besteht darin, die Nutzung von Z-Wave weiter zu vereinfachen und die Nutzererfahrung beim Umgang mit Z-Wave-Geräten zu vereinheitlichen. Eine Installation und Konfiguration eines Z-Wave Netzes soll ohne spezielle technische Fachkenntnisse und in den meisten Fällen sogar ohne Durchlesen des Benutzerhandbuches möglich sein.

Z-Wave Plus nimmt auch die Veränderungen auf, die der Smart-Home Markt in den Jahren seit Einführung von Z-Wave (jetzt Z-Wave Classic) durchlaufen hat. Vor der Erfindung des iPhones waren Wandcontroller und dedizierte Fernbedienung das Mittel der Wahl, um Smart Homes zu steuern. Heute möchten Nutzer ihr Smart Phone dafür nutzen und installieren dafür ein IP-Gateway oder einen zentralen Controller, auf dem Funktionen zentral ausgeführt werden können.

Daher erweitert Z-Wave Plus die Spezifikation in einer Weise, die Freiheiten und Optionen der Hersteller im Sinne der Erzielung von Interoperabilität weiter einschränkt. Gleichzeitig werden einige neue Systemkonzepte eingeführt, die speziell auf die Steuerung mit graphischen Be-

1 Einleitung

nutzeroberflächen zugeschnitten sind.

Die meisten der Limitierungen sind im Prinzip eine Festschreibung von *'best practice'* oder Nutzererwartungen, die von den allermeisten Z-Wave Geräten ohnehin genauso angeboten wurden, nun aber verpflichtend sind, so das andere Geräte sich auf diese Funktionen verlassen können. Dies vereinfacht den Entwurf von IP-Gateways und zentralen Steuerungen. Eine dieser Anforderungen ist zum Beispiel, daß Geräte bei Z-Wave Plus sehr viel mehr Informationen über sich selbst per Funk zur Verfügung stellen müssen, so das Steuerungen diese Daten automatisch auslesen können und so mancher Blick ins Handbuch damit entfällt.

Z-Wave Plus Geräte werden durch ein neues Zertifizierungsprogramm getestet, das gegenüber der klassischen Zertifizierung deutlich erweitert wurde. Neben den bisher schon vorhandenen Interoperabilitätstests als zentrales Element der Zertifizierung werden zum Beispiel auch das Handbuch auf korrekte Nutzung von Schlüsselbegriffen geprüft.

Abbildung 1.10 zeigt das neue Z-Wave Plus Logo, mit dem die Kompatibilität eines Gerätes zu Z-Wave Plus signalisiert wird.

Die Schlüsselelemente von Z-Wave Plus sind:

1. Genauere Definition möglicher Verhaltensmuster eines Gerätes im Z-Wave Netz. Weitere Informationen dazu finden sich im Kapitel 3.3.3.

1 Einleitung

Abbildung 1.10: Z-Wave Plus Logo

2. Genauere Definition möglicher Funktionen typischer Geräte. Weitere Informationen dazu finden sich im Kapitel 4.1.

3. Das 'Lifeline'-Konzept. Weitere Informationen dazu finden sich im Kapitel 4.3.

4. Erweiterung des Zertifizierungsprogrammes mit Prüfung von Handbüchern, Verpackungen sowie der Nutzung des Logos.

Alle Z-Wave plus Geräte sind zu 100 % kompatibel zu dem klassischen Z-Wave und es gibt nicht wenige klassische Z-Wave Produkte, die bereits alle Richtlinien von Z-Wave Plus erfüllen, obwohl sie nicht als Z-Wave Plus Gerät entwickelt wurden.

1.6.5 Z-Wave Logos

Während Z-Wave als Technologie auf eine beeindruckende Stabilität über sehr viele Jahre verweisen kann, gilt dies

1 Einleitung

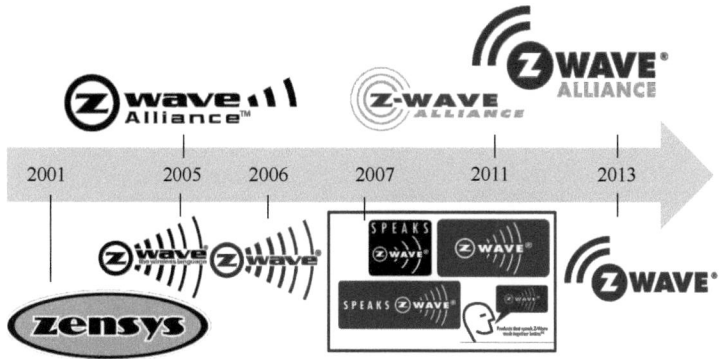

Abbildung 1.11: Entwicklung des Z-Wave Logos

für die verwendeten Logos nicht in gleicher Weise.

Abbildung 1.11 zeigt die Evolution des Z-Wave Logos vom originalen Zensys-Design bis zur heute verwendeten modernen Form. Diese letzte Version des Logo ist allerdings nun schon einige Jahre im Markt und kann mit gewissen Recht als das finale Logo für Z-Wave angesehen werden.

2 Funkschicht

2.1 Grundlagen zur Funkausbreitung

Im Idealfall breiten sich Funkwellen wie Lichtwellen gleichmäßig nach allen Richtungen aus und generieren ein kugelförmiges Feld. Für technische Anwendungen sind die Wellenlänge (λ) und die Frequenz (f) von Bedeutung. Sie stehen miteinander in folgendem Zusammenhang:

$$\lambda = \frac{c}{f}$$

- λ: Wellenlänge in km
- c: Lichtgeschwindigkeit = 300.000 km/s
- f: Frequenz in Hz

Im Gegensatz zu Infrarot- oder Lichtwellen können Funkwellen Decken, Wände, Möbel und andere Gegenstände durchdringen. Allerdings schwächen solche Hindernisse das Funksignal ab und reduzieren die Reichweite.

Wenn Funkkomponenten installiert werden, dann sollten also so wenig Hindernisse wie möglich zwischen Sender und Empfänger liegen. Das bedeutet für die Praxis,

2 Funkschicht

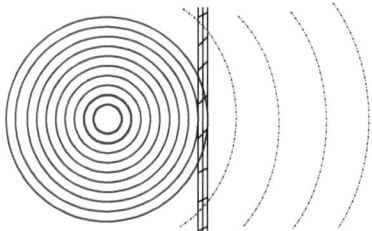

Abbildung 2.1: Dämpfung einer Funkwelle durch eine Hauswand

dass Funkkomponenten nicht an völlig beliebigen Orten installiert werden können. Die Fähigkeit, Wände und andere Hindernisse zu überwinden, hängt von der Frequenz des Signals ab. Generell haben Funkfrequenzen unter 1 GHz eher die Fähigkeit Wände zu durchdringen als beispielsweise Signale im 2.4 GHz-Bereich - eine Frequenz, die häufig von weitverbreiteten Technologien wie WLAN oder ZigBee genutzt wird. Abbildung 2.1 zeigt die Dämpfung der Funkwellen durch eine Wand.

Der zentrale Parameter bei Funkwellen-Ausbreitung ist neben der Frequenz bzw. Wellenlänge die Funkenergie. Diese definiert die Intensität, mit der ein Sender sendet und ebenso die minimale Energiemenge, die ein Empfänger braucht um empfangen zu können. Im Falle des Senders spricht man von der effektiv abgestrahlten Energie ERP (*effective radiated power*). Dies ist all die Energie, die letztlich an einer Antenne abgestrahlt wird. Die abge-

2 Funkschicht

strahlte Energie wird in W gemessen. Leider ist das Rechnen mit Watt in der Praxis eher ungünstig weil sich abgestrahlte und empfangende Energiemengen um viele Zehnerpotenzen unterscheiden. Daher verwenden Ingenieure eine logarithmische Einteilung (zur Basis 10) und normalisieren diese auf 1 mW = 0 dBm mit dBm (Dezibel) als logarithmisches Maß für die Intensität. Die Aussage 'sendet mit 0 dBm' ist damit die gleiche Aussage wie 'sendet mit 1 mW'.

Andere Energiemengen werden mit plus oder minus X dBm angegeben. Dabei gilt die grobe Regel das 10 dBm einen Faktor von 10 darstellen:

- 10 mW ist +10 dBm
- 100 mW ist + 20 dBm
- 0.1 mW ist - 10 dBm
- 25 mW (die maximal erlaubte Emission im SRD-Frequenzband) ist 14 dBm

Eine Faustregel besagt:

- Die Verdoppelung der Energiemenge ergibt + 3 dBm.
- Die Verringerung der Energiemenge um 50 % ergibt - 3bBm.

Die Verwendung der logarithmischen Darstellung bringt bei der praktischen Abschätzung von Funkwellenausbrei-

2 Funkschicht

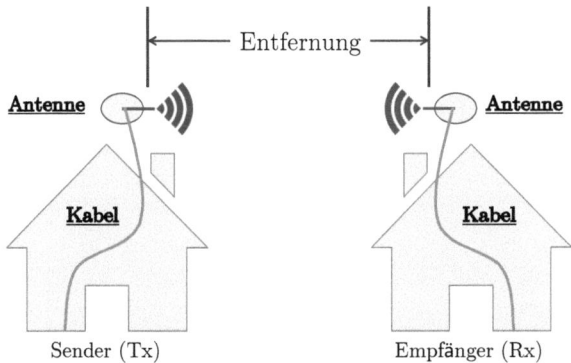

Abbildung 2.2: Verbindungsmodel zwischen Sender und Empfänger

tung erhebliche Vorteile. Diese werden im Laufe dieses Kapitels noch sichtbar.

2.2 Frequenznutzung bei Z-Wave

Funksysteme können nicht einfach auf irgendwelche Funkwellen ausstrahlen. Internationale Regulierungen legen genau fest, welches Funksystem wie auf welchen Funkfrequenzen senden darf. Nicht lizenzpflichtige Funksysteme, die aus Kostengründen für das Smart Home bevorzugt werden, dürfen nur wenige Frequenzbereiche nutzen, darunter das sehr populäre Frequenzband um 2.4 GHz, das von vielen verbreiteten Funktechniken wie Blue-

2 Funkschicht

Abbildung 2.3: Aufteilung der Welt in ITU Regionen

Quelle: Wikipedia, unter CC BY-SA 2.5

tooth, WIFI oder LoRa verwendet wird. Der klare Vorteil des 2.4 GHz Frequenzbandes ist, das es weltweit für die Nutzung durch nichtlizensierte Geräte freigegeben wurde. Ein Hersteller muss daher nur ein einziges Gerät entwickeln und kann es weltweit verkaufen. Genau dieser Vorteil wandelt sich aber in einen großen Nachteil. Da viele Funktechniken genau diese Funkfrequenzen nutzen sind diese mittlerweile stark belegt und Funktechniken mit geringeren Sendeleistungen können sich kaum noch gegen leistungsstarke Sender wie WIFI durchsetzen. Da immer mehr Geräte mit WIFI im Haus Verwendung finden, wird das Problem immer größer.

Damit Z-Wave die für Smart Home notwendige Zuver-

2 Funkschicht

lässigkeit bieten kann, werden Frequenzen unter 1 GHz verwendet. Diese sind nicht nur deutlich weniger belegt wie das 2.4 GHz Frequenzband sondern sie bieten auch eine ca. 50 % bessere Funkreichweite bei gleicher Sendeleistung. Leider hat dieser Vorteil auch seinen Preis. Es gibt leider keine global nutzbare Funkfrequenz unterhalb ein 1 GHz [1].

Die International Telecommunication Union (ITU), verantwortlich für die weltweite Funkregulierung, hat die Erde in drei Regionen eingeteilt, um das globale Frequenzspektrum besser ausnutzen zu können. Jede ITU-Region hat ihre eigenen Frequenz-Zuweisungen. Abbildung 2.3 zeigt diese Regionen. Der blaue Bereich ist Region 1, der gelbe Bereich is Region 2 und der rote Bereich markiert Region 3.

Für Anwendungen wie Smart Home wird im Frequenzbereich knapp unter 1 GHz das sogenannte ISM-Frequenzband (*Industry Science Medicine*) zur Verfügung gestellt. Dieser liegt zwischen den Frequenzen 902 MHz und 930 MHz mit der Mittenfrequenz von 915 MHz. Leider ist dieses Band nur in der ITU-Region 1 und in einigen Teilen der ITU-Region 3 wie Australien, Neuseeland oder Taiwan vorhanden. Alle Länder der Region 2 - darunter Mitteleuropa - sowie der größere Teil der Region 3 müssen

---

[1] Es existieren global nutzbare sehr viel niedrigere Funkfrequenzen wie das 27 MHz Frequenzband. Diese sind aber aus anderen Gründen wie zu große Antennen für Anwendungen im Smart Home nicht nutzbar.

für die gleiche Anwendung das weitaus kleinere und damit noch stärker regulierte SRD-Frequenzband (*Short Range Device*) nutzen. Dieses liegt zwischen 865 MHz und 870 MHz und wird damit auch aus SRD860 - Frequenzband bezeichnet.

2.2.1 SRD860

Das SRD860- Frequenzband nutzt die Frequenzen zwischen 865 MHz und 870 MHz. Das Frequenzspektrum über 5 MHz wird zwecks besserer Ausnutzung nochmals in Subbänder aufgeteilt, in denen unterschiedliche maximale Funkleistungen und andere Einschränkungen definiert sind. Tabelle 2.1 zeigt die Struktur der Subbänder.

Alle Länder der ITU-Region 2 sowie der größere Teil der ITU-Region 3 weisen Smart Home Anwendungen Frequenzen in diesem Frequenzband zu. Es gelten jedoch nationale Regeln, so dass die konkreten Frequenzen innerhalb des Bandes von Land zu Land variieren können.

Glücklicherweise hat sich eine große Gruppe von Nationen in der internationalen Organisation CEPT organisiert.

> "The European Conference of Postal and Telecommunications Administrations (CEPT) was established on June 26, 1959, as a coordinating body for European state telecommunications and postal organizations. The acronym comes from the French version of its name

2 Funkschicht

Frequenz	Belegungszyklus	max. Leistung
863-865 MHz	100% (Audio)	10 mW
863.0 - 865.6 MHz	0.1% oder LBT+AFA	25 mW
865.0 - 868.0 MHz	1% oder LBT+AFA	25 mW
868.0 - 868.6 MHz	1% oder LBT+AFA	25 mW
868.7 - 869.2 MHz	0.1% oder LBT+AFA	25 mW
869.4 - 869.65 MHz	10% oder LBT+AFA, 25 kHz Kanalabstand	500 mW
869.7 - 870.0 MHz	100% (Sprache)	5 mW

Tabelle 2.1: Struktur des Frequenzbandes SRD

2 Funkschicht

Abbildung 2.4: Mitglieder der CEPT-Organisation in Europa

Conference europenne des administrations des postes et des telecommunications. CEPT was responsible for the creation of the European Telecommunications Standards Institute (ETSI) in 1988. [CEPT2017]"

Abbildung 2.4 zeigt alle Mitglieder der CEPT in Europa. Alle diese Länder haben einheitliche Frequenzen von 868.4 MHz und 869,85 MHz für Z-Wave reserviert. Nur Russland und Indien sowie einige kleinere Länder weichen von dieser Festlegung ab.

Innerhalb der SRD-860-Frequenzen gelten einige technische Beschränkungen:

2 Funkschicht

- Der *Duty-Cycle* definiert das Verhältnis zwischen der Zeit, die ein Gerät aktiv sendet (Sender ist aktiv) und der Zeit, die dieses Gerät nach einem Sendevorhang nicht senden darf, um anderen Geräten ebenfalls eine Chance zum Senden ihrer Daten zu geben.

- Das Verfahren *Listen Before Talk (LBT)* legt fest, dass ein Sender zuerst das Frequenzband abhört und nur dann senden darf, wenn kein anderes Gerät gerade sendet. Damit sollen unnötige Störungen einer Funksendung unterbunden werden.

- Das Verfahren *Adaptive Frequency Agility (AFA)* beschreibt, wie die einzelnen Frequenzen zur Modulation genutzt werden.

- Die Sendeleistung der Subbänder ist ebenfalls unterschiedlich beschränkt. Die Angabe erfolgt in **ERP** (*Emitted Radio Power* = Ausgestrahlte Sendeleistung). Für die meisten Teilfrequenzen ist diese 25 mW oder +8 dBm.

2.2.2 ISM915

Die Nutzung des ISM-Frequenzbandes zwischen 902 MHz und 930 MHz wird durch die ITU-Radio-Regularien in Artikel 6 in den Fußnoten 5.138, 5.150, und 5.280 definiert. Unterschiedliche Länder können auch hier durch

2 Funkschicht

Abbildung 2.5: FCC Logo

nationales Recht die Nutzung neu definieren. Alle Länder der ITU-Region 1 und einige Länder der ITU-Region 3 weisen das ISM-Band für Anwendungen im Smart Home aus. Die real verwendeten Frequenzen können aber auch hier wieder von Land zu Land individuell sein. In den Vereinigten Staaten von Amerika wird die Nutzung des ISM-Bandes durch die Federal Communications Commission (FCC) bestimmt. Diese hat für Z-Wave die Frequenzen 908.4 MHz und 916.00 MHz festgelegt. Die meisten Länder der oben genannten ITU-Regionen folgen dem Beispiel der FCC. Es gibt aber eine ebenfalls große Gruppe von Ländern, darunter Australien, Neuseeland, Brasilien, Peru, Paraguay und Hongkong, die das Frequenzpaar 919,80 MHz und 921,04 MHz für Z-Wave freigeben. Einige weitere kleinere Länder folgen dieser Gruppe.

Die FCC begrenzt nicht die Sendeleistung an der Antenne sondern limitiert die elektrische Feldstärke im Abstand von 3 Metern von der Antenne auf 50 mV/m. Dies kann in eine Antennenleistung von ca. -1 dBm umgerechnet werden. Im Gegensatz zum SRD-Frequenzband existieren keine weiteren Regulierungen oder Beschränkungen. Abbildung 2.5 zeigt das FCC-Logo, das die Übereinstimmung eines funkenden Gerätes mit der FCC-Regulierung anzeigt.

2.2.3 Wie Z-Wave mit unterschiedlichen Frequenzen umgeht

Anhang D zeigt eine Gesamtübersicht aller aktuell bekannten für Z-Wave genutzten Frequenzen mit den jeweiligen Ländern und deren nationalen Regelungen.

Der Z-Wave-ASIC kann per Konfigurationsparameter auf jede der von Z-Wave verwendete Frequenz umgeschaltet werden. Einige wenige Controller - wie der bekannte Selbstbau-Controller RaZberry auf Basis eines Raspberry Pi erlauben sogar, die Frequenz direkt an einer Nutzerschnittstelle einzustellen. Abbildung 2.6 zeigt den Dialog zum Setzen einer Frequenz bei der RaZberry-Bedienoberfläche. Ein freies Umschalten der Frequenzen hat allerdings ein Problem. Um unerlaubte Emissionen des Chips zu unterdrücken und das Einstreuen von unerwünschten Frequenzanteilen zu vermindern, werden bei Z-Wave die Antenne über einen Antennenfilter angeschlossen. Dies ist technisch ein sogenannter Bandpass, der nur Frequenzanteile in einem kleinen Frequenzband passieren lässt und alle anderen Frequenzanteile wegfiltert. Die bedeutet, das unterschiedliche Frequenzen unterschiedliche Antennen-

2 Funkschicht

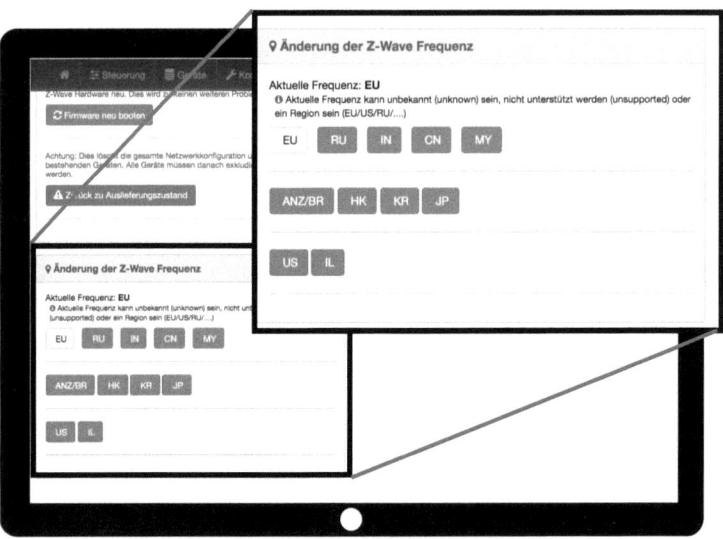

Abbildung 2.6: Frequenzwechselmöglichkeit in einem Z-Wave-Controller

Marker	E	A	U
Frequenz	865-870 MHz	919-926 MHz	908-916 MHz
Länder	Europa, China, Russland, Indien	Australien, Brasilien, Japan	USA, Israel, Mexico

Tabelle 2.2: SAW-Filter unter Frequenzeinschränkungen

oder SAW-Filter benötigen. Glücklicherweise können alle bisher genehmigten Frequenzen in den unterschiedlichen Ländern drei Frequenzgruppen zugeordnet werden, innerhalb derer die Frequenzen nahe genug beieinander liegen, so das genau ein gemeinsamer Filter verwendet werden kann. Es gibt Z-Module, die den Z-Wave-ASIC gleich mit einigen Peripheriebauelementen und darunter auch den Antennenfilter verbinden. Diese sind dann entsprechend des verwendeten SAW-Filters markiert. Tabelle 2.2 fasst die Markierungen und die nutzbaren Frequenzen zusammen.

Abbildung 2.7 zeigt ein Beispiel für die Frequenz-Markierung 'E' eines Z-Wave Modules.

2.3 Reichweitenabschätzung

Es gibt sehr umfassende theoretische Erklärungen zur Ausbreitung von Radiowellen. Die grundlegende Herausfor-

2 Funkschicht

Abbildung 2.7: ZM5202 Module mit Filtermarkierung (Pfeil)

Quelle: Sigma Designs

derung ist, sicherzustellen, dass genug Energie vom Sender den Empfänger erreichen kann, um dort dekodiert zu werden. Abbildung 2.2 zeigt den prinzipiellen Übertragungspfad und die dabei zu berücksichtigenden Einzelkomponenten.

Um die Funkausbreitung eines Signales abschätzen zu können, müssen die folgenden Teilbereiche des Signalpfades beachtet werden:

- die Leistungsabgabe des Senders,
- der Verlust auf dem Kabel vom Sender zur Antenne,
- der Verlust an der Sendeantenne,

2 Funkschicht

- der Wellenausbreitungsverlust oder Pfadverlust (Path Loss),
- der Verlust an der Empfangsantenne,
- der Verlust auf dem Kabel von der Antenne zum Empfänger,
- die Eingangsempfindlichkeit des Empfängers.

Der Verlust auf den Übertragungskabeln kann für Smart Home Produkte ignoriert werden, das die Abstände zwischen Sende-Endstufe und Antenne und Empfangsantenne und Eingangs-IC recht kurz sind.

Der **Pfadverlust** (engl. *Path Loss*) ist die Reduktion der Sende-Energie durch die Ausbreitung der Funkwelle in alle Richtungen. Die effektive Leistung in der Luft entspricht der umgekehrten Quadratwurzel der Entfernung. Immer dann, wenn die Entfernung zwischen Sender und Empfänger verdoppelt wird, verringert sich die empfangbare Leistungskomponente auf 25 %. Umgekehrt bedeutet jede Erhöhung der Sendeleistung um 6 dBm eine Verdoppelung der Reichweite.

$$MaximalmöglicherPfadverlust(dBm) = Sendeleistung(dBm) - Empfangsempfindlichkeit(dBm)$$

Der Pfadverlust hängt auch von der Frequenz ab. Höhere Frequenzen führen grundsätzlich zu geringerer Reichweite. Die genaue Kalkulation der Reichweite als Funktion aus Sendeleistung, Frequenz und Empfindlichkeit ist

2 Funkschicht

recht komplex aber es gibt eine einfache leicht zu benutzende Faustformel:

$$s = 10^{\frac{pl - 32{,}44 - 20 * log(f)}{20}}$$

- s: Entfernung in Kilometer
- pl: maximaler Pfadverlust in dBm
- f: Frequenz in MHz

Diese Formel lässt sich auf die Verhältnisse bei Z-Wave anwenden. Das Datenblatt des Z-Wave ASICs ZM5101 [Sigma2013] gibt eine maximale Sendeleistung von +1 dBm und eine maximale Empfangsempfindlichkeit von -102 dBm an. Damit sagt die obige Formel eine theoretische Reichweite von 3.8 km voraus. Leider ist dies in der Tat nur ein theoretischer Wert. In der Praxis liegen die Werte aus verschiedenen Gründen sehr viel niedriger.

Ein weiterer Parameter für den Zusammenhang zwischen Sendeenergie und möglicher Funkentfernung ist die **Link-Marge** (engl. *Link-Margin*). Hier wird eine Entfernung zwischen Sender und Empfänger festgelegt und angegeben, wieviel dBm Sendeleistung über dem für diese Entfernung absolut notwendigen Minimum an Energie zur Verfügung steht.

Angenommen, zwei Z-Wave-Geräte befinden sich im Abstand von 100 Metern und haben die oben genannten Leistungseigenschaften. Das Pfadverlust über 100 Meter beträgt -72 dBm. Mit den oben errechneten 102 dBm als maximal möglichen Pfadverlust ergibt sich eine Link-Marge von 30 dBm. Die Sendeleistung am Empfänger könnte also für die gegebene Situation um 30 dBm abfallen und es wäre immer noch eine Funkverbindung möglich.

2.3.1 Hintergrund-Rauschen

Die Umgebung um uns herum wird von allen Arten von Funksignalen genutzt, die alle mehr oder weniger von der Antenne des Empfängers empfangen werden bzw. dort eine elektrische Spannung induzieren. Es ist daher nicht genug, das ein bestimmtes Funksignal einen Empfänger erreicht; dieses Funksignal muss auch stärker sein als andere Funksignale anderer Sender auf der gleichen Frequenz. Die gleichzeitig aber ungewünscht empfangenen Funkwellen werden **Hintergrundrauschen** genannt. Dieses Hintergrundrauschen muss dabei nicht einmal von einem Sender stammen, der genau auf der gleichen Frequenz sendet. Es kann sich auch um Seitenbandausstrahlungen von Sendern benachbarter Frequenzen handeln. Ein bekanntes Beispiel sind genau solche Seitenbandausstrahlungen, die von Funkmasten des LTE Dienstes (oder G4) des zellularen Mobilfunkes auf der Frequenz von 852 MHz stammen Diese Signale sind im Vergleich zu Z-Wave sehr stark und streuen damit in das von Z-Wave genutzte Frequenzband um 868 MHz ein.

Andere Quellen für Funkrauschen sind:

- Computer,

2 Funkschicht

- Mikrowellen,
- Elektrische Übertrager,
- Audio- und Videoausrüstung,
- Vorschaltgeräte für Energiesparleuchten,
- Oberwellen durch das Schalten elektrischer Lasten und hier besonders stark induktiver Lasten,
- Ausstrahlung durch defekte oder nicht normgerechte elektronische Geräte,
- Hochfrequenz-Schweißgeräte,
- Medizinische Geräte.

Abbildung 2.8 zeigt eine Darstellung dieses Hintergrundrauschens auf den beiden für Europa genutzten Z-Wave Frequenzen, wie sie vom Diagnosewerkzeug CIT (*Certified Installer Toolkit*) bereitgestellt wird. Weitere Informationen über das CIT sowie Methoden zur Fehlersuche mit diesem Werkzeug finden sich in Kapitel 5.3.

Es ist ersichtlich, dass das Grundrauschen auf dem Kanal 1 bei ca. -90 dBm liegt. Selbst wenn der Empfänger eine höhere Eingangsempfindlichkeit ausweist, wird er nicht in der Lage sein ein geringeres Signal als dieses Hintergrundrauschen zu dekodieren. Das Hintergrundrauschen reduziert also die mögliche maximale Entfernung für Z-Wave von 1 dBm -(-102) dBm = 103 dBm auf 1 dBm -(-90) dBm = 91 dBm und damit auf ca. 300 Meter.

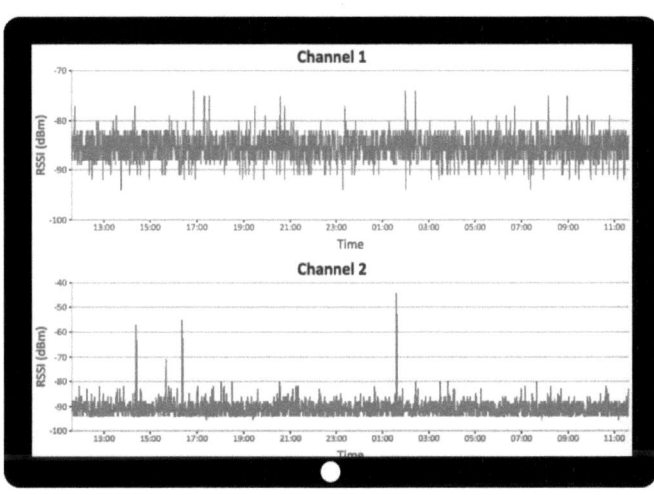

Abbildung 2.8: Darstellung des Hintergrundrauschens beim CIT

2.3.2 Antennendesign und Antennenverlust

Es ist möglich, Antennen zu entwerfen die keinerlei Verluste aufweisen. Allerdings müssen die meisten Antennen für Z-Wave in kleine Gehäuse passen oder anderen Entwurfskriterien folgen. Daher geht in der Regel ein guter Teil der Sendeenergie an der Antenne verloren. Es ist allerdings auch möglich, das eine Antenne einen Gewinn erzielt. Der Trick liegt in der Richtungscharakteristik einer Antenne. Für Sendeleistung und Pfadverlust wird angenommen, das sich die Funkwellen gleichmäßig in alle Richtungen ausbreiten. Reale Antennen werden aber bevorzugte Senderichtungen haben, in die auf Kosten anderer Senderichtungen mehr Leistung abgestrahlt wird. Antennen für Smart-Home-Geräte sollen aber in alle Richtungen gleichmäßig gut abstrahlen, um die Installation solcher Geräte nicht noch unnötig zu verkomplizieren.

Abbildung 2.9 zeigt Charakteristik von zwei unterschiedlichen Z-Wave-Antennen, die in einem professionellen Antennen-Messlabor ermittelt wurden. Die Abbildung auf der linken Seite zeigt eine Antenne mit guten Sendeeigenschaften in wenige spezielle Richtungen. Hingegen wird in andere Richtungen fast keine Energie abgestrahlt. Die Antenne auf der rechten Seite strahlt in fast alle Richtungen gleichmäßig gut und wäre als Antenne für ein Smart-Home-Gerät zu bevorzugen.

Abbildung 2.10 zeigt den großen Einfluss der Antennenpositionierung. Die hier getestete Antenne ist eine Standard-Helix-Antenne, die von vielen Z-Wave-Produkten und

2 Funkschicht

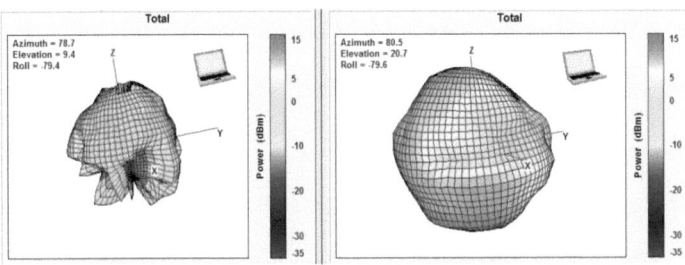

Abbildung 2.9: Vergleich von zwei Antennendesigns

hier von einem Z-Wave-USB-Stick genutzt wird, der im linken Teil der Abbildung ohne Gehäuse gut sichtbar ist. Auf der linken Seite arbeitet die Antenne akzeptabel mit einem Antennenverlust von -9 dBm. Dies klingt recht hoch, ist aber für solch kleine Antennen durchaus im Bereich des Erwartbaren. Auf der rechten Seite wird das gleiche Produkt - der USB Stick - erneut gemessen, jetzt aber direkt in einem Notebook mit Metallgehäuse eingesteckt. Die große Metallstruktur hat erheblichen negativen Einfluss auf die Antenne. Der Antennenverlust ist nun -23 dBm und in einigen Richtungen wird nahezu keine Energie abgestrahlt.

Neben der gerade angesprochenen Helix-Antenne gibt es bei Z-Wave einige weitere typische Antennenformen. Die besten Funkresultate werden zweifelsohne mit einer dedizierten Industrieantenne für den 800 bis 900 MHz Bereich erzielt. Solche Antennen wie in Abbildung 2.11 ge-

2 Funkschicht

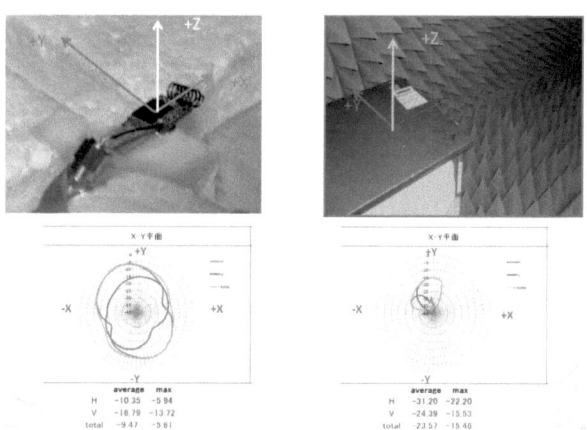

Abbildung 2.10: Unterschiedliche Verluste einer gleichen Helix-Antenne bei unterschiedlicher Umgebung

2 *Funkschicht*

Abbildung 2.11: Dedizierte Industrie-Antenne für 868 MHz

zeigt, sind allerdings relativ teuer und ziemlich groß und daher eher bei industriellen Controllern oder teureren Geräten zu finden.

Sehr oft wird nur ein kurzer Draht - allerdings genau abgestimmt auf die definierte Länge von $\lambda/4$ - verwendet. Diese Drähte funktionieren erstaunlich gut, dürfen aber nicht geknickt oder zusammengewickelt werden. Abbildung 2.12 zeigt ein Produkt mit solch einer Antenne.

Eine solide, aber gleichsam wirksame Version einer Antenne ist eine spezielle Struktur auf einer Leiterplatte. Abbildung 2.13 zeigt eine solche Struktur als Antenne. Der große Vorteil neben geringen Kosten ist, das eine solche Antenne im Gegensatz zur Drahtantenne seine Form und Lage nicht ändert und daher immer die gleiche Leistung erbringt. Diese Leistung wird aber niemals an eine dedizierte Antenne heranreichen.

2 Funkschicht

Abbildung 2.12: Drahtantenne

Source: Philio

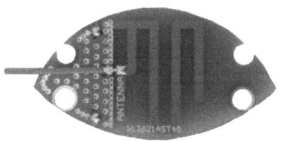

Abbildung 2.13: Antenne auf Leiterplatte

2.3.3 Dämpfung

Das Funksignal wird durch Hindernisse zwischen dem Sender und Empfänger gedämpft. Sobald es ein Hindernis in der direkten Sichtlinie zwischen dem Sender und Empfänger gibt, wird die tatsächliche Reichweite kürzer als die maximal mögliche Reichweite der jeweiligen Antennen sein. Die Dämpfung hängt vom Material des Hindernisses ab und der Fähigkeit der jeweiligen Funkfrequenz, dieses Material zu durchdringen.

Tabelle 2.3 zeigt die prozentuale Dämpfung des Funksignals abhängig vom Material und der üblichen Materialstärke.

Diese Faktoren und Daten ermöglichen die Berechnung der maximalen Funkreichweite zwischen Sender und Empfänger. Tabelle 2.4 liefert dazu ein Schema. In Spalte 2 wird die maximale Reichweite in direkter Sicht (im Beispiel 30 m) eingetragen. Danach wird Zeile für Zeile die Dämpfung eingetragen und der neue Wert nach Dämpfung in Spalte 5 ermittelt. Diese neue Reichweite wird dann in der nächsten Zeile als neuer Startwert in Spalte 2 eingefügt.

Durchdringt das Funksignal das Hindernis in einem schiefen Winkel (nicht 90 Grad), dann ist der Dämpfungseffekt erhöht, da die effektive Dicke des Hindernisses größer wird. Daher sollten Geräte immer so montiert werden, dss ihre Hauptsende-Richtung oder Hauptempfangs-Richtung dämpfende Stoffe im 90-Grad-Winkel schneidet. Abbildung 2.14 illustriert den Effekt.

2 Funkschicht

Nr.	Material	Materialstärke	Dämpfung
2	Gips, Gipskarton	< 10 cm	10 %
3	Glas (ohne Metallbeschichtung)	< 5 cm	10 %
4	Stein, Pressspanplatten	< 30 cm	30 %
5	Bimsstein	< 30 cm	10 %
6	Gasbetonstein	< 30 cm	20 %
7	Ziegelstein	< 30 cm	35 %
8	Eisenarmierter Beton	< 30 cm	30 ...90 %
9	Decke	< 30 cm	70 %
10	Außenwand	< 30 cm	60 %
11	Innenwand	< 30 cm	40 %
12	Metallgitter	< 1 mm	90 %
13	Aluminiumkaschierung	1 mm	100 %

Tabelle 2.3: Dämpfung verschiedener Materialien[Merten2008]

2 Funkschicht

Hindernis	Reichweite	Art	Dämpfung	Neue Reichweite
No 1	30 m	Beton	30%	21 m
Neuen Wert auf nächsten Schritt übertragen				
No 2	21 m	Glas	10%	18,90 m
Neuen Wert auf nächsten Schritt übertragen				
No 3	18,9 m	Gipskarton	10%	17 m
Neuen Wert auf nächsten Schritt übertragen				
	17 m			

Tabelle 2.4: Arbeitsblatt zur Bestimmung der Funkreichweite

Ist die Reichweite am Ende länger als der gemessene Abstand zwischen Sender und Empfänger, dann sollten die Komponenten problemlos funktionieren. Möbel, Art der Montage des Gerätes, Metallbeschichtungen, Bepflanzungen und hohe Luftfeuchtigkeit sollten bei der Planung der Funkinstallation berücksichtigt werden. Da die Werte für die Dämpfung nur Richtwerte sind, empfiehlt sich ein Test vor der Festinstallation.

Für die meisten Kalkulationen der Funkreichweite wie zum Beispiel in Datenblättern etc. werden Hindernisse außer Acht gelassen. Eine solche Abschätzung gilt dann für Situationen, wenn Sender und Empfänger (*'in sight'*), also in direkte Sichtweite stehen.

2 Funkschicht

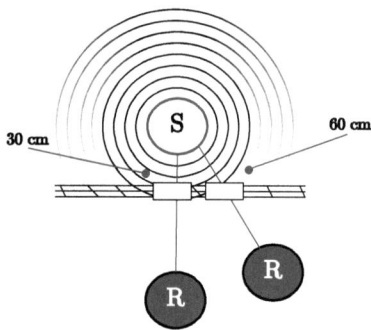

Abbildung 2.14: Effektive Wandstärke

2.3.4 Funkschatten

Metallische Gebäudeteile oder Möbel schirmen die elektromagnetischen Wellen ab und auf ihrer Rückseite entsteht ein so genannter Funkschatten, in dem kein Direktempfang möglich ist, siehe Abbildung 2.15.

Trotz Funkschatten ist es möglich, dass Funksignale von metallischen Strukturen reflektiert werden und trotzdem den Bestimmungsort erreichen. Reflexionen sind unvorhersehbar und es wird empfohlen, das System vor der Festinstallation zu prüfen.

2.3.5 Reflektion und Interferenz

Reflexionen werden von Amateurfunk-Verbindungen genutzt, um große Entfernungen im Kurzwellenbereich zu überbrücken (mehrere tausend Kilometer mit vergleichs-

2 *Funkschicht*

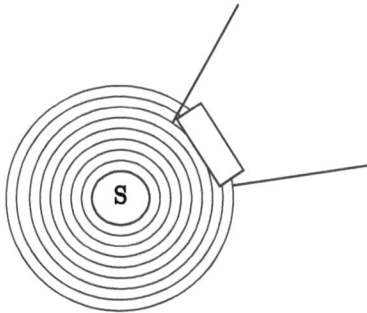

Abbildung 2.15: Funkschatten metallischer Strukturen

weise geringer Leistung). Hierbei werden die reflektierenden Eigenschaften der Ionosphäre in bestimmten Frequenzbereichen genutzt. Innerhalb von Gebäuden verursachen Reflexionen Störungen oder Dämpfungen, falls an der Empfangsantenne die reflektierte und die direkte Welle zusammentreffen. Das Empfangssignal der direkten Übertragung und einer oder mehrerer der Reflexionen wird als Mehrfachausbreitung (*multi-path*) bezeichnet, da die Signale auf mehreren Pfaden zum Empfänger gelangen. Leider tun sie das durch die längeren Wege der reflektierten Wellen nie genau gleichzeitig, so dass das aufsummierte Empfangssignal 'verschmiert' und damit sehr viel schwerer zu dekodieren ist.

Abbildung 2.16 zeigt die Signalverstärkung durch Interferenz. Unterschiedliche Laufzeiten und Wege der Funkwellen können die Signale verstärken oder abschwächen.

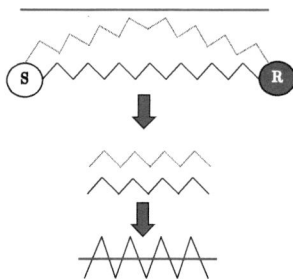

Abbildung 2.16: Signalverstärkung durch Interferenz

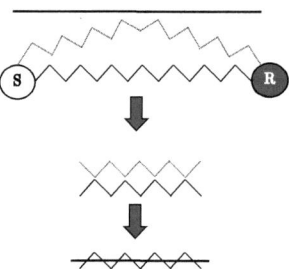

Abbildung 2.17: Signalabschwächung durch Interferenz

Abbildung 2.17 zeigt die Signaldämpfung durch Interferenz. Abhilfe schafft in solchen Fällen fast immer die räumliche Veränderung der Positionen von Sender oder Empfänger, sei es nur um einige Zentimeter.

2.3.6 Fading

Interferenzen und Reflektionen treten nicht nur an Metalloberflächen sondern im Prinzip sogar teilweise in der ionisierten Luft selbst auf. Damit kommt es zu einer sogenannten Multipfadausbreitung, bei der ein Empfänger das Funksignal als Kombination mehrerer Signale mit unterschiedlicher Laufzeit empfängt. Jeder Signalanteil hat eine unterschiedliche Dämpfung durchlaufen und unterschiedlich lange Zeit vom Sender zum Empfänger benötigt. Da sich die Funkumgebung durch Luftbewegungen, Ionisierungen etc. ständig ändert, ändert sich auch die Empfangsfeldstärke an der Empfängerantenne permanent um einige dBm. Dieser Effekt wird **Fading** genannt.

Abbildung 2.18 zeigt die am Empfänger gemessene Signalstärke zwischen zwei Z-Wave Funkprodukten, die in fester Entfernung voneinander stehen. Das gemessene Signal schwankt hier zwischen -64 und -68 dBm ohne dass an der Umgebung durch Türen oder Fensterbewegung große Veränderungen vorgenommen wurden. Z-Wave nimmt bei der Einschätzung der Funkreichweite bzw. dem Test einer Übertragungsstrecke (Link) eine Fading-Marge von -6 dBm an. Damit ist sichergestellt, dass eine Funkverbin-

2 Funkschicht

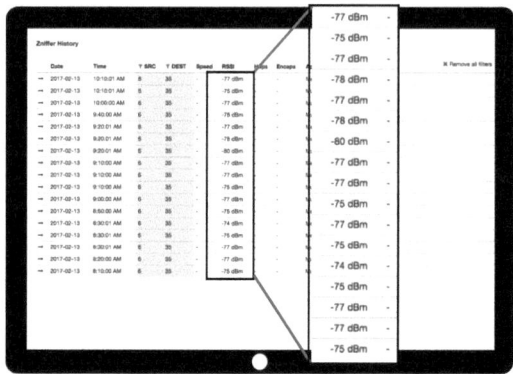

Abbildung 2.18: Signalstärkenänderung durch Fading

dung auch noch unter der ungünstigstem Fading stabil funktioniert.

2.3.7 Zusammenfassung

Abbildung 2.19 zeigt die Abhängigkeit der erforderlichen Link-Marge von der erreichbaren Funkentfernung. Für eine Z-Wave Funkverbindung mit +1dBm Sendeleistung (ERP), einem Hintergrundrauschen von -90 dBm sowie einem typischen Antennenverlust von -15 dBm lassen sich darin eine sichere Funkentfernung von 41 Metern ablesen. Dies entspricht auch genau der Testentfernung für eine stabile Funkverbindung, die jedes Z-Wave-Gerät während der Zertifizierung garantieren muss.

2 Funkschicht

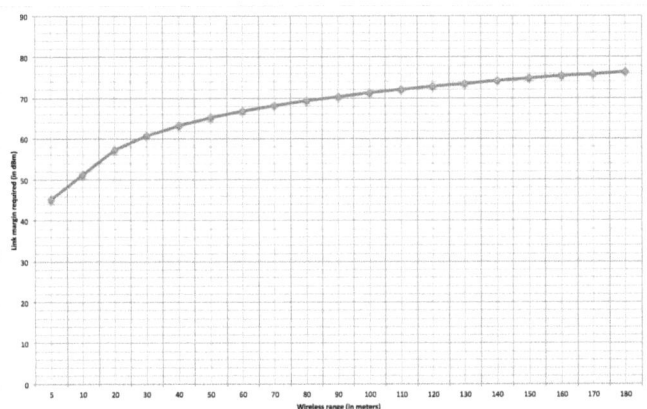

Abbildung 2.19: Funkreichweite in Abhängigkeit der Linkmarge

2.4 Elektromagnetische Verträglichkeit

WLAN, Bluetooth, Z-Wave und zahllose andere Funkwellen strahlen durch die Luft. Diese wirken auf den Organismus ein und es gibt Bedenken, das die Energie dieser Wellen negative Auswirkungen auf den Organismus und hier insbesondere auf das Gehirn hat. Die Wirkung von elektrischen Wellen ist in der Wissenschaft immer noch umstritten, so dass eine Abschätzung möglicher Beeinflussung durch Z-Wave hier nicht erfolgen kann. Es ist jedoch möglich, einen Vergleich zur Beeinflussung durch Mobiltelefone zu ziehen, die aus der heutigen Welt nicht mehr wegzudenken ist.

Mobiltelefone empfangen ein konstantes Funksignal mit einer maximalen Leistung von 2000 mW. Ohne weiteren Schutz, meistens unmittelbar am Kopf betreiben, ist davon auszugehen, dass rund 100 mW über die Dauer des gesamten Telefonats vom Kopf aufgenommen werden. Z-Wave hingegen arbeitet mit Spitzenleistungen von maximal 25 mW und diese Leistung wird nur in 1 % der Zeit generiert (Duty Cycle = 1 %). Das entspricht einer durchschnittlichen Funkleistung von nur 0,25 mW. Außerdem ist es eher unwahrscheinlich, dass ein Z-Wave-Empfänger, beispielsweise in einer Fernbedienung oder in einem Bewegungsmelder, direkt am Körper genutzt wird.

Abbildung 2.20 zeigt den direkten Vergleich zwischen der Funkstrahlung von Z-Wave und einem Mobiltelefon.

Die Signaldämpfung, die bereits durch einen Abstand

2 Funkschicht

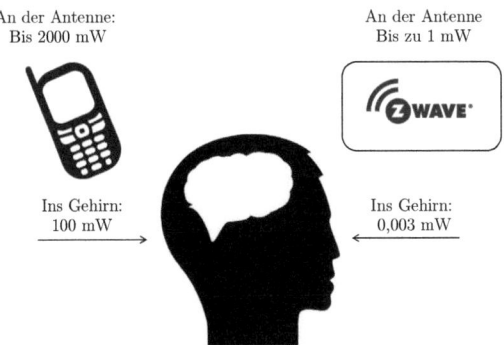

Abbildung 2.20: Sendeleistung bei Z-Wave im Vergleich zu Mobiltelefonen

von nur einem Meter entsteht, reduziert die Strahlung nochmals um den Faktor 40. Der menschliche Körper ist also nur einer Strahlungsleistung von unter 0,001 mW ausgesetzt. Sie ist um den Faktor 4000 kleiner als beim Mobiltelefon und wirkt vor allem nur während der Betätigung des Senders, also für sehr kurze Zeit. Damit leistet Z-Wave so gut wie keinen Beitrag zu elektromagnetischen Feldern, die sich auf den menschlichen Organismus auswirken.

3 Z-Wave Netzwerkschicht

3.1 Datenkommunikation mit G.9959

Z-Wave nutzt die im SRD-Frequenzband zugewiesenen Frequenzen in einer standardisierten Form. Dieser Standard wurde von der ITU-T (*International Telecommunication Union*) unter der Bezeichnung G.9959 [ITU2012] veröffentlicht. Dieser Standard nutzt zwei Begriffe, um den Umfang des Standards zu beschreiben:

- Die **Physikalische Schicht** - auch PHY - beschreibt den Weg, wie die Frequenzen genutzt werden und Bits in Sendeimpulse kodiert werden heißt

- Die **Medienzugriffsschicht** - auch MAC (*Media Access Control*) beschreibt, wie die verschiedenen Sender und Empfänger ihre Daten an den richtigen Kommunikationspartner senden bzw. von diesem empfangen.

3.1.1 Die PHY-Funktionsschicht

Die PHY-Funktionsschicht beschreibt den Transport der Bytes vom Sender zum Empfänger.

3 Z-Wave Netzwerkschicht

Z-Wave ist nicht an die Benutzung bestimmter Frequenzen gebunden, nutzt aber die in Kapitel 2.2 beschriebenen Funkfrequenzen in den dort angegebenen Ländern.

Z-Wave nutzt das sogenannte Frequenzsprungverfahren (engl. *Frequency Shift Keying*), auch als FSK abgekürzt. Dabei entspricht der Sendeimpuls auf einer Frequenz dem Bitwert '1' und der Sendeimpuls auf einer anderen Sendefrequenz dem Bitwert '0'. Da entweder eine '1' oder eine '0' übertragen werden, wird immer nur eine der beiden Frequenzen aktiv sein. Der Abstand zwischen den beiden Frequenzen beträgt genau 20 KHz. Damit benutzt Z-Wave in Europa (CEPT-Länder) die beiden Frequenzen 868.40 MHz und 868.42 MHz.

Der Abstand zwischen den beiden genutzten Frequenzen ist ein Kompromiss zwischen zwei Zielen: Zum einen müssen die Frequenzen weit genug auseinander liegen, um im Empfänger die '1' sicher von der '0' unterscheiden zu können. Zum anderen sollen externe Filter an der Antenne, deren Mittenfrequenz ja ideal genau zwischen den beiden genutzten Frequenzen liegt, die beiden Frequenzen nicht zu sehr dämpfen.

Abbildung 3.1 zeigt das mit einem Spektrum-Analysator gemessene Frequenzspektrum eines realen Z-Wave-Gerätes. Es ist ersichtlich, dass ein Empfänger schon sehr genau arbeiten muss, um die echten Datenwerte aus dem umgebenden Frequenzrauschen herauszufiltern.

Z-Wave kommuniziert in drei sogenannten **Funk-Kanälen**. Diese unterscheiden sich hinsichtlich ihrer Datenrate, Mo-

3 Z-Wave Netzwerkschicht

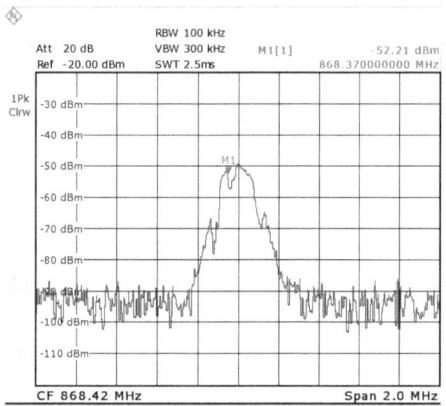

Abbildung 3.1: Frequenzspektrum bei Z-Wave

dulation und der genutzten Frequenzen. Dies hat den Vorteil, das Z-Wave auf einen anderen Kanal ausweichen kann, wenn der bevorzugte Kanal gestört ist. Dieses Zurückschalten (engl. *Back-Off*) führt auch zu einer Reduzierung der Datenrate, was wiederum eine zwar langsamere aber dafür robustere Kommunikation ermöglicht. Die Nutzung der Kanäle wird zwischen den Kommunikationspartnern verhandelt um auch Geräte zu unterstützen, die noch nicht den schnellsten erst mit IC-Generation 500 eingeführten Kanal 3 unterstützen.

Die drei Z-Wave-Funk-Kanäle mit ihren Parametern sind in Tabelle 3.1 aufgelistet:

Die unterschiedlichen Z-Wave-Kanäle verwenden auch

3 Z-Wave Netzwerkschicht

Kanal	1	2	3
Datenrate	9.6 kB/s	40 kB/s	100 kB/s
Encoding	Manchester	NRZ	NRZ
Frequenz	Frequenz Nummer 1 (z.B. 868.4 MHz oder 908.4 MHz)	Frequenz Nummer 1 (z.B. 868.4 MHz oder 908.4 MHz)	Frequenz Nummer 2 (e.g. 869.85 MHz oder 916 MHz)

Tabelle 3.1: Z-Wave-Funkkanäle

unterschiedliche Kodierungen, d.h. die Definition, welche Frequenz eine '1' und welche Frequenz eine '0' repräsentiert.

Für die 9.6 kB/s-Datenrate wird eine sogenannte Manchester-Kodierung gewählt. Dabei wird die Zeit in Schritte eingeteilt und ein Übergang von Frequenz 1 zu Frequenz 2 in der Mitte des Schrittes entspricht einer '0', von Frequenz 2 zurück zu Frequenz 1 entspricht der '1' Der Frequenzübergang direkt an der Schrittgrenze ist keine Kodierung sondern nur notwendig, um zweimal eine '1' oder zweimal eine '0' hintereinander senden zu können.

Für die Datenraten von 40 kB/s und 100 kB/s wurde auf eine sogenannte NRZ-Kodierung umgestellt. Hier entspricht eine Frequenz während einer Schrittweite einer '1', die andere Frequenz der '0'.

Beide Kodierungen haben ihre Vor- und Nachteile. Die Manchester-Kodierung sorgt dafür, dass es viele Frequenz-

3 Z-Wave Netzwerkschicht

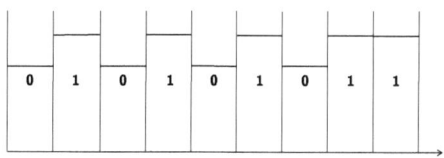

Abbildung 3.2: NRZ-Kodierung

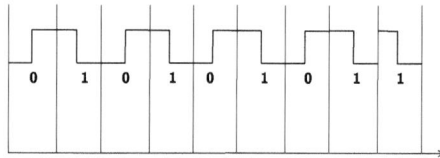

Abbildung 3.3: Manchester-Kodierung

übergänge gibt und ein Empfänger damit leichter auf die Schrittgrenzen synchronisieren kann. Die NRZ-Kodierung wiederum reduziert die Anzahl der Frequenzübergänge. Die Abbildungen 3.2 und 3.3 zeigen den Signalverlauf der beiden Kodierungsarten, wobei der obere und untere Wert des Signalverlaufes die beiden genutzten Frequenzen sind. Beide Kodierungen sind trotz ihrer jeweiligen Vor- und Nachteile für Anwendungen im Smart Home gut nutzbar.

3 Z-Wave Netzwerkschicht

| Präambel | SOF | Byte 1 ... N | EOF |

Präambel: 10 * 01010101b zur Empfängersynchronisation
SOF: Rahmenbeginn (*Start of Frame Delimiter*), 1 Byte
EOF: Rahmenende (*End of Frame Delimiter*), 1 Byte

Abbildung 3.4: Z-Wave-Funkrahmen

3.1.2 Z-Wave-Funkrahmen

Damit ein Empfänger die Schrittweite des Senders gut erkennen kann, muss dieser vor den eigentlichen Daten eine Reihe bekannter Bits zur Synchronisation senden. Diese auch Präambel genannten Bits haben meist die Sequenz 0-1-0-1-0-1-0-1 und werden zehnmal hintereinander gesendet. Da der Empfänger ja nicht genau die ersten Bits der Präambel genau erkennt sondern sich erst synchronisieren muss, braucht er eine Kennung, dass die Präambel zu Ende ist und die eigentlichen Nutzdaten übertragen werden. Diese Start-Kennung heißt *Start of Frame Delimiter*.

Danach werden die Nutzdaten gesendet und die Übertragung mit einem *End of Frame Delimiter* beendet. Abbildung 3.4 zeigt den Aufbau des PHY-Datenrahmens mit Präambel und den Start- und Stopp-Kennungen, wie er in der Spezifikation G.9959 definiert ist.

Die maximale Nutzerdatengröße beträgt 64 Byte. In den späteren Abschnitten wird erklärt, dass die minimale Nutzdatengröße bei 13 Byte liegt. Da der PHY-Rahmen insgesamt 12 Byte (Präambel + Start-Byte+ Stopp-Byte) hinzu-

Rahmengröße	bei 9.6 kbit/s	bei 40 kbit/s	bei 100 kbit/s
25 Byte	20 ms	5 ms	2 ms
76 Byte	63 ms	15 ms	6 ms

Tabelle 3.2: Max. und min. Übertragungszeiten von Funkrahmen

fügt, besteht ein Z-Wave Rahmen aus min. 25 und maximal 76 Byte.

Tabelle 3.2 zeigt die damit entstehenden minimalen und maximalen Übertragungszeiten für eine Z-Wave Nachricht bei unterschiedlichen Datenraten.

3.1.3 Home-ID und Geräte-ID

Ein drahtloses Kommunikationsnetzwerk muss sicherstellen, dass eine bestimmte Nachricht vom richtigen Sender zum richtigen Empfänger gesendet wird. Dies bedeutet, dass ein Empfänger herausfinden muss

- welche Datenelemente für ihn bestimmt sind und
- welche Datenelemente für andere Empfänger im gleichen Netzwerk bestimmt sind.

Der zweite Punkt ist insbesondere in Funknetzen wichtig, wo mehrere Netze das gleiche physische Übertragungsmedium (PHY!) nutzen und sich ihre Kommunikation überlappen kann.

3 Z-Wave Netzwerkschicht

Daher gibt es eine einfache Regel für jedes Kommunikationsnetz:

Alle Geräte eines Kommunikationsnetzes müssen *'etwas gemeinsam'* **und etwas haben, was für** *'jedes Gerät individuell'* **und eindeutig ist.**

In einem drahtgebundenen Netz ist das *'etwas gemeinsam'* meist der Zugang zum gemeinsam genutzten Übertragungskabel. Alle Geräte, die Zugang zu diesem gemeinsamen Kabel haben, sind erst einmal in einem gemeinsamen Netz. In der Funkwelt gibt es kein 'gemeinsames Kabel'. Daher wird hier eine eindeutige Identifikation (ID) eingeführt, die alle Geräte des Netzes besitzen und die alle anderen Geräte, die nicht zu diesem Netz gehören, eben nicht besitzen.

Ein Alternativweg ist, jedem einzelnen Gerät, das eine bestimmte Funktechnologie benutzt, in der Produktion eine eindeutige Geräte-ID zuzuordnen. Alle Zeitnehmer eines Netzes besitzen dann eine Liste aller anderen Partner im eigenen Netz und haben damit gleichzeitig eine Liste aller möglichen gültigen Kommunikationsteilnehmer. Diese eindeutige Geräte-ID wird auch MAC-Adresse bezeichnet und wird zum Beispiel bei WLAN eingesetzt. Der Nachteil dieses Verfahrens ist, dass in der Erwartung des Verkaufs vieler Geräte in einer Technologie eine sehr lange Geräte-ID gewählt werden muss. Diese lange Geräte-ID muss dann bei jeder Kommunikation angegeben werden und die Listen der möglichen und gültigen anderen

Netzteilnehmer, die in jedem Gerät zu speichern und zu pflegen sind, wird recht groß.

Um die Anzahl der bei einer Kommunikation zu übertragenden Adress-Bytes zu begrenzen, wählt Z-Wave den Weg einer gemeinsamen Netzwerk-ID und individueller und nur in diesem Netz gültiger Geräte-IDs.

Diese beiden IDs bilden das Grundgerüst der Z-Wave-Adressierung:

- Die **Home-ID** ist der gemeinsame Identifikator eines Netzes. Jedes Gerät kennt diesen Identifikator. Er ist 4 Byte = 32 Bit lang. Es können nur Geräte miteinander kommunizieren, die eine gleiche Home-ID besitzen.

- Die **Geräte-ID** (engl. *Node-ID*) ist die individuelle Adresse eines Gerätes. Da diese Adresse nur innerhalb des Netzes eindeutig sein muss, reicht eine kurze Adresse von einem Byte. Einige wenige Adressen sind für das Management des Netzes reserviert; es bleiben 232 Adressen für Netzgeräte. Damit können maximal 232 Geräte in einem gemeinsamen Funknetz betrieben werden.

Geräte, die nicht die Home-ID des Netzes besitzen, können nicht mit Geräten dieses Netzes kommunizieren. Dies erzeugt die Frage, wie denn dann Geräte zu einer gemeinsamen Home-ID kommen.

Z-Wave Geräte werden entweder mit einer zufälligen Home-ID oder der ungültigen Home-ID 0x00000000 pro-

3 Z-Wave Netzwerkschicht

duziert. Über einen bestimmten Prozess, der später noch im Detail besprochen wird, können Z-Wave-Geräte eine neue Home-ID annehmen.

Die Geräte, die ihre eigene Home-ID anderen Z-Wave-Geräten einprogrammieren können, heißen **Controller**, alle anderen Geräte, die eben diese Fähigkeit nicht besitzen heißen in Z-Wave **Slave**.

Z-Wave-Controller existieren in verschiedenen Bauformen:

- als Fernbedienung,
- als PC-Software in Verbindung mit einem Z-Wave-Transceiver (üblich als USB Stick)
- als zentrales Steuer-Gateway
- als Wandcontroller.

> Wichtig: Ein Z-Wave-Controller ist ein Z-Wave-Gerät, das anderen Z-Wave Geräten durch eine spezielle Funkkommunikation - Inklusion genannt - seine eigene Home-ID einprogrammieren kann. Alle anderen Geräte, die nicht über diese Fähigkeit verfügen heißen bei Z-Wave Slave.

Die Home-ID eines Controllers wird zufällig bei der Produktion vergeben und kann vom Nutzer nicht geändert werden. Ein Reset des Controllers führt jedoch zur Erzeugung einer neuen zufälligen Home-ID.

3 Z-Wave Netzwerkschicht

Z-Wave-Netze bestehen aus Controllern und Slaves. Um ein Netzwerk entstehen zu lassen muss aber mindestens ein Controller vorhanden sein. Ein Controller, der den anderen Z-Wave-Gerät seine Home-ID programmiert, heißt in Z-Wave **Primär-Controller** (engl. *primary controller*). Es mag in einem Netzwerk mehrere Geräte geben, die Controllerfunktionalität haben (sprich die Fähigkeit, die eigene Home ID anderen Geräten einzuprogrammieren), aber nur ein einziger Controller kann zu einer bestimmten Zeit die Rolle des Primär-Controllers innehaben. Alle anderen Controller werden zur Unterscheidung als **Sekundär-Controller** (engl. *secondary controller*) bezeichnet.

Der Primärcontroller holt neue Geräte in sein eigenes Netzwerk, indem er ihnen seine Home-ID zuweist. Akzeptiert ein neues Gerät diese Zuweisung, wird dieses Gerät Teil des Z-Wave-Netzwerkes. Zusammen mit der Home-ID weist der Primärcontroller dem neuen Gerät seine individuelle netzweit eindeutige Geräte-ID zu.

Die beiden Schritte zusammen werden in Z-Wave als Inklusion (engl. *inclusion*) bezeichnet.

Die Definition und die Nutzung von Home-ID und Geräte-ID ist Teil der ITU-T-Spezifikation G.9959. Der Prozess der Zuweisung dieser IDs an ein neues Gerät ist hingegen Teil der Netzwerkschicht und bleibt damit geistiges Eigentum der Firma Sigma Designs. Mehr Informationen über die rechtliche Situation bei Z-Wave finden sich in Kapitel 6.1)

Abbildung 3.5 zeigt als Beispiel vier Geräte, die sich im Auslieferungszustand befinden. Zwei davon sind Con-

3 Z-Wave Netzwerkschicht

	Definition	im Controller	im Slave
Home-ID	Die Home-ID ist die gemeinsame Identifikation des Netzes	Die Home-ID ist als Werkseinstellung vorgegeben und kann durch einen Reset des Controllers auf einen neuen zufällig gewählten Wert umgestellt werden.	Als Werkseinstellung existiert entweder eine zufällige Home-ID oder eine ungültige Home-ID, die vor erster Benutzung durch Inklusion überschrieben wird.
Geräte-ID	Die Geräte-ID ist die netzweit eindeutige Identifikation eines Gerätes und dient zur Adressierung dieses Gerätes in der Kommunikation innerhalb des Netzes	Der Controller hat seine eigene Geräte-ID (typisch 0x01), die sich nur ändert, wenn er als Sekundär-Controller in ein anderes Netz inkludiert wird	Wird immer vom Primär-Controller zugeteilt.

Tabelle 3.3: Home-ID versus Geräte-ID

3 Z-Wave Netzwerkschicht

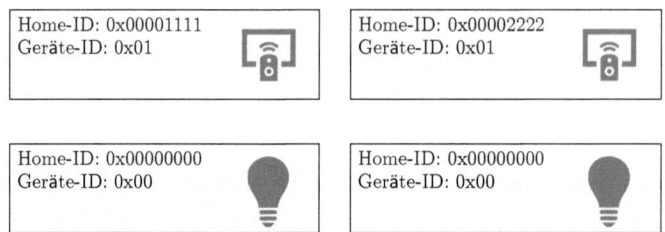

Abbildung 3.5: Z-Wave-Geräte vor Inklusion in ein Netzwerk

troller, zwei weitere Geräte sind Slaves. Die beiden Slaves haben keine Home-ID, die beiden Controller haben eine individuelle Home-ID.

Je nachdem, welcher Controller das Netz aufbauen wird und damit zum Primär-Controller wird ist die Home-ID des entstehenden Netzes entweder 0x00001111 oder 0x00002222.

Beide Controller verfügen bereits über eine Geräte-ID von 1. Da die Slaves noch nicht inkludiert sind, haben diese keine Geräte-ID (die Geräte-ID von 0x00 ist keine gültige ID). Eine andere Betrachtungsweise auf dieses Szenario wäre, jeweils zwei Z-Wave-Netze mit den Home-IDs 0x00001111 und 0x00002222 und jeweils nur einem einzigen Gerät zu sehen. Da keine zwei Geräte die gleiche Home-ID haben, kann zwischen den vier Geräten keine Kommunikation stattfinden.

Einer der beiden Controller wird nun als Primär-Controller ausgewählt und seine Home-ID wird nun die gemeinsa-

3 Z-Wave Netzwerkschicht

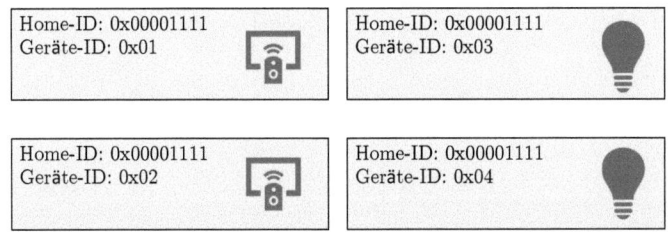

Abbildung 3.6: Z-Wave Netz nach erfolgter Inklusion

me Home-ID des entstehenden Netzes. Mittels des Inklusion-Prozesses weist er seine Home-ID allen anderen Geräten zu. Weiterhin erhalten alle anderen Geräte ihre jeweilige netzweit eindeutige Geräte-ID. Der zweite Controller erhält ebenfalls die Home-ID des Primär-Controllers und wird damit zu einem Sekundär-Controller in diesem Netz. Er erhält ebenfalls eine neue Geräte-ID, da seine alte Geräte-ID ja bereits vom Primär-Controller verwendet wird. Abbildung 3.6 zeigt die Verhältnisse nach erfolgreicher Inklusion.

Nach erfolgreicher Inklusion aller Geräte verfügen diese über die Voraussetzungen, miteinander zu kommunizieren:

- Sie haben etwas Gemeinsames - die Home-ID.

- Sie haben etwas Individuelles - ihre jeweilige Geräte-ID.

Der zweite Controller arbeitet als Sekundär-Controller.

3 Z-Wave Netzwerkschicht

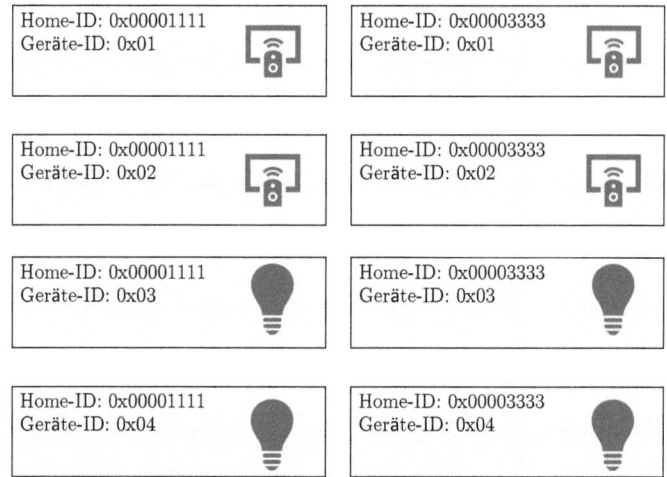

Abbildung 3.7: Zwei Z-Wave-Netze mit unterschiedlichen Home-IDs existieren nebeneinander

Er ist weiterhin ein Controller im technischen Sinne aber der Netzaufbau und das Management obliegen dem Primär-Controller. Dieser kann als einziger Controller weitere Geräte in das Netz inkludieren, es sei denn, im Netz existiert ein statischer ID-Server SIS. Seine Funktion ist im Abschnitt 3.5.1 beschrieben.

Es ist durchaus möglich, dass in einem Haus oder sogar in einem Raum mehrere Z-Wave-Netze parallel existieren. Abbildung 3.7 zeigt ein solches Szenario. Da die beiden Netze aber unterschiedliche Home-IDs haben, 'sehen' sie sich im Funkverkehr nicht einmal bzw. sie 'sehen'

3 Z-Wave Netzwerkschicht

den Funkverkehr des jeweils anderen Netzes nur als Störung.

Obwohl die Home-IDs zufällig erzeugt werden, ist es bei mehr als 4 Milliarden (2^{32}) möglicher Home-IDs mehr als unwahrscheinlich, das sich zufällig zwei Netze mit zufällig gleicher Home-ID an einem Platz treffen. Ein einzelnes Gerät hat immer genau nur eine Home-ID und genau nur eine Geräte-ID. Es gibt sogenannte *Brückengeräte* (engl. *bridge devices*), die verwendet werden, um Verbindungen zwischen zwei Z-Wave-Netzen herzustellen. Sie bestehen aus zwei unabhängigen Z-Wave-Geräten, die in zwei unterschiedlichen Netzen inkludiert werden. Der Datenaustausch erfolgt dann auf einer höheren Protokollschicht des Kommunikationsstapels.

3.1.4 Transportschicht

Die Transportschicht sorgt dafür, dass komplette Datenpakete zwischen einem Sender und einem Empfänger ausgetauscht werden. Sie benutzt dafür die Dienste der PHY/ MAC-Schicht, d.h. sie überträgt ihre Information innerhalb des in der PHY/ MAC-Schicht vorgegebenen Rahmens. Abbildung 3.8 zeigt das Format des Transport-Rahmens, wie er in der ITU-T G9959 spezifiziert ist. Er nutzt die bis zu 64 Byte, die der PHY-Rahmen an 'Transportkapazität' besitzt.

Alle Z-Wave Datenpakete werden durch ihre Home-ID und die Geräte-IDs von Sender und Empfänger iden-

3 Z-Wave Netzwerkschicht

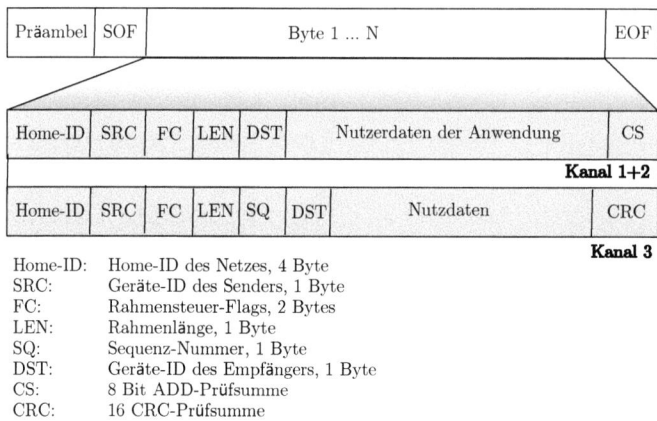

Abbildung 3.8: Transportrahmen (Singlecast)

tifiziert. Dazu existieren einige Datenfelder, die für die Verwaltung des Rahmens benötigt werden (Rahmenlänge, Prüfsumme), die Nutzdatenfelder sowie ein Feld zur Rahmensteuerung von insgesamt 2 Byte. In diesem Feld sind einige Bits zusammengefasst, die den Rahmen und damit die Kommunikation weiter spezifizieren und Unterscheidung hinsichtlich der Interpretation des Rahmeninhaltes ermöglichen.

Table 3.4 zeigt die einzelnen Bits der Rahmensteuerung: Neben der offensichtlich notwendigen Kommunikationsform von einem Sender zu einem Empfänger - technisch und englisch als *Singlecast* bezeichnet - existieren in den meisten Kommunikationssystemen und auch in Z-Wave

3 Z-Wave Netzwerkschicht

Byte	Bit	Funktion
1	0...3	Kopf-Typ
1	4	Datenrate (9.6 kB/s oder 40 kB/s)
1	5	Lowe-Power-Indikator
1	6	Bestätigung oder Kommando
1	7	geroutet
2	0...3	Sequenznummer
2	5...	Aufweck-Beam-Steuerung

Tabelle 3.4: Bedeutung der Steuerbits im Transport-Funkrahmen

weitere Kommunikationsformen, bei denen mehrere Empfänger gleichzeitig angesprochen werden.

Singlecast Es wird eine Nachricht von einem Sender zu einem Empfänger gesendet.

Broadcast Es wird eine Nachricht von einem Sender an alle Empfänger gerichtet, die diese Nachricht empfangen können und wollen. Diese Kommunikationsform ist mit dem Radio vergleichbar, bei dem auch 'wahllos' Nachrichten an alle mögliche Empfänger ausgesendet werden. In Z-Wave existiert die spezielle Geräte-ID 255 = 0xff, die als Adresse für den Broadcast genutzt wird. Damit unterschiedet sich ein Broadcastrahmen nicht von einem normalen Singlecast-Rahmen. Als Empfängeradresse steht jedoch immer 255.

Multicast Eine weitere Kommunikationsform ist der sogenannte Multicast, bei dem eine Nachricht von einem Sender an eine bestimmte und benannte Anzahl von Empfängern gesendet wird. Dies ist immer dann sinnvoll, wenn mehrere aber nicht alle Empfänger die gleiche Nachricht empfangen sollen. Hier bietet Multicast eine Verringerung des Datenverkehrs in der Luft verglichen mit dem einzelnen Aussenden von Singlecast-Nachrichten.

Um ein Multicast-Paket senden zu können, müssen alle Empfänger der Nachricht in dem Transport-Rahmen kodiert sein. Abbildung 3.9 zeigt das Format eines solchen Multicast-Rahmens. Der entscheidende Unterschied liegt in den beiden Feldern Multicast-Steuerung und Multicast-Bitmaske.

Multicast können in zwei verschiedenen Versionen kodiert werden. Es wäre möglich eine Liste der möglichen Empfänger einzeln mit kompletter Adresse in den Rahmen zu schreiben oder eine Bitmaske zu senden, bei der jeder Empfänger durch ein Bit repräsentiert wird. Das erste Verfahren ist platzsparender, wenn immer nur wenige Multicast-Empfänger vorhanden sind, das zweite Verfahren braucht weniger Platz bei längeren Listen.

Z-Wave nutzt das zweite Verfahren und belegt damit insgesamt konstant 29 Bytes für die Bitmaske der Multi-

3 Z-Wave Netzwerkschicht

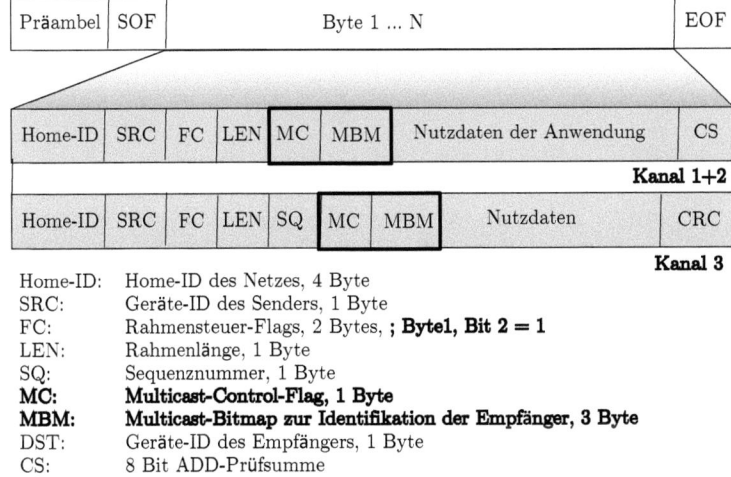

Home-ID:	Home-ID des Netzes, 4 Byte					
SRC:	Geräte-ID des Senders, 1 Byte					
FC:	Rahmensteuer-Flags, 2 Bytes, ; **Byte1, Bit 2 = 1**					
LEN:	Rahmenlänge, 1 Byte					
SQ:	Sequenznummer, 1 Byte					
MC:	**Multicast-Control-Flag, 1 Byte**					
MBM:	**Multicast-Bitmap zur Identifikation der Empfänger, 3 Byte**					
DST:	Geräte-ID des Empfängers, 1 Byte					
CS:	8 Bit ADD-Prüfsumme					
CRC:	16 CRC-Prüfsumme					

Abbildung 3.9: Format des Multicast-Transport-Rahmen

3 Z-Wave Netzwerkschicht

castempfänger (232 mögliche Geräte-IDs dividiert durch 8 Bit).

Die maximale Nutzdatenmenge des Transport-Rahmens hängt damit von der Kommunikationsform ab.

- Singlecast: 54 Byte
- Multicast: 26 Byte
- Broadcast: 54 Byte

3.1.5 Zuverlässigkeit und Fehlerkorrektur

Um prüfen zu können, ob ein Rahmen korrekt übertragen wurde, befindet sich am Ende des Rahmens für den Z-Wave Kanal 1 und 2 eine 8-Bit-Prüfsumme. Die empfangenen Datenbits sind dann und nur dann ein korrekter Rahmen, wenn die Prüfsumme korrekt ist. Ist dies nicht der Fall, wird der Rahmen immer verworfen, egal wie sinnvoll der Inhalt auch sein mag.

Die Prüfsumme wird in einem sehr einfachen Verfahren ermittelt. Es werden alle Bytes des Rahmens von der Home-ID bis zum letzten Byte vor der Prüfsumme selbst über eine logische Funktion eines exklusiven Oder (exclusive OR oder XOR) aufaddiert. Der Algorithmus kann in der Programmiersprache C wie folgt notiert werden:

Listing 3.1: Z-Wave Prüfsumme in C

```c
Byte GenerateCheckSum (Byte *Data, Byte Length)
{
```

3 Z-Wave Netzwerkschicht

```
    Byte checksum = 0xff;
    for (; Length > 0; Length --)
        checksum ^= *Data++;
    return checksum;
}
```

Der einfache Prüfsummenalgorithmus und der Fakt, dass nur 8 Bit zur Prüfung von insgesamt bis zu 64 Byte Daten genutzt werden, ist eine Schwäche von Z-Wave. Leider ist diese Schwäche auch bei den allermeisten anderen Kommunikationsprotokollen im Smart Home (ZigBee, ...) genauso vorhanden.

Für sensible Daten wurde daher bei Z-Wave ein spezielles Verfahren eingeführt, das zusätzlich zur normalen Prüfsumme eine weitere 16 Bit lange Prüfsumme mit dem deutlich leistungsfähigeren Algorithmus CRC (*Cyclical Redundancy Check*) durchführt. Weitere Informationen dazu finden sich im Abschnitt 5.4.7.

Ein einfaches Beispiel soll das Problem illustrieren:

> Es wird ein Datenpaket betrachtet, dass nur aus zwei Byte besteht. Das erste Byte ist ein 0x01 und das zweite Byte ist ein 0x80. Im ersten Byte ist also nur das höchstwertige Bit des Byte eine '1', im zweiten Byte nur das niedrigstwertige Bit. Alle anderen Bits sind '0'.
>
> Der Prüfsummenalgorithmus startet mit einem Wert von 0xff und wird wegen der zwei zu prüfenden Bytes genau zweimal durchlaufen.

Als Ergebnis entsteht eine Prüfsumme von `0x7f` oder `0b01111110`.

Würde durch einen Übertragungsfehler nun die beiden Byte getauscht in `0x01`, `0x80` dann würde der gleiche Prüfsummenalgorithmus wiederum `0x7f` oder `0b01111110` erzeugen und einen falschen Rahmen als korrekte Übertragung erkennen.

Dies zeigt, dass ein derartig einfacher Prüfsummenalgorithmus nicht in der Lage ist, kleine Änderungen im Datenstrom zu erkennen. Die Prüfsumme hat nur $1 : 2^8 = 256$ verschiedene Werte. Damit ist die Chance, rein zufällig ein falsches Datenpaket als korrekt zu erkennen wiederum 1:256.

Die Situation bei Z-Wave ist etwas weniger kritisch, da ein MAC-Rahmen nur dann vom Empfänger akzeptiert wird, wenn

1. die Prüfsumme korrekt ist **und**
2. die 4 Byte lange Home-ID genau mit der Home-ID des Empfängers übereinstimmt **und**
3. die 1 Byte lange Geräte-ID ebenfalls genau mit der Geräte-ID des Empfängers übereinstimmt.

Als Resultat entsteht eine Chance von $1 : 2^{42}$

3 Z-Wave Netzwerkschicht

dass ein zufälliger Bitstrom von einem Empfänger als korrekte Nachricht identifiziert wird. Dies ist für die allermeisten Anwendungen mehr als sicher.

Z-Wave Kanal 3 (100 kbit/s) nutzt eine 16 Bit CRC Prüfsumme. Das CRC-Generator-Polynom ist

$P(x) = x16+x12+x5+1$, auch bekannt als CRC– CCITT

Die CRC-16 Prüfsumme wird über den gesamten Rahmen ausser die Präampel, das Start-of-Frame-Byte und die Prüfsumme selbst gebildet. Der CRC16 wird vor Anwendung mit der Zahl 0x1D0F initialisiert.

In den meisten Kommunikationsnetzen erfolgt eine Kommunikation, in dem eine Nachricht - ein Datenpaket - von einem Sender zu einem Empfänger gesendet wird. Geht diese Nachricht verloren - zum Beispiel durch Störungen oder weil der Empfänger gerade außerhalb der Funkreichweite ist - bekommt der Sender keine Rückmeldung und kann damit auch nicht auf den Fehler reagieren. Dies macht eine Funkverbindung sehr instabil und sorgt für Frustration beim Endnutzer.

Z-Wave verwendet daher das Verfahren der Rückbestätigung. Jedes Datenpaket vom Sender zum Empfänger muss durch ein weiteres spezielles Datenpaket vom Empfänger zum Sender rückbestätigt werden.

3 Z-Wave Netzwerkschicht

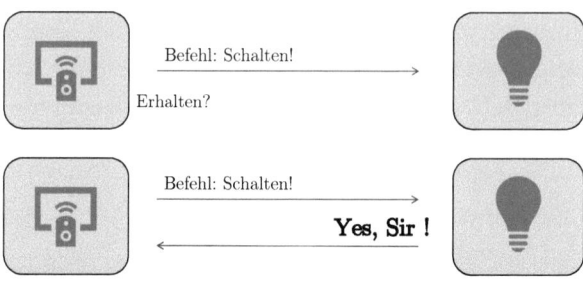

Abbildung 3.10: Kommunikation mit und ohne Bestätigung

> Eine Kommunikation in Z-Wave ist dann erfolgreich gewesen, wenn (1) das empfangene Paket eine korrekte Prüfsumme, (2) eine korrekte Home-ID und (3) eine korrekte Geräte-ID hat und (4) der Sender ein Bestätigungspaket empfangen hat, das wiederum (5) eine korrekte Prüfsumme, (6) eine korrekte Home-ID und (7) eine korrekte Geräte-ID aufweist.
> Jede Kommunikation, die einen der 7 Punkte nicht erfüllt, wird als fehlerhaft verworfen und wiederholt.

Das Verfahren ist der normalen Briefpost bekannt. Hier gibt es den normalen Brief, der in der Regel auch ankommt. Es gibt dafür allerdings keine Garantie und es bleibt eine Unsicherheit.

Wichtige Nachrichten werden daher mittels **Einschrei-**

ben mit Rückschein gesendet. Der Absender bekommt einen Beweis, dass der Brief korrekt dem Empfänger übergeben wurde.

Die Post kann auch bei **Einschreiben mit Rückschein** nicht garantieren, dass der Brief den Empfänger erreicht. Es ist möglich, das der Empfänger unbekannt verreist oder gar gestorben ist.

Der Absender bekommt aber eine Information darüber, ob der Brief angekommen ist oder nicht. Damit kann er auf einen fehlgeschlagenen Kommunikationsversuch reagieren.

In Z-Wave heißt die **Empfangsbestätigung** (engl. *Acknowledge*), kurz ACK. Wurde kein ACK vom Empfänger zurückgesendet, dann wartet der Sender eine zufällige Zeit zwischen 20 ms und 100 ms und startet zwei weitere Versuche. Nach insgesamt drei erfolglosen Versuchen versucht Z-Wave, einen alternativen Weg zum Ziel zu finden. Das dahinterstehende Verfahren heißt **Routing** und wird im nächsten Kapitel ausführlich vorgestellt.

Abbildung 3.10 zeigt nochmals das Prinzip der rückbestätigten Kommunikation. Sie wird nicht nur bei der normalen Briefpost eingesetzt, sondern ist aus guten Gründen auch beim Sprechfunk des Militärs oder in der Luftfahrt der Standard.

3 Z-Wave Netzwerkschicht

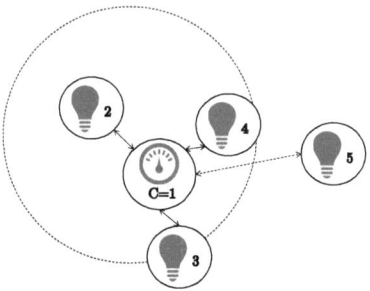

Abbildung 3.11: Netzwerk ohne Routing

3.2 Routing

3.2.1 Grundlagen des Routing

In einem einfach strukturierten Funknetz kommunizieren alle Funkteilnehmer direkt miteinander, indem der Empfänger die Funkwellen des Senders empfängt. Die Situation, dass ein Empfänger direkt die Signale des Senders empfangen kann, wird funktechnisch als **in Funkreichweite** (engl. *in sight* oder *in range*) bezeichnet. Dies meint, dass sich die beiden Kommunikationspartner nahe genug beieinander befinden, um eine direkte Funkbeziehung zu haben. Bewegt sich einer der beiden Kommunikationspartner außerhalb des Sichtbereiches des anderen Funkpartners dann wird die nächste Kommunikation fehlschlagen.

Abbildung 3.11 zeigt ein solches Kommunikationsnetz

mit einem Controller in der Mitte. Die Geräte Nr. 2, 3 und 4 sind in Funkreichweite, eine Kommunikation vom Controller zu Gerät 5 ist hier nicht möglich: Gerät 5 ist nicht in Funkreichweite.

In einem Netz ohne Rückbestätigung der Kommunikation wird der Controller noch nicht einmal realisieren, dass das Gerät Nr. 5 seine Nachrichten nie empfangen hat. Eine zuverlässige Kommunikation sieht anders aus.

Z-Wave verfügt über ein sehr leistungsfähiges Verfahren, die gerade beschriebene Begrenzung zu überwinden. Neben der Rückbestätigung, wie in Abschnitt 3.1.5 beschrieben, ist jedes netzgespeiste Z-Wave-Gerät in der Lage, Funknachrichten eines anderen Gerätes für dieses Gerät zum endgültigen Ziel weiterzuleiten. Dieses Prinzip wird **Routing** genannt:

Es bringt zwei entscheidende Vorteile:

- Die Funkreichweite des Funknetzes wird entscheidend vergrößert.

- Für den Fall, dass eine Funkkommunikation fehlschlägt, gibt es jetzt einen Plan B. Der Sender - der dank fehlender Rückbestätigung überhaupt erst weiß, dass etwas schiefgelaufen ist - kann sich anderer Vermittler bedienen, um seine Nachricht doch noch an den Empfänger zu senden.

Abbildung 3.12 zeigt das gleiche Netz wie Abbildung 3.11. Es zeigt aber durch die zusätzlichen Kreise die Funk-

3 Z-Wave Netzwerkschicht

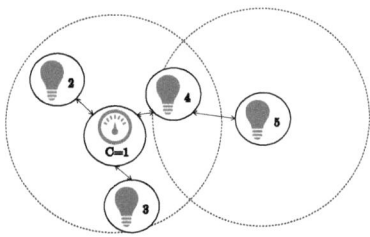

Abbildung 3.12: Z-Wave Netzwerk mit Routing

reichweite der einzelnen Geräte. Weiterhin kann der Controller 'C' nicht direkt mit dem Gerät 5 kommunizieren. Dieses Gerät liegt aber in der Funkreichweite von Gerät Nr. 2. Der Controller kann sein Paket an Nummer 5 also an Gerät zwei mit Bitte um Weiterleitung an Gerät No. 5 senden. Die Rückbestätigung würde dann vom Gerät Nr. 5 über Nr.2 wieder an den Controller erfolgen.

Der Weg von Gerät Nr. 1 über Nr. 2 zu Nr. 5 wird als **Route** bezeichnet.

Ein Netz, das über mehrere unterschiedliche Routen zwischen zwei Kommunikationspartnern verfügt, heißt technisch **vermaschtes Netz** oder *meshed network*.

Die Abbildung 3.12 zeigt auch den zweiten Vorteil der Vermaschung. Angenommen die Kommunikation zwischen dem Controller '1' und dem Gerät Nr. 2 ist gestört. Dann gibt es dank Gerät Nr. 3 eine alternative Route. Die Rolle von Gerät Nr. 3, d.h. das Empfangen und Weiterleiten von Nachrichten für eine andere Kommunikationsbeziehung,

3 Z-Wave Netzwerkschicht

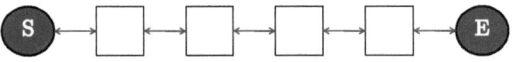

Abbildung 3.13: Maximale Route zwischen 2 Geräten über 4 Repeater

wird als **Router** bezeichnet.

Es ist ersichtlich, dass mehr Geräte in einem Netz zu mehr alternativen Routen und damit zu einem stabileren und fehlertoleranten Netz führen. Dies ist eine wesentliche Eigenschaft vermaschter Netze und damit auch von Z-Wave.

Z-Wave begrenzt die Länge der Routen auf vier involvierte Router. Dies ist ein Kompromiss zwischen der möglichen Ausdehnung des Funknetzes und der Stabilität dieses Netzes, die sich durch längere Zeiten bis zur Rückbestätigung und mehr Datenverkehr durch viele Zwischenstufen verschlechtert. Abbildung 3.13 zeigt schematisch eine solche maximale Route zwischen zwei Geräten über vier Router.

Lange Routen in einem vermaschten Netz sind zwar möglich aber nicht unbedingt anzustreben. Dazu folgende Berechnung:

In Tabelle 3.2 wurden die maximalen Übertragungszeiten für ein Z-Wave-Datenpaket gezeigt. Für die Übertragung eines Datenpaketes mittlerer Länge mit der heute üblichen Datenrate von 40 kB/s benötigt 10 ms. Ein Router muss eine empfangene Nachricht erst verarbeiten, bevor er sie wieder weitersenden kann. Wird diese Zeit ebenfalls mit 10 ms angenommen, dann braucht ein Paket auf der längsten erlaubten Route über vier Router insgesamt 27 * 10 ms = 270 ms. In dieser Zeit sind mit den notwendigen Rückbestätigungen insgesamt 20 Datenpakete übertragen worden. Im Vergleich dazu braucht eine direkte Kommunikation in Funkreichweite genau zwei Datenpakete und wäre bei gleichen Annahmen nach 30 ms erfolgreich beendet.

270 ms sind eine Verzögerung, die ein Nutzer zum Beispiel beim Einschalten einer Leuchte bereits bemerken und wahrscheinlich rügen würde.

Trotzdem ist es sehr wertvoll, dass ein Funknetz trotz mehrheitlicher Kommunikation in Funkreichweite genügend Rückfalloptionen hat; falls irgendetwas nicht so funktioniert wie geplant.

3.2.2 Der Routingalgorithmus

Das Bestimmen einer optimalen Route im Netzwerk ist die Aufgabe des Primär-Controllers. Er verwaltet dazu eine Tabelle der möglichen direkten Funkbeziehungen aller Geräte des Netzes untereinander. Während des Inklusion-Vorganges ermittelt jedes neue Gerät im Netz eine Liste seiner direkten 'Funknachbarn' und sendet diese Liste an den Primär-Controller. Dieser speichert diese Informationen in einer sogenannten Routingtabelle. Diese Bezeichnung ist zwar geläufig aber technisch nicht korrekt, da nicht die einzelnen Routen sondern erst einmal nur die möglichen direkten Funkbeziehungen eingetragen sind. Abbildung 3.14 zeigt eine graphische Darstellung einer solchen Routingtabelle bzw. Nachbarschaftstabelle.

Der Primär-Controller pflegt die Routingtabelle und hat verschiedene Verfahren, Änderungen der Situation im Funknetz in seiner Tabelle abzubilden. Es ist offensichtlich, dass eine aktuelle Routingtabelle die Grundlage für eine erfolgreiche Routingauswahl schafft. In Abschnitt 3.4.3 werden daher Verfahren vorgestellt, wie Z-Wave die Aktualität dieser Routingtabelle gewährleistet.

Die Routen werden vom Controller anhand der Routingtabelle gewählt und bleiben so lange unverändert, bis entweder eine Änderung des Netzwerkes durch neue Geräte oder den Verlust bestehender Geräte eintritt oder das Netz selbst eine Veränderung des Netzes feststellt.

Abbildung 3.15 zeigt ein vermaschtes Beispielnetz und Abbildung 3.16 zeigt die Routingtabelle für dieses Netz.

3 Z-Wave Netzwerkschicht

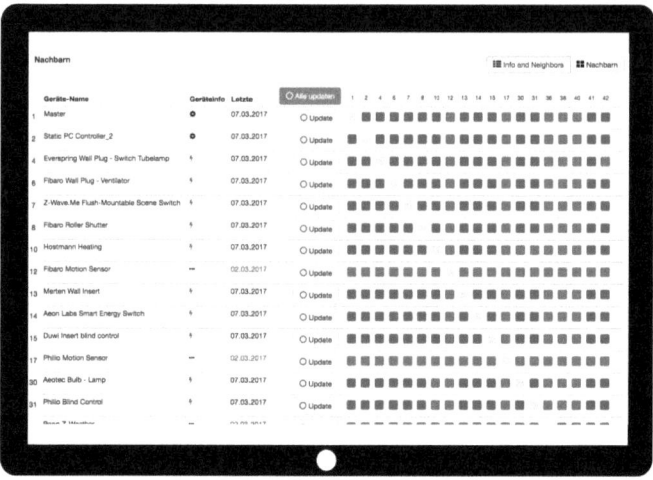

Abbildung 3.14: Beispiel einer Routingtabelle

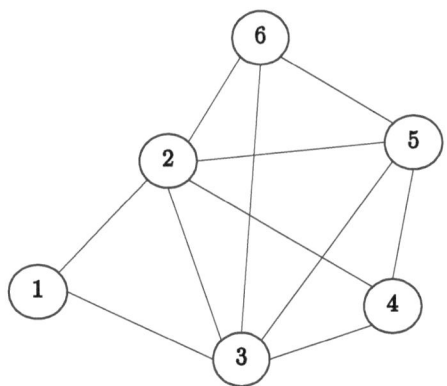

Abbildung 3.15: Beispiel eines funkvermaschten Netzes

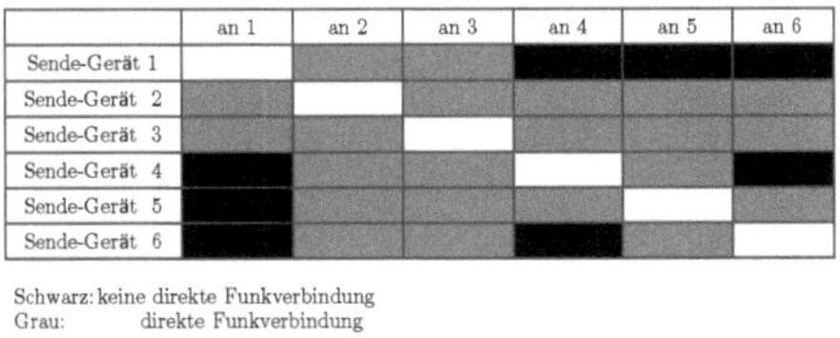

3 Z-Wave Netzwerkschicht

	an 1	an 2	an 3	an 4	an 5	an 6
Sende-Gerät 1				■	■	■
Sende-Gerät 2	■			■	■	■
Sende-Gerät 3	■			■	■	■
Sende-Gerät 4	■					■
Sende-Gerät 5	■					
Sende-Gerät 6	■			■		

Schwarz: keine direkte Funkverbindung
Grau: direkte Funkverbindung

Abbildung 3.16: Routingtabelle des Beispielnetzes

Anhand dieser Tabelle trifft der Controller nun seine Routing-Entscheidung.

Die Geräte Nr. 2 und 3 sind in direkter Funkreichweite. Alle anderen Geräte liegen nicht in Funkreichweite, können aber entweder über Gerät 2 oder Gerät 3 leicht erreicht werden. Dabei gibt es sogar immer eine Alternativ-Route.

Um mit Gerät 6 kommunizieren zu können, steht als Router entweder Gerät 3 oder Gerät 2 zur Verfügung.

- $1 \to 3 \to 6$ oder
- $1 \to 2 \to 6$.

Eine mögliche gültige Route entsprechend der Routingtabelle zeigt Abbildung 3.17.

Die Routenentscheidung wird immer beim Absenden des Gerätes getroffen. Jedes Datenpaket hat damit die komplette Routeninformation im Datenrahmen enthalten. Eine Änderung der Route während des Weges ist bei Z-Wave nicht vorgesehen. Dies liegt daran, dass nur der

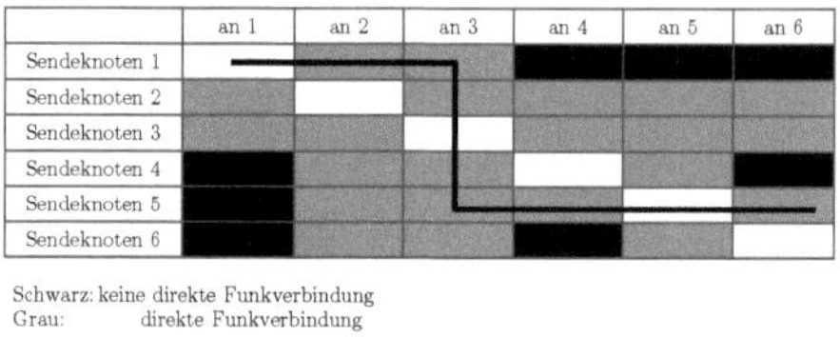

3 Z-Wave Netzwerkschicht

	an 1	an 2	an 3	an 4	an 5	an 6
Sendeknoten 1						
Sendeknoten 2						
Sendeknoten 3						
Sendeknoten 4						
Sendeknoten 5						
Sendeknoten 6						

Schwarz: keine direkte Funkverbindung
Grau: direkte Funkverbindung

Abbildung 3.17: Routing von Gerät 1 via Gerät 3 zu Gerät 6

Primär-Controller die gesamte Routeninformation in seiner Routing-Tabelle hält und diese nicht jedem anderen Gerät permanent mitteilen kann. Müssen Router nicht selbst entscheiden, wohin das Paket weitergesendet werden soll, können diese deutlich einfacher und damit preiswerter gebaut werden.

Das Verfahren, einmal ermittelte Routen immer wieder zu verwenden und dem Paket beim Absenden gleich mitzuteilen heißt technisch *statisches Source-Routing* und ist bei Funknetzen wie Z-Wave die optimale Routingform, die zu minimaler Netzbelastung führt.

Diese Netzbelastung kann bei Problemen im Netz dennoch unangenehm werden, wie in einem Beispiel gezeigt werden soll.

Abbildung 3.18 zeigt einen Sender und einen Empfänger, die nach der Information aus der Routingtabelle in direktem Funkkontakt stehen. Der Sender versucht insgesamt 3 mal den Empfänger zu erreichen. Schlägt dies fehl, wählt er eine Alternativroute, In Abbildung 3.19 verläuft

3 Z-Wave Netzwerkschicht

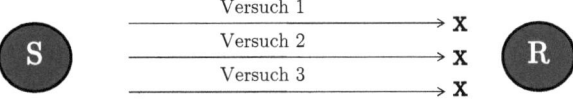

Abbildung 3.18: Mehrfachversuch der Kommunikation in Z-Wave - Schritt 1

diese Alternative über Gerät Nr. 6. Hier sind die verschiedenen Szenarien gezeigt, wie nunmehr eine Kommunikation fehlschlagen kann.

Der erste Kommunikationsversuch sendet das Paket erfolgreich an Gerät 6, aber die Weiterleitung an den Empfänger schlägt fehl. Der zweite Versuch wird korrekt beim Empfänger ankommen, jedoch geht die Bestätigung verloren. Der dritte Kommunikationsversuch erreicht nicht einmal Gerät Nr. 6.

Kann ein Controller auf dem ihm bekannten Weg - entweder direkt oder über eine bereits bekannte und erfolgreich genutzte Route - keine Kommunikation erfolgreich abschließen so wird er zwei weitere Versuche über Alternativrouten unternehmen. Abbildung 3.20 zeigt den letzten Versuch, der dann über Gerät Nr. 8 erfolgreich bestätigt wird.

Schlägt auch der dritte Kommunikationsversuch in der dritten Route fehl, dann bricht der Controller den Kommunikationsversuch mit einer Fehlermeldung ab.

Die Bilderfolge 3.18 bis 3.20 zeigt, dass die Anzahl der gesendeten Datenpakete bei fehlerhaften Routen sehr schnell

3 Z-Wave Netzwerkschicht

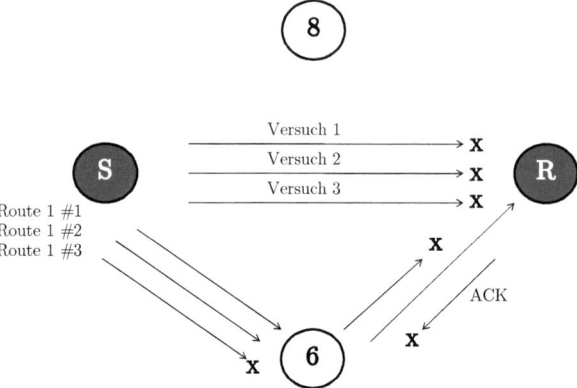

Abbildung 3.19: Mehrfachversuch der Kommunikation in Z-Wave Schritt 2

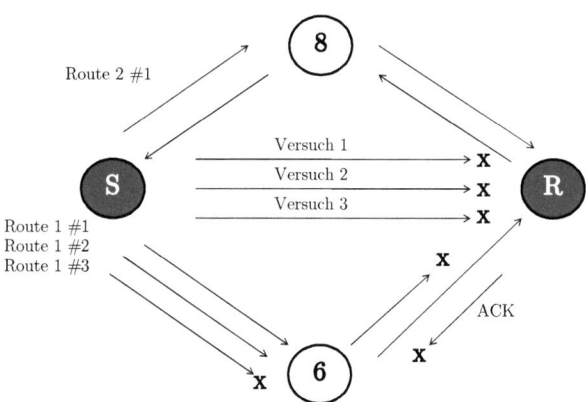

Abbildung 3.20: Mehrfachversuch der Kommunikation in Z-Wave - Schritt 3

ansteigen kann. Werden jetzt noch längere Routen über bis zu vier Router verwendet, kann ein mehrfach fehlgeschlagener Kommunikationsversuch durchaus bis zu 100 zusätzliche Pakete in der Luft generieren. Dies behindert nicht nur den Funkverkehr der anderen Geräte sondern blockiert auch den Sender selbst, der bis zum positiven oder negativen Abschluss eines Kommunikationsversuches kein weiteres Datenpaket aussenden wird.

Wird eine neue Route gefunden, dann wird diese Route gespeichert und in Zukunft zuerst gewählt. Der schlimmste anzunehmende Fall ist also, dass sich Routen immer wieder ändern oder manchmal funktionieren und manchmal eben nicht. Dann wird immer mit großem Aufwand eine neue Route zu suchen sein.

Da die Routeninformation im Datenpaket transportiert werden muss, verringert sich die für Anwendung nutzbare Datenmenge, wenn ein Paket über eine Route gesendet wird. Im Transport-Rahmen werden dann 5 zusätzliche Bytes für die Routinginformation belegt. Die Änderung im Single-Cast-Rahmen durch die Routing-Information zeigt Abbildung 3.21.

3 Z-Wave Netzwerkschicht

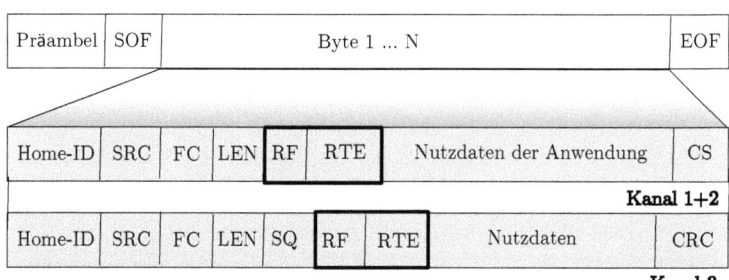

Home-ID: Home-ID des Netzes, 4 Byte
SRC: Geräte-ID des Senders, 1 Byte
FC: Rahmensteuer-Flags, 2 Bytes; **Byte 1, Bit 4 = 1**
LEN: Rahmenlänge, 1 Byte
RF: **Routing- Flags, 1 Byte**
RTE: **Route mit Hops, 4 Byte**
SQ: Sequenznummer, 1 Byte
DST: Geräte-ID des Empfängers, 1 Byte
CS: 8 Bit ADD-Prüfsumme
CRC: 16 CRC-Prüfsumme

Abbildung 3.21: Veränderter Transport-Rahmen durch Routinginformation

3 Z-Wave Netzwerkschicht

3.3 Verschiedene Gerätearten bei Z-Wave

3.3.1 Rolle im Netz: Controller und Slaves

Im vorangegangenen Kapitel wurde bereits dargelegt das Z-Wave zwei unterschiedliche Gerätetypen kennt:

- Controller
- Slaves

Der wesentliche Unterschied zwischen einem Controller und einem Slave ist die Fähigkeit ein Netz aufzubauen und zu verwalten. Der Controller, dessen vorprogrammierte Home-ID zur Home-ID des gesamten Netzes wird ist der Primär-Controller. Er kann diese Rolle allerdings an einen anderen Controller abgeben. Alle Geräte ohne Primär-Controllerfunktion werden automatisch zu Sekundär-Controllern.

Controller werden weiterhin in Hinblick auf ihre Mobilität unterschieden.

- **Portable Controller** werden von Batterien gespeist und können innerhalb der Funkabdeckung des Netzes herumgetragen und an unterschiedlichen Orten bedient werden.

- **Statische Controller** werden aus dem Stromnetz gespeist und sind damit ortsunveränderlich.

3 Z-Wave Netzwerkschicht

Eine weitere Unterscheidung von Z-Wave Geräten wird anhand ihrer Kenntnis über die Routen im Netz getroffen. Ein Controller besitzt eine Kopie (oder der Primär-Controller das Original) der gesamten Routingtabelle des Netzes. Bei Slaves wird nochmals unterschieden.

- Normale Slaves haben gar keine Routinginformationen.

- Routing-Slaves besitzen zumindest eine Teilinformation über Routen, um selbst Datenpakete in ein Netz senden zu können.

Dies führt zu unterschiedlichen Kommunikationsmöglichkeiten der drei erwähnten Gerätetypen. Aus dem Vergleich in Tabelle 3.5 können einige grundlegende Regeln abgeleitet werden:

- Jedes Z-Wave Gerät kann Nachrichten empfangen oder weiterleiten und den Empfang bestätigen.

- Controller können mit jedem Gerät im Netz mit und ohne Aufforderungen kommunizieren (Der Meister spricht, wann und mit wem er will.)

- Slaves können nur auf Anfragen antworten (Der Sklave antwortet nur, wenn er gefragt wird.).

- Routing-Slaves können Anfragen beantworten und selbständig genau nur mit den Geräten kommunizieren, die der Controller vorher durch Programmieren der Routen festgelegt hat. (Der Aufseher ist zwar

3 Z-Wave Netzwerkschicht

	Nachbarn	Routen	Mögliche Anwendungen
Controller	Kennt alle Nachbarn	Besitzt eine komplette Routingtabelle	Kann mit jedem Gerät im Netz kommunizieren
Slave	Kennt alle Nachbarn	Besitzt keinerlei Routinginformationen	Kann nur auf Nachrichten antworten(bei denen die Route im Paket kodiert ist). Kann nicht selbständig (engl. *unsolicited*) Nachrichten aussenden.
Routing Slave	Kennt alle Nachbarn	Hat Teilkenntnisse über Routen	Kann sowohl auf Nachrichten antworten als auch an diejenigen Geräte selbständig Nachrichten senden, zu denen er eine Routinginformation besitzt. Dies wird in der Regel mindestens der Primär-Controller sein.

Tabelle 3.5: Eigenschaften der Z-Wave-Gerätetypen

noch Sklave darf aber mit Erlaubnis auch zum Meister gehen.).[1]

Da die Kommunikationsmöglichkeiten der normalen Slaves sehr begrenzt ist, sind alle neueren Geräte (seit 2008) mindestens Routing-Slaves. Normale Slaves sind de-fakto vom Markt verschwunden. Der Begriff Slave wird daher mittlerweile sowohl für normale als auch für Routing-Slaves benutzt.

3.3.2 Arten der Stromversorgung

Neben dem Wissen um die Routen im Netz bestimmt auch die Stromversorgung eines Z-Wave-Gerätes seine Kommunikationsmöglichkeiten. Ein Gerät, das über genügend Energie verfügt, kann permanent funkaktiv bleiben und damit sofort auf eingehende Funknachrichten reagieren. Steht nur eine Batterie zur Verfügung, so ist deren Haltbarkeit ein zentraler Leistungsparameter. Bei diesen Geräten müssen alle Aktivitäten so weit wie möglich eingeschränkt werden, um ein Maximum an Batterielaufzeit zu erreichen.

---

[1] Routing-Slave ist ein unglücklich gewählter Begriff weil er impliziert, das das betreffende Gerät andere Nachrichten routen kann. Diese Eigenschaft hat jedes netzgespeiste Z-Wave Gerät. Das Besondere an Routing-Slaves ist ihre Fähigkeit bestimmte Routen zu anderen Geräten zu speichern und zur Kommunikation zu nutzen.

3 Z-Wave Netzwerkschicht

Netzgespeiste Geräte

Netzgespeiste Geräte sind immer funkaktiv und können zu jeder Zeit Nachrichten empfangen und senden. Daher können solche Geräte auch als Router für andere Z-Wave-Geräte dienen. Alle Geräte, die elektrische Verbraucher schalten (Schalter, Dimmer, Motorsteuerungen) sind in der Regel auch netzgespeist, da die Verbindung zum Stromnetz ehedem schon gegeben ist. Ansonsten muss ein zusätzliches Netzteil verwendet werden, das die Flexibilität eines Gerätes einschränkt und die Kosten erhöht. Daher gibt es nur vergleichsweise wenig netzgespeiste Sensoren. Hier steht entweder der erhöhte Strombedarf im Vordergrund (ein Beispiel sind CO_2-Sensoren, die zu viel Strom benötigen, um von einer Batterie betrieben zu werden) oder es wird aus verschiedenen Gründen bewusst eine Batterie vermieden. Abbildung 3.22 zeigt beispielhaft einen CO_2-Sensor der mittels eingebautem Netzteil gespeist wird.

> Wichtig: Nur netzgespeiste Geräte können als Router im Z-Wave-Netz arbeiten.

Ein sehr wichtiges netzgespeistes Gerät ist der statische Controller. Er ist immer funkaktiv und kann damit diverse Managementaufgaben im Z-Wave Netz übernehmen und dient in der Regel auch als Benutzerschnittstelle des Netzes.

3 Z-Wave Netzwerkschicht

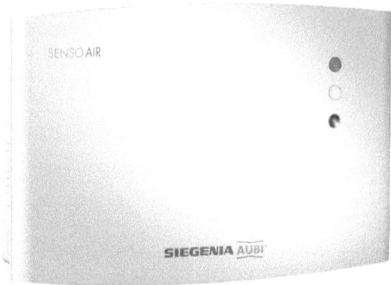

Abbildung 3.22: CO2-Sensor mit Netzspeisung

Quelle: SIEGENIA-AUBI KG

Batteriegespeiste Geräte

Batteriebetriebene Geräte sind flexibel und ohne elektrische Fachkenntnisse überall installierbar und - zumindest in Bezug auf die Stromversorgung - auch preiswerter als netzbetriebene Geräte.

Dem steht als Nachteil die Notwendigkeit entgegen, Batterien regelmäßig austauschen zu müssen. Die Maximierung der Batterielebensdauer ist daher ein wichtiges Entwurfsziel solcher Geräte. Um Energie zu sparen, werden alle Funktionen des Gerätes abgeschaltet oder in einen Tiefschlaf-Modus gesetzt, wenn sie nicht für das Funktionieren des Gerätes absolut notwendig sind. Dies betrifft insbesondere auch die Funkeinheit, die viel Energie

3 Z-Wave Netzwerkschicht

benötigt. Ohne aktive Funkeinheit kann ein Gerät aber im Netz nicht kommunizieren. Um ein Mindestmaß an Kommunikations- und Reaktionsfähigkeit zu erreichen, werden bei Z-Wave drei verschiedene Verfahren verwendet.

1. Regelmäßiges Aufwecken und Information an einen Controller, der alle Nachrichten an das betreffende Gerät zwischenpuffert.

2. Sehr häufiges aber nur sehr kurzes Aufwecken ohne Information an den Controller

3. Aufwecken bei Bedienung des Gerätes

Energie-Harvesting

Viele Geräte können nicht durch das Stromnetz versorgt werden. Daher werden mehr und mehr Geräte mit Batterien betrieben was wiederum einen nicht unerheblichen Aufwand beim Management der Batterien und deren Entsorgung bedeutet. Eine elegante Lösung für dieses Problem heißt **Energie-Harvesting**. Diese Technologie versucht, Energie zum Betrieb eines Gerätes aus dessen Umwelt zu generieren. Typische Energiequellen für Harvesting sind.

- Solar: Solarzellen wandeln Sonnenlicht direkt in elektrische Energie um

- Wind: Turbinen können Windenergie in elektrische Energie wandeln

- Temperaturdifferenz: Sogenannte Peltier-Elemente nutzen Temperaturdifferenzen und können darauf elektrische Energie erzeugen. Dazu müssen nur wenige Grad Temperaturunterschied vorhanden sein.

- Vibration oder Bewegung: Elektromechanische Wandler oder Generatoren können Bewegungen in Energie umwandeln.

- Mechanischer Druck: Piezo-Elemente erzeugen bei Druck eine Spannung (Der Effekt wird bei manchen Gasfeuerzeugen zur Erzeugung eines Funkens verwendet)

Der große Vorteil beim Energie-Harvesting ist, dass Geräte völlig autark und wartungsfrei arbeiten können, sobald sie einmal installiert wurden. Die große Herausforderung ist, dass bei Energie-Harvesting nur minimale Energiemengen erzeugt werden können. Diese müssen dann gesammelt (sammeln = english *to harvest*) und gespeichert werden, um sinnvolle elektronische Funktionen realisieren zu können. Die dafür notwendige Elektronik muss hochgradig effektiv mit der wenigen zur Verfügung stehenden Energie umgehen. Die Funktechnik EnOcean (siehe Kapitel 1.5) wurde in den späten Neunzigerjahren unter genau dieser Prämisse entwickelt. Geräte mit dieser Technologie funktionieren in der Tat komplett batterielos. Die minimale Energie schränkt allerdings die Funktionen sehr ein. So ist es nicht möglich, ein Rückbestätigung der

3 Z-Wave Netzwerkschicht

Abbildung 3.23: Z-Weather, das erste Z-Wave-Gerät mit Energie-Harvesting

Quelle: www.popp.eu

Kommunikation zu implementieren und auch Sicherheitsanforderungen werden komplett ignoriert[2].

Das Z-Wave-Protokoll wurde nicht mit Focus auf extrem geringen Energieverbrauch sondern als Kompromiss zwischen geringem Energieverbrauch und angemessener Leistungsfähigkeit entwickelt. Die Nutzung von Energie-Harvesting als Energiequelle ist daher eine große Herausforderung. Auf Basis des Z-Wave-ASICS der Serie 500 ist es bisher nur einem einzigen Hersteller gelungen, ein energieautarkes Gerät zu entwickeln.

Die Wetterstation des deutschen Anbieters Popp in Abbildung 3.23 war das erste energieautarke Z-Wave-Gerät

---

[2]EnOcean bietet mittlerweile auch eine rückbestätigte Kommunikationsart an. Dafür werden allerdings dann Batterien benötigt.

auf dem Markt. Es wird durch eine kleine Solarzelle an der Seite der Gerätehalterung mit Strom versorgt. Um Harvesting für Z-Wave nutzen zu können, mussten eine Reihe von Optimierungen durchgeführt werden:

- Das Gerät speichert am Tag Energie in einem großen internen Kondensator um in der Nacht noch Strom für den Betrieb zu haben.

- Das Gerät benötigt jeden Tag Sonnenlicht. Es ist allerdings in der Lage, trotz kurzer Tage im Winter in Mitteleuropa sowie schlechtem Wetter zu arbeiten.

- Das Gerät unterscheidet zwischen essentiellen und nicht essentiellen Funktionen. Als essentiell wird der Alarm bei zu viel Wind eingeschätzt. Die ebenfalls vorhandenen Messfunktionen für Temperatur, Luftfeuchte, Taupunkt und Luftdruck werden als nicht essentiell gesehen. Wenn das interne Energiemanagement anzeigt, das nicht mehr genügend Energie vorhanden ist, dann wird bei nicht essentiellen Funktionen Energie gespart um unter allen Umständen noch Energie für die wichtige Funktion - hier Alarm bei zu heftigem Wind- zur Verfügung zu haben. Funkreports über Temperatur etc. werden dann entsprechend seltener erfolgen.

- Das Gerät verfügt über einen zweiten internen sehr energieeffizienten Microcontroller. Der energiehung-

3 Z-Wave Netzwerkschicht

rigere Z-Wave-ASIC wird nur bei Bedarf angeschaltet.

Aus Sicht des Z-Wave-Netzes verhalten sich Geräte mit Energie-Harvesting wie normale schlafende Batteriegeräte.

Aufwecken bei Bedienung des Gerätes

Wird ein Gerät nur benötigt, um Informationen zu senden, kann es im Tiefschlaf verbleiben, bis jemand das Gerät benutzt. Fernbedienungen sind ein typisches Beispiel für ein solches Kommunikationsverhalten. Ist die Fernbedienung erst einmal korrekt konfiguriert, ist keine weitere Kommunikation vom Netz zur Fernbedienung mehr notwendig. Ein Tastendruck weckt das Gerät auf und es ist in der Lage ein entsprechendes Funkkommando zu versenden.

Diese sehr einfache und sehr wirkungsvolle Methode des Energiesparens hat jedoch seinen Preis. Das Netz oder besser der Controller weiß nicht, ob das betreffende Gerät überhaupt noch vorhanden ist, da kein Lebenszeichen von ihm erwartet werden kann.

Bei der Inklusion eines solchen Gerätes oder auch später bei einer möglichen Rekonfiguration muss der Bediener Sorge tragen, das Nachrichten auch wirklich empfangen werden können. Ein einfaches Drücken einer Taste ist dabei meist nicht einmal ausreichend, da damit andere

Abbildung 3.24: Fernbedienung als Beispiel eines Gerätes mit manuellem Aufwecken

Quelle: Z-Wave.Me

Geräte im Netz nicht über den Wachzustand informiert werden.

Daher gibt es bei derartigen Geräten einen konkreten Prozess, wie dieses Gerät für andere sichtbar manuell für wenige Sekunden aufgeweckt werden kann, damit Konfigurationsnachrichten gesendet werden können. Abbildung 3.24 zeigt eine Fernbedienung, die durch ein spezielles Kommando zur Konfiguration aufgeweckt werden muss.

Regelmäßiges Aufwecken

Geräte mit regelmäßigem Aufweckintervall befinden sich die meiste Zeit in einem Tiefschlafzustand. In diesem Zustand läuft nur noch eine innere Uhr, die das betreffen-

3 Z-Wave Netzwerkschicht

de Gerät nach einer konfigurierbaren Zeit aufweckt. In diesem Moment sendet ein solches Gerät eine Information, eine Aufweck-Nachricht (engl. *wakeup notification*) - an einen ebenfalls konfigurierten Controller, der alle Nachrichten an dieses Gerät zwischengespeichert hat. Dieser Controller kennt den Zustand des betreffenden Gerätes und speichert alle Nachrichten in einer Warteschlange zwischen.

Die Aufweck-Intervalle liegen zwischen mehreren Minuten bis zu einigen Tagen. Abschnitt 4.2.4 beschreibt das Verfahren und die notwendigen Kommunikationsschritte im Detail.

Der Vorteil des regelmäßigen Aufweckens liegt darin, dass ein Controller ein Lebenszeichen des betreffenden Gerätes erhält und damit einschätzen kann, ob das Gerät überhaupt noch vorhanden ist. Gleichzeitig werden Nachrichten an das Gerät, wenn auch mit Verzögerung, ohne aktive manuelle Mithilfe des Benutzer übertragen.

Eine Statusrückmeldung über das Gerät ist insbesondere bei Anwendungen wichtig, wo ein defekter Sensor ansonsten nicht erkannt wird und zu Fehlverhalten des Netzes führen kann. Abbildung 3.25 zeigt einen Rauchmelder als Beispiel für eine solche Anwendung.

Typische Anwendungen für batteriebetrieben Geräte mit Aufweck-Intervall sind Sensoren aller Art, inklusive Thermostate.

3 Z-Wave Netzwerkschicht

Abbildung 3.25: Sensor als Beispiel für ein Gerät mit regelmäßigem Aufwecken

Quelle: Fibaro Group

Häufiges kurzes Aufwecken - das FLiRS Konzept

Aktoren wie Türschlösser oder Sirenen müssen sofort auf ein Funkkommando reagieren. Es kann aber gute Gründe geben, solche Geräte trotzdem mit Batterien zu betreiben. Meist ist es die Flexibilität bei der Installation oder bei Türschlössern schlicht der Grund, dass zu der beweglichen Tür kein Stromkabel gezogen werden kann.

Die Technik zur Realisierung von batteriebetriebenen Aktoren, die zeitnah auf Funkkommandos reagieren, wird in Z-Wave als FLiRS (engl. *Frequently Listening Routing Slaves*) bezeichnet.

Das FLiRS-Gerät weckt dabei aller 250 ms oder auch einmal in der Sekunde kurz auf und prüft, ob auf den für

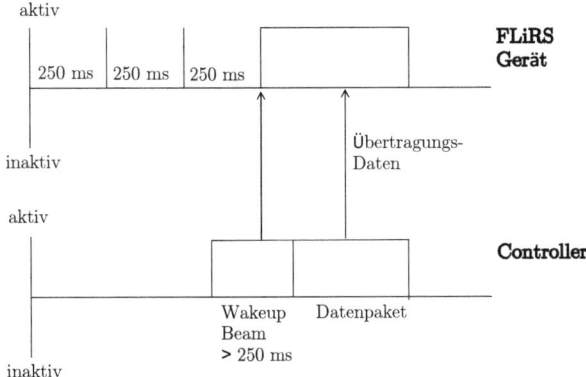

Abbildung 3.26: Wakeup-Beam weckt ein FLiRS-Gerät auf

Z-Wave verwendeten Frequenzen ein Funksignal vorhanden ist. Dieser Test kann sehr schnell erfolgen. Existiert kein Funksignal, geht das Gerät sofort wieder in den Tiefschlafzustand. Wird ein Funksignal empfangen, bleibt das Gerät wach und versucht, einen PHY-Rahmen und damit eine Z-Wave Funknachricht zu empfangen (Weitere Informationen über den PHY-Rahmen finden sich im Abschnitt 3.1.2).

Um ein solches FLiRS-Gerät aufzuwecken muss der Funksender ein permanentes Funksignal aussenden, dass etwas länger ist wie die Zeit zwischen den kurzen Aufweckphasen. Damit ist sichergestellt, das genau im Aufweckmoment des FLiRS auch wirklich ein Funksignal auf den Z-Wave-Frequenzen empfangen werden kann. Dieses

3 Z-Wave Netzwerkschicht

Abbildung 3.27: Sirene als FLiRS-Gerät

Quelle: www.popp.eu

mindestens 250 ms oder auch 1 Sekunde lange Funksignal wird technisch als **Wakeup-Beam** bezeichnet. Abbildung 3.26 zeigt den Gesamtablauf mit Wakeup-Beam, Aufwecken des Gerätes und dem Austausch einer Funknachricht. Abschnitt 4.2.5 gibt einige Informationen zum Batterieverbrauch derartiger FLiRS-Geräte.

Typische Geräte mit FLiRS-Technik sind batteriebetriebene Aktoren wie Türschlösser oder Alarmsirenen. Abbildung 3.27 zeigt als Beispiel eine Alarmsirene, die als Batterie-Gerät überall ohne Zusatzaufwand installiert werden kann.

Obwohl FLiRS-Geräte von einem Sender aufgeweckt werden können, werden sie aus Gründen der Batterielebensdauer **nicht** zum Routen von Funk-Nachrichten genutzt.

3.3.3 Zusammenfassung

Tabelle 3.6 zeigt die möglichen Kombinationen aus den Z-Wave-Gerätetypen mit ihrer jeweiligen Art der Stromversorgung.

Z-Wave Plus definiert die möglichen Rollen im Netz und die damit einhergehenden Stromversorgungsoptionen noch genauer. Jedes Z-Wave Plus Gerät muss genau eine der folgenden Z-Wave Plus Netzwerkrollen einnehmen:

- **Central Static Controller (CSC)**: Das ist der eine zentrale Controller. Er muss netzbetrieben sein und die Primärcontroller-Rolle und SUC bzw. SIS einnehmen. Ein CRC muss Nachrichten anderer Geräte routen können.

- **Sub Static Controller (SSC)**: Dies ist ein statischer netzbetriebener Controller, der jedoch keine SUC oder SIS Funktion abbilden kann. Ein SSC muss Nachrichten anderer Geräte routen können.

- **Portable Controller (PC)**: Dies ist eine normale Fernbedienung. Sie ist batteriebetrieben und nicht unbedingt erreichbar für den CSC. Es hat nur Funkverbindung, wenn sie benutzt wird und muss daher auch andere Nachrichten nicht routen.

- **Portable Reporting Controller (PRC)**: Dies ist eine normale Fernbedienung die aber im Gegensatz zum

PC regelmäßig Statusinformationen an den CSC sendet.

- **Portable Slave (PS)**: Dieses Gerät und batteriebetrieben und portabel. Es bietet im Gegensatz zu PC oder PRC keine Controllerfunktion und arbeitet auch nicht als Router. Dieser Rollentyp ist auf spezielle Produktarten begrenzt.

- **Always On Slave (AOS)**: Dieser Rollentyp ist netzbetrieben und immer funkaktiv aber ein Slave. Das ist der übliche Rollentyp für Schalter, Dimmer und andere Aktoren.

- **Sleeping Reporting Slave (SRS)**: Dies ist der Rollentyp für die allermeisten digitalen und analogen Sensoren. Das Gerät befindet sich im Tiefschlaf, muss aber regelmäßig aufwecken, um eine Statusmeldung zum CSC zu senden.

- **Reachable Sleeping Slave (RSS)**: Dieser Rollentyp ist für FLiRS-Geräte. RSS routen keine Nachrichten anderer Geräte.

Typ	Controller	Routing-Slave	Slave
netzgespeist	ja, heißt dann statischer Controller	ja	ja
Aufweck-Intervall	nein	ja	nein
FLiRS	nein	ja	möglich aber selten
Manuelles Aufwecken	ja, heißt dann portabler Controller	nein	nein

Tabelle 3.6: Mögliche Kombinationen von Gerätetypen und Stromversorgungsoptionen

3.4 Manuelle Aktualisierung des Netzes

3.4.1 Exklusion - Entfernen funktionierender Geräte

Die Exklusion ist die Umkehroperation der Inklusion. Damit wird ein Gerät wieder aus dem Z-Wave Netz entfernt. Der Controller entfernt das betreffende Gerät aus der Liste der verfügbaren Netzgeräte und aus der Routingtabelle. Das Gerät selbst wird durch einen Exklusionsprozess in der Regel einfach in den Auslieferungszustand zurückgesetzt.

Der Exklusionsprozess läuft ähnlich dem Inklusionsprozess ab. Der Controller sendet entsprechende Funknachrichten aus und das zu exkludierende Gerät bestätigt das. Diese Bestätigung der Exklusion erfordert immer eine manuelle Aktion des Nutzers direkt am Gerät.

Sicherheitsaspekte bei Inklusion und Exklusion Um zu verhindern, dass ein betreffendes Gerät unbefugt durch einen Dritten inkludiert oder exkludiert wird, muss immer am Gerät eine manuelle Aktion des Nutzers erfolgen.

Dies ist in der Regel ein Tastendruck oder eine andere im Benutzerhandbuch beschriebene Tätigkeit. Eine besondere Form der Inklusion ist die sogenannte **Auto-Inklusion**. Hier ist die notwendige Tätigkeit das erstmalige Versorgen des Gerätes mit Strom, entweder durch Einlegen einer Batterie oder durch Anschließen bzw. Anstecken an das Stromnetz. Auto-Inklusion soll den Aufbau eines Netzes durch einen Benutzer vereinfachen und beschleunigen indem die ansonsten notwendige manuelle Tätigkeit am Gerät (z.B. einfaches oder mehrfaches Drücken einer Taste) mit einer ohnehin notwenigen Tätigkeit, dem Einlegen einer Batterie oder dem Anschließen an das Stromnetz verbunden wird.

Trotzdem sehen manche Hersteller in der Auto-Inklusion ein Sicherheitsrisiko, da das betreffende Gerät ohne bewusste Aktion quasi zufällig und damit auch ungewollt in den Inklusion-Zustand versetzt wird. Der Besitzer des Gerätes hat dann aber immer die Chance, das Gerät zurückzusetzen und erneut in sein eigenes Netz zu inkludieren.

Es gibt aus naheliegenden Gründen keine Auto-Exklusion. Hier muss immer eine explizite manuelle Bestätigung am Gerät erfolgen.

3.4.2 Entfernen defekter Geräte

Wie gerade beschrieben muss ein Gerät die Exklusion aus einem Netz aktiv bestätigen. Dies ist allerdings nicht mehr möglich, wenn das betreffende Gerät nicht mehr vorhanden oder defekt ist.

Für diesen Fall bietet Z-Wave den Prozess des Entfernens eines defekten Gerätes. Dies ist allerdings an Voraussetzungen gebunden.

Schlägt eine Kommunikation mit einem Gerät mehrfach fehl, so wird dieses Gerät in der Routingtabelle als defekt markiert und in eine spezielle /textbfListe als defekt vermuteter Geräte (engl. *Failed Node List*) eingetragen. Geräte in dieser Liste werden nicht mehr für Routen verwendet, bleiben aber immer noch in der Netzkonfiguration. Jedes Lebenszeichen eines solchen Gerätes wird es sofort wieder aus dieser Liste entfernen.

Der Prozess zum Entfernen eines defekten Gerätes wird vom Controller allein ausgeführt, da ihm ja sein Kommunikationspartner abhandengekommen ist. Der Prozess muss manuell vom Benutzer angestoßen werden. Folgende Schritte werden durchgeführt:

1. Das zu entfernende Gerät muss in der Liste der defekten Geräte stehen. Ansonsten wird das Ansinnen des Nutzers vom Controller sofort abgelehnt. Ein solches Gerät kann durch den Exklusionsprozess entfernt werden.

2. Der Controller wird nochmals alle anderen Geräte des Netzes abfragen und nochmals über mehrere Routen versuchen, mit dem Gerät Verbindung aufzunehmen.

3. Erst wenn alle Kommunikationsversuche gescheitert sind, wird das Gerät aus der Netzkonfiguration ausgetragen und alle Routen werden aktualisiert.

Abbildung 3.28 zeigt einen Nutzerdialog zum Entfernen eines defekten Gerätes aus der Netzkonfiguration.

3 Z-Wave Netzwerkschicht

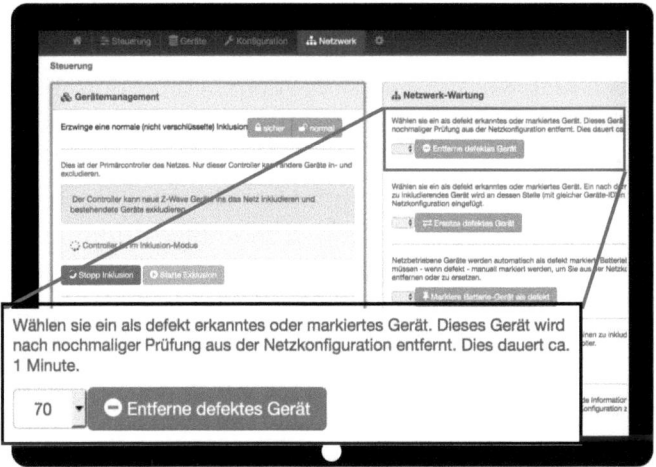

Abbildung 3.28: Nutzerschnittstelle eines Controllers zum Entfernen von defekten Geräten

Batteriebetriebene Geräte mit Aufweck-Intervall oder mit manuellem Aufwecken können mit diesem Prozess nicht so einfach entfernt werden, da sie nicht automatisch in die Liste defekter Geräte aufgenommen werden. Eine Kommunikation mit ihnen ist nur möglich, wenn vorher eine Aufweck-Nachricht gesendet worden ist. In diesem Falle ist das Gerät wach und vorhanden. Geht es kaputt, wird keine Aufweck-Nachricht mehr empfangen und damit auch kein Kommunikationsversuch unternommen. Damit kann ein solches Gerät niemals als defekt erkannt werden.

Der Hauptgrund zum Entfernen defekter Geräte liegt in der Routingtabelle. Es sollen unnötige Kommunikationsversuche mit sich daran anschließenden funkintensiven Suchen von Routen vermieden werden. Batteriebetriebene Geräte sind aber ohnehin nicht Teil von Routen. Das Entfernen solcher Geräte ist damit nicht zwingend notwendig, jedoch aus kosmetischen Gründen durchaus sinnvoll. Daher müssen batteriebetriebene Geräte manuell in die Liste der defekten Geräte platziert werden. Abbildung 3.29 zeigt eine Nutzerschnittstelle, die genau diese Funktion anbietet.

3.4.3 Netzwerkneuorganisation

Die Konfiguration des Netzes besteht aus der Liste der verfügbaren Geräte im Netz mit der jeweiligen Information über die Funk-Nachbarschaften (sprich der in Funk-

3 Z-Wave Netzwerkschicht

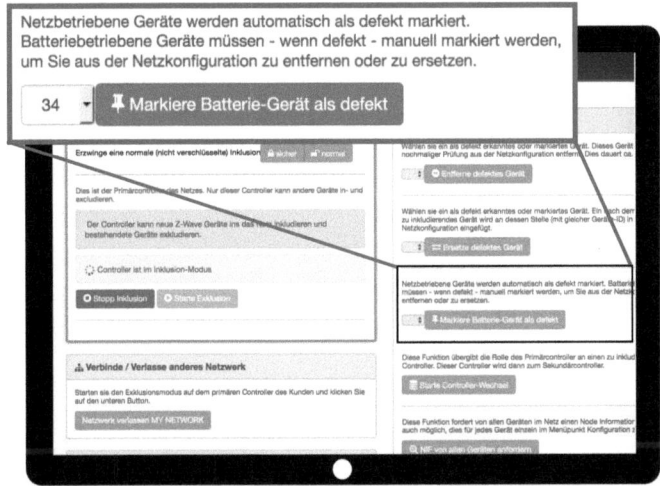

Abbildung 3.29: Nutzerschnittstelle eines Controllers zum Markieren von Geräten als defekt

reichweite befindlichen Geräte). Diese Information ist in allen Controllern und teilweise in den Routing-Slaves vorhanden.

Es ist möglich, diese Information durch erneutes Anfragen aller Geräte sowie dem Verteilen der aktualisierten Informationen auf den letzten Stand zu bringen. Dieser Prozess heißt **Netzwerk-Reorganisation** (engl. *'network redetection'* oder *'network repair'*).

Eine Netzwerk-Reorganisation verursacht erheblichen Funkverkehr und muss daher vom Nutzer am Primär-Controller manuell angestoßen werden. Einige Primär-Controller bieten allerdings die Möglichkeit, eine solche Reorganisation automatisch und regelmäßig durch einen Zeitgeber (meist nachts) auszuführen.

Die folgenden Schritte werden dabei abgearbeitet:

1. Der Primär-Controller fragt jedes Gerät im Netz an, seine Funknachbarn erneut zu ermitteln. Diese Geräte senden dann einen Rundruf an alle umgebenden Geräte und ermitteln damit die Nachbargeräte, die sich in Funkreichweite befinden.

2. Schlägt die Kommunikation zu Geräten fehl, so muss der Primär-Controller die Anfrage an diese Geräte bis zu dreimal wiederholen. Es ist ja denkbar, dass es Geräte gibt, die nur über eine neue Route zu erreichen sind, die im ersten Schritt noch nicht bekannt war.

3. Sind alle Routen ermittelt, erhalten alle Controller

im Netz eine aktualisierte Kopie der neuen Routingtabelle.

4. Alle Routing-Slaves erhalten ebenfalls neue Routeninformationen, wenn diese geändert wurden.

Je nach Größe des Netzes kann der gesamte Vorgang mehrere Minuten dauern und in dieser Zeit ist kaum normaler Funkverkehr möglich, da der zentrale Primär-Controller ja bei fast allen Funkoperationen aktiv involviert ist.

Eine besondere Herausforderung sind Routing-Slaves mit Aufweck-Intervall. Sie sind zwar keine Router, ihre Nachbarschaftsbeziehungen müssen aber ebenfalls ermittelt werden, um ihnen korrekte neue Routen übergeben zu können. Eine solide Implementierung einer Netzwerk-Reorganisation muss daher solange mit der Neuverteilung der Routen warten, bis alle Geräte einmal aufgeweckt wurden.

Abbildung 3.30 zeigt die Nutzerschnittstelle eines Netzwerk- Reorganisations-Prozesses.

3.5 Automatische Aktualisierung des Netzes

Neben den manuellen Möglichkeiten zur Änderung der Netzkonfiguration bietet Z-Wave automatisch ablaufende Verfahren, um Veränderungen in der Netzkonfiguration

3 Z-Wave Netzwerkschicht

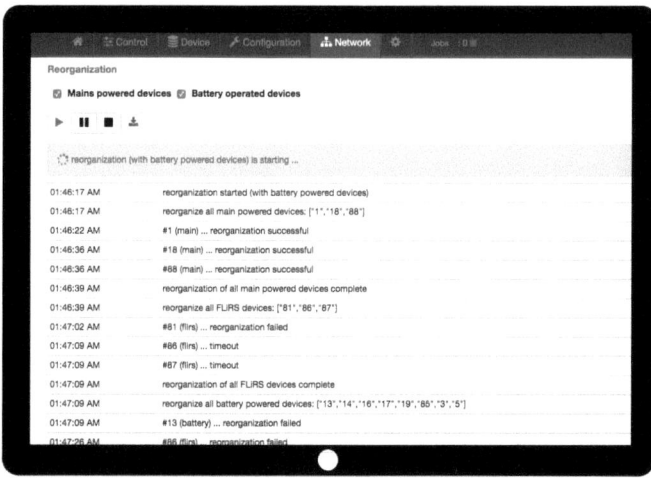

Abbildung 3.30: Bildschirmdialog eines Netzwerk-Reorganisations-Prozesses

Quelle: Expert User Interface von RaZberry von z-wave.me

3 Z-Wave Netzwerkschicht

zu erkennen und Routing-Fehler zu beheben. Dabei ist es nicht möglich, defekte Geräte wieder betriebsfähig zu machen sondern in erster Linie darum, Routen aktuell zu halten und die Routinginformationen in den verschiedenen Controllern des Netzes zu synchronisieren.

Z-Wave verwendet für diese Aufgabe zwei unterschiedliche Verfahren:

1. **Explorer-Frames** (zu deutsch Explorationsrahmen) sind spezielle Funkkommandos, die abweichend von den normalen Funkkommandos keine Routeninformationen enthalten und sich ihren Weg durch das Netz zum Zielknoten selbst finden können.

2. **Statischer Update-Controller** ist eine spezielle Funktion in statischen Controllern zur Synchronisation der Routing-Tabellen.

Das erste von Z-Wave eingeführte Verfahren zur automatischen Netz-Aktualisierung war der statische Update-Controller. Später wurde das Explorer-Frame-Verfahren hinzugefügt.

3.5.1 Statische Controller

Statische Controller sind Z-Wave-Controller, die permanent mit Strom versorgt und damit immer funkaktiv sind. Sie sind daher immer für andere Geräte ansprechbar. Diese Eigenschaft bildet die Grundlage für zwei Spezialfunktionen statischer Controller, den statischen Update-Controller (SUC) und den Statischen ID-Server (SIS). Beide Funktionen gibt es im Z-Wave-Netz nur genau einmal, wobei nur ein SUC auch die Funktionen eines SIS übernehmen kann. Bei der Inklusion mehrerer statischer Controller müssen diese sich also einigen, wer die angesprochenen Funktionen im Netz wahrnehmen soll. Statische Controller können die Funktionen sich selbst oder anderen Controllern zuweisen und auch wieder deaktivieren. Dies geschieht automatisch und ohne Eingreifen des Nutzers.

Statischer Update-Controller (SUC)

Existieren mehrere Controller oder mehrere Routing-Slaves in einem Netzwerk besteht immer das Problem der Synchronisation der einzelnen (Teil-)Routing-Tabellen.

Ein SUC ist die zentrale Instanz, deren Information über die Routen des Netzes immer aktuell ist. Für alle anderen Geräte im Netz gilt damit **'Im Zweifel oder bei Problemen - SUC fragen!'**

Um diese Rolle als Informationszentrale spielen zu können, müssen einige Voraussetzungen erfüllt sein:

- Es gibt genau einen SUC im Netz.

- Jedes Gerät im Netz weiß, das es einen SUC gibt und welches Gerät diese Rolle hat.

- Alle Änderungen des Netzes müssen mindestens an den SUC gemeldet werden.

3 Z-Wave Netzwerkschicht

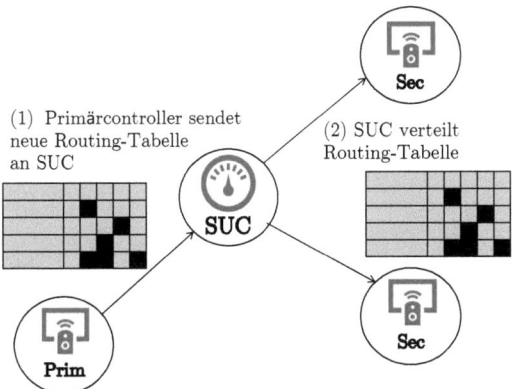

Abbildung 3.31: SUC in einem Z-Wave-Netzwerk

- Alle Geräte, die über Routeninformationen verfügen, müssen mindestens eine gültige Route zum SUC kennen.

- Der SUC muss immer für Anfragen anderer Geräte betriebsbereit sein.

Alle diese Voraussetzungen werden vom Netz automatisch geprüft und eingehalten.

Abbildung 3.31 zeigt ein Netzwerk mit einem SUC, der alle anderen Geräte über die aktuelle Routingtabelle informiert. Es zeigt sich, dass SUC und Primär-Controller nicht zwingend in einem Gerät vereint sein müssen.

Gibt es einen SUC - der ja per Definition ein statischer Controller sein muss - dann kann die Rolle des Primär-

3 Z-Wave Netzwerkschicht

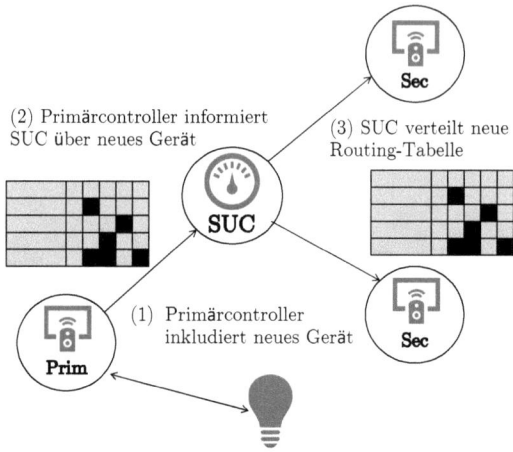

Abbildung 3.32: Update einer Routing-Tabelle mit SUC

Controllers auch von einer Fernbedienung wahrgenommen werden. Jede Inklusion eines neuen Gerätes durch einen Primär-Controller wird an den SUC gemeldet der dann seine Rolle als zentrale Informationsinstanz wahrnimmt. Der Primär-Controller selbst muss dann nicht mehr funkaktiv sein oder andere Informationspflichten erfüllen (siehe Abbildung 3.32).

Da Controller häufig batteriebetrieben und damit nicht immer funkaktiv sind, müssen diese regelmäßig beim SUC nach Aktualisierungen der Routingtabelle nachfragen. Da zum Beispiel Fernbedienungen nicht regelmäßig aufwecken, existiert dort in der Regel eine spezielle Tastenkombination zur Aktualisierung der Routeninformation. Solange Fernbedienungen aber in direkter Nähe des bedienten Gerätes genutzt werden, fallen Fehler in der Routingtabelle kaum auf.

Geht ein Primär-Controller verloren, kann der SUC dank seines Wissens um das gesamte Netz einen neuen Primär-Controller bestimmen.

Statischer ID Server (SIS)

Ein Primär-Controller sendet alle Routinginformationen nach erfolgter Inklusion an den SUC. Mit der SIS-Funktion (*Static ID Server*) erhält das Netz eine weitere Flexibilität. Der SIS ist der zentrale Verwalter der Geräte-IDs und muss vor jeder Inklusion nach einer neuen noch nicht vergebenen Geräte-ID angefragt werden. Damit kann jeder Controller - und nicht nur der Primär-Controller - neue Geräte in das Netz inkludieren.

Existiert ein SIS im Netzwerk, werden alle Controller zu sogenannten **Inklusion-Controllern** und können andere Geräte inkludieren.

Abbildung 3.33 zeigt eine Netzwerkkonfiguration mit SIS. Der SIS ist immer auch gleichzeitig ein SUC. Da die SUC- und SIS-Funktionalität in der Firmware des Z-Wave-Chips für statische Controller enthalten ist, aktivieren die meisten Controller diese Funktion.

3 Z-Wave Netzwerkschicht

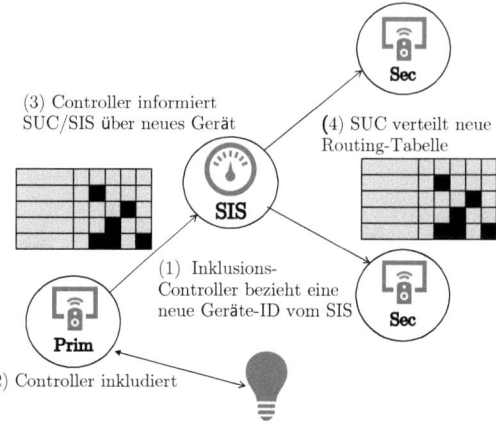

Abbildung 3.33: SIS Server in einem Z-Wave-Netzwerk

3.5.2 Explorer-Frame

Ein Problem, das selbst SUC oder SIS nicht dauerhaft lösen können, ist die Forderung, dass jedes Gerät mit Routing-Informationen eine gültige Route zum SUC besitzen muss. Dies trifft nicht nur auf Controller sondern bekanntermaßen auch auf jeden Routing-Slave zu.

Wird ein Routing-Slave nun innerhalb des Netzes bewegt, dann stimmt seine intern gespeicherte Route zum SUC oder zum Primär-Controller nicht mehr. Er kann also nicht mehr selbst eine Verbindung zum Controller aufbauen, um eine neue Routeninformation zu bekommen. Der Controller kann aber auch nicht von selbst eine neue Route einprogrammieren, da der Routing-Slave, wenn er

3 Z-Wave Netzwerkschicht

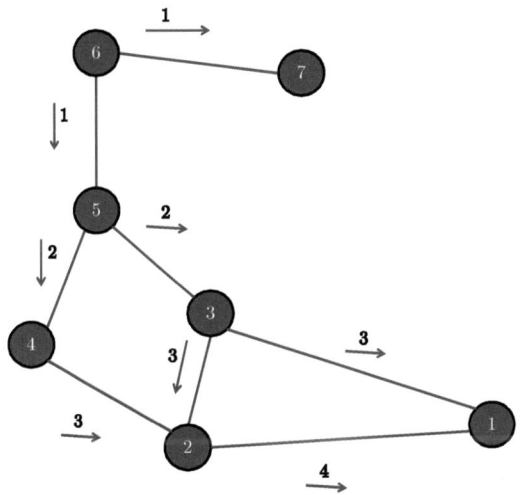

Abbildung 3.34: Explorer-Frame in Aktion

3 Z-Wave Netzwerkschicht

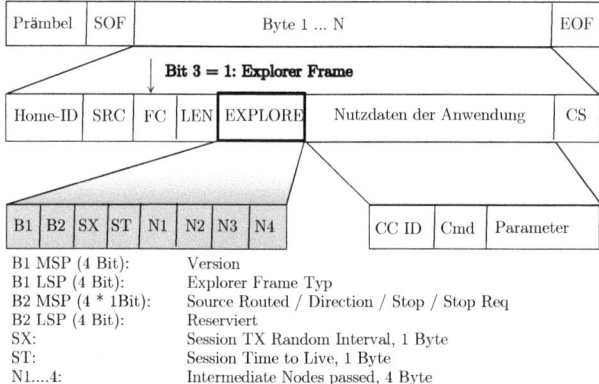

Abbildung 3.35: Explorer-Frame

mit Batterien betrieben wird, sich meist im Tiefschlaf-Modus befindet. Die Information über einen aufgeweckten Routing-Slave kann aber mangels korrekter Route nicht zum Controller gelangen.

Die Lösung dieses Problems bietet der **Explorer-Frame**. Ein Explorer-Frame ist ein spezieller Z-Wave-Funkrahmen, der jedes beliebige Kommando enthalten kann, aber im Gegensatz zu normalen Funkkommandos keine Routeninformation und keine Ziel-Gerät-ED enthält. Vielmehr weist der Explorer Frame jedes empfangene Gerät an, diesen Rahmen an all die Geräte weiterzusenden, von denen

3 Z-Wave Netzwerkschicht

er bisher noch keine derartige Nachricht empfangen hat. Als Resultat fluten Kopien des mit einem Explorer-Frame versehenen Kommandos das gesamte Netz und werden irgendwann auch beim zentralen Controller ankommen. Ein schöner Nebeneffekt ist, dass dies genau auf der kürzesten Route passiert.

Abbildung 3.34 zeigt das Wirkungsprinzip an einem Beispiel. Gerät 6 sei hier das Gerät, das keine gültige Route zum Controller mehr besitzt. Es sendet jetzt im ersten Schritt einen Explorer-Frame zu den Geräten 5 und 7. Gerät 7 wird die Ausbreitung hier abbrechen, weil es weder Controller ist noch eine weitere Route außer zu dem Gerät besitzt, wo der Explorer-Frame gerade hergekommen war. Das Gerät 5 führt den Prozess weiter und sendet einen Explorer-Frame zu den Geräten 4 und 3. Nach einem dritten Schritt erreicht der Explorer-Frame vom Gerät 3 aus den Controller 1 während Gerät 2 zweimal einen Explorer-Frame - von Gerät 4 und 3 - empfängt. In einem letzten Schritt sendet nun Gerät 2 den Explorer-Frame ebenfalls an den Controller 1 weiter, der ihn aber ignorieren wird, da er ja bereits vorher und damit durch eine kürzere und günstigere Route einen Explorer-Frame erhalten hat. Die neu ermittelte korrekte Route zwischen Gerät 1 und Gerät 6 ist damit 1 → 3 → 5.

Empfängt ein Controller ein mit Explorer-Frame ausgesendetes Funkkommando, dann weiß er, dass das absendende Gerät aktuell keine funktionsfähige Route zum Controller besitzt. Er kann jetzt reagieren und eine neue

Route programmieren.

Explorer-Frames können jedes Z-Wave-Funkkommando transportieren, also auch die Kommandos zur Inklusion und Exklusion von Geräten. Damit muss ein Gerät bei der Inklusion oder Exklusion nicht mehr in direkter Funkreichweite des Controllers sein. Ohne Explorer-Frames ist dies zwingend, da es im Inklusionsmoment noch gar keine gültige Route zwischen Controller und zu inkludierendem Gerät gibt.

Explorer-Frames erzeugen viel Datenverkehr und werden daher vom Z-Wave-Netz nur als letztes Mittel der Wahl genutzt, wenn alle anderen Routingversuche fehlgeschlagen sind.

Abbildung 3.35 zeigt den Explorer-Frame und einen zusätzlichen Bedarf von 8 Bytes, die dann der Applikation nicht mehr zur Verfügung stehen.

Der große Vorteil von Explorer-Frames liegt darin, dass sie jedes Routing-Problem schnell und zuverlässig lösen.

3.5.3 Vergleich zwischen Explorer-Frames und SUC/SIS

Explorer-Frames und SUC/SIS sind keine konkurrierenden Techniken sondern sie ergänzen sich und lösen jeweils ein spezifisches Problem. Funktionierende Explorer-Frames können allerdings die Probleme lösen, die beim Fehlen eines SUC im Netz entstehen.

- **Explorer-Frames finden immer einen Weg im Netz-**

werk, wenn es denn überhaupt einen Weg gibt.

- SUC/SIC bieten eine zentrale Organisation des Netzes und arbeiten als zentrale Informationsbasis für alle anderen Netzgeräte zum Lösen von Routing-Problemen.

Da Explorer-Frames erst später (ca. 2010) bei Z-Wave eingeführt wurden, existieren immer noch Geräte, die keine Explorer-Frames unterstützen. Damit Explorer-Frames funktionieren können, müssen die folgenden Voraussetzungen erfüllt sein:

- Das betreffende Gerät muss Explorer-Frames unterstützen

- Der Controller - ob Primär-Controller oder SUC - muss Explorer-Frames unterstützen

- Zwischen Gerät und Controller muss mindestens eine Route existieren, die nur von Geräten mit Explorer-Frame-Support gebildet ist.

Ohne Explorer-Frames hat ein Z-Wave-Netzwerk die folgenden Begrenzungen:

1. Inklusion und Exklusion müssen mit räumlicher Nähe zwischen Controller und dem zu inkludierenden Gerät erfolgen. Dank SIS kann zwar jeder Controller ein neues Gerät inkludieren, aber dieser Controller braucht direkten Funkkontakt zum neuen Gerät

3 Z-Wave Netzwerkschicht

und zusätzlich auch eine funktionsfähige Route zum SUC/SIS.

2. Ein spezielles Problem entsteht durch Geräte mit Aufweck-Intervall. Werden diese direkt am statischen Controller inkludiert und danach an einen Platz ohne direkten Funkkontakt zum Controller gebracht, sind sie für den Controller nicht mehr sichtbar. Es gibt zwar auch dafür in der SUC/SIS-Architektur eine Lösungsmöglichkeit, diese ist aber komplex und an noch mehr Voraussetzungen gebunden.

Wie weiß ich, ob ein Gerät Explorer-Frames unterstützt?

Die Funktion der Explorer-Frames ist tief im Funkprotokoll von Z-Wave eingebettet. Daher ist es als Endanwender nicht ganz einfach, herauszufinden, ob ein bestimmtes Gerät bereits Explorer-Frames verwendet oder nicht. Die Unterstützung von Explorer Frames hängt von der Z-Wave-Protokollversion ab und diese Protokollversion wird meist über ein sogenanntes SDK (engl. *Systems Development Kit*) gekennzeichnet. Information über SDKs finden sich in Abschnitt 6.2.

Folgende SDK-Versionen unterstützen Explorer-Frames:

- Alle SDK-Versionen ab 6.0 und darüber

- Alle SDK-Versionen zwischen 4.5 und 4.9

3 Z-Wave Netzwerkschicht

Sollte der Controller die SDK-Version bei der Inklusion nicht anzeigen, helfen folgende Regeln:

- Unterstützt das Gerät netzweite Inklusion, dann unterstützt es auch Explorer-Frames (für Infos über netzweite Inklusion siehe Abschnitt 5.1.5).

- Unterstützt das Gerät Auto-Inklusion, dann unterstützt es auch Explorer-Frames.

- Alle Z-Wave Plus Geräte (für Infos über Z-Wave Plus siehe Abschnitt 1.6.4) unterstützen Explorer-Frames.

- Alle vor 2010 auf den Markt gelangten Geräte unterstützen keine Explorer-Frames

- Die meisten zwischen 2012 und 2014 auf den Markt gelangten Geräte unterstützen Explorer-Frames.

- Alle nach 2014 auf den Markt gelangten Geräte unterstützen in der Regel Explorer-Frames.

Weiterhin existieren Datenbanken im Internet mit technischen Detailinformationen. Abschnitt A zeigt einige Online-Links zu Quellen im Netz. Tabelle 3.7 fasst die Möglichkeiten zum automatischen Korrigieren von falschen Routen zusammen.

3 Z-Wave Netzwerkschicht

Aktion	kein SUC/SIS	SUC/SIS	Explorer-Frames
Inklusion und Exklusion	direkter Funkkontakt zum Primär-Controller	direkter Funkkontakt zu einem Controller	**keine Einschränkungen**, Gerät muss sich nur irgendwo im Netz befinden
Netzgespeistes Gerät wird bewegt	Netz-Reorganisation zwingend notwendig, Aktualisierung aller Routen notwendig	Netz-Reorganisation zwingend notwendig, Aktualisierung der Routen erfolgt automatisch	**keine Einschränkungen**
Batteriegespeistes Gerät wird bewegt	nicht möglich	kann teilweise automatisch gelöst werden	**keine Einschränkungen**
Mehrere Controller im Netz	Nutzer muss für Aktualisierung der verschiedenen Routingtabellen sorgen	**keine Einschränkungen**	**keine Einschränkungen**

Tabelle 3.7: Vergleich verschiedener Methoden zum Korrigieren von Routen

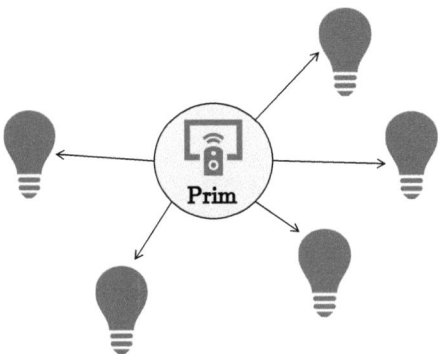

Abbildung 3.36: Z-Wave-Netzwerk mit einem portablen Controller

3.6 Verschiedene Netzwerk-Konfigurationen

3.6.1 Z-Wave-Netzwerk mit einem portablen Controller

Z-Wave-Netze können sehr klein sein und im Extremfall nur aus einem Controller und einem anderen gesteuerten Gerät bestehen. Dieser Controller ist dann meist eine Fernbedienung, d.h. ein portabler Controller. Der portable Controller ist der Primär-Controller, er inkludiert und exkludiert alle Geräte und steuert diese. Ein solches Netz funktioniert sehr gut, wenn alle anderen Geräte genau an ihrem Installationsort inkludiert werden.

Ansonsten wird die Steuerung des Netzes ebenfalls problemlos funktionieren, so lange sich alle Geräte in direkter Funkreichweite des portablen Controllers befinden. Wird ein Gerät gesteuert, das (a) nach der Inklusion bewegt wurde und (b) sich nicht in Funkreichweite befindet, dann kann es Probleme und Verzögerungen in der Kommandoausführung geben. Dies ist aber selten der Fall. In solchen Netzen ohne statischen Controller können allerdings **keine batteriegespeisten Geräte mit Aufweck-Intervall** betrieben werden. Die Hintergründe dazu sind in Abschnitt 4.2.4 dargelegt.

Weil nur ein Controller vorhanden ist, gibt es auch keine Abstimmungs-Probleme mit anderen Controllern. Abbildung 3.36 zeigt eine solche durchaus übliche Netz-Konfiguration.

3.6.2 Z-Wave-Netzwerk mit einem statischen Controller

Eine weitere sehr verbreitete Netzwerk-Konfiguration besteht nur aus einem statischen Controller. Meist ist dies das IP-Gateway, das als dedizierte Haussteuerung, aber auch als Set-Top-Box oder Alarm-Steuerungspanel vertrieben wird.

Der statische Controller ist Primär-Controller und steuert alle Aktoren im Netzwerk. Diese Aktoren können sogar Statusmeldungen an den statischen Controller senden.

Statische Controller erfüllen in der Regel die SUC-/SIS-

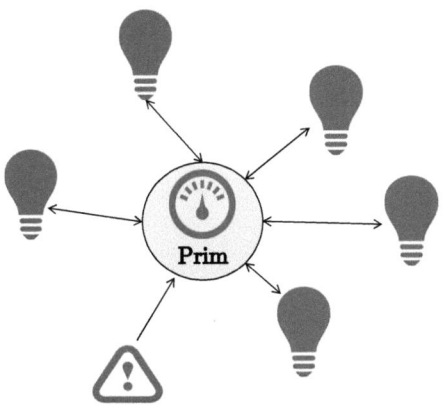

Abbildung 3.37: Z-Wave-Netzwerk mit einem statischen Controller

Funktion (siehe dazu die Abschnitte 3.5.1 und 3.5.1) und damit entsteht ein stabiles Funknetz, das automatisch Veränderungen der Position von Geräten im Netzwerk erkennen und die Routingtabellen entsprechend anpassen kann. Selbst ohne SUC-Funktion wird ein solches Netz stabil arbeiten, solange keine Positionsveränderungen vorgenommen werden. Danach muss jedoch eine Netzwerk-Reorganisation durchgeführt werden. Dank des statischen Controllers können auch batteriebetriebene Sensoren in einem solchen Netz betrieben werden, da der statische Controller die Verwaltung der Sensoren übernehmen kann.

Abbildung 3.37 zeigt eine solche Netzkonfiguration mit einem statischen Controller, Aktoren und batteriebetriebenen Sensoren.

3.6.3 Portabler und statischer Controller in einem Netzwerk

Befinden sich ein portabler und ein statischer Controller in einem Netzwerk, so kann nur einer der beiden Controller die Rolle des Primär-Controller ausüben. Der jeweils andere Controller wird dann zum Sekundär-Controller. Welcher der beiden Controller Primär-Controller ist, hängt von der persönlichen Vorliebe des Installateurs ab. Eine Fernbedienung als Primär-Controller ermöglicht ein einfaches Inkludieren neuer Geräte. Eine Fernbedienung kann jedoch schnell verloren gehen.

Werden batteriebetriebene Geräte mit Aufweck-Intervall

3 Z-Wave Netzwerkschicht

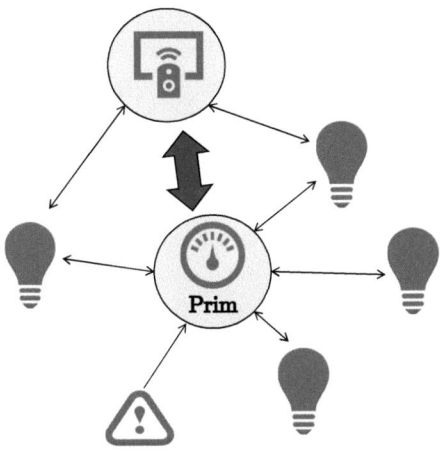

Abbildung 3.38: Z-Wave-Netzwerk mit einem statischen und einem portablen Controller

im Netz betrieben, so empfiehlt es sich, den statischen Controller zur Inklusion zu verwenden, um sicherzustellen, dass die Batteriegeräte während des Interviews korrekt konfiguriert werden (Aufweck-Intervall, Controller, der die Aufweck-Nachricht empfängt).

Alternativ bieten manche statische Controller eine Funktion, ein Gerät erneut zu konfigurieren, auch wenn es von einem anderen Controller inkludiert wurde.

Besitzt der statische Controller eine SUC/SIS Funktion, kann dieser Primär-Controller bleiben und trotzdem der portable Controller zur Inklusion genutzt werden. Die Netzkonfiguration ist aber ohne SUC/SIS funktionsfähig. Abbildung 3.38 zeigt eine derartige Netzkonfiguration.

3.6.4 Netzwerke mit SUC- und SIS-Controller

Sobald mehrere portable Controller im Netz vorhanden sind, sollte unbedingt ein statischer Controller mit SUC-/SIS-Funktion vorhanden sein. Ansonsten müssen bei jeder Änderung des Netzes - sprich bei jeder Inklusion und Exklusion- alle vorhanden Controller manuell neu synchronisiert werden. Abbildung 3.39 zeigt eine derartige Netzkonfiguration.

Dank SUC/SIS funktioniert diese Synchronisation automatisch und alle portablen Controller können zur Inklusion neuer Geräte verwendet werden. Batteriebetriebene Geräte können ebenfalls ohne Probleme im Netz verwendet werden. Es ist lediglich darauf zu achten, dass diese

3 Z-Wave Netzwerkschicht

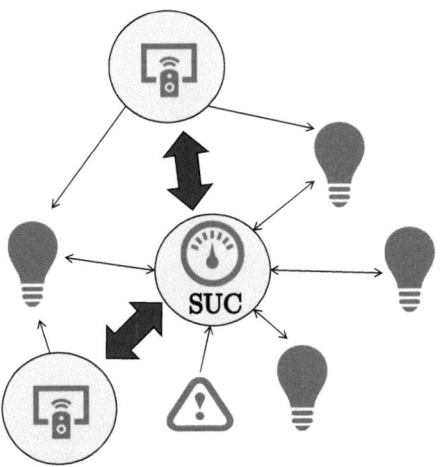

Abbildung 3.39: Z-Wave Netzwerk mit einem statischen und einem portablen Controller

Geräte vom korrekten statischen Controller konfiguriert werden.

Kommen mehr als ein statischer Controller zum Einsatz, wird das Z-Wave-Netz selbständig eine der beiden Controller zum SUC machen und alle anderen Geräte darüber informieren.

Der Installateur sollte jedoch einen statischen Controller (das muss noch nicht einmal das SUC/SIS sein) zur Konfiguration der batteriebetriebenen Geräte auswählen.

3.6.5 Vergleich der Netzkonfigurationen

Tabelle 3.8 fasst die Erkenntnisse über verschiedene mögliche Netzkonfigurationen nochmals zusammen:

Es kann davon ausgegangen werden, dass alle statischen Controller, die heute angeboten werden, eine SUC-/SIS-Funktion implementieren. Damit ergibt sich eine sehr kurze Liste von Einschränkungen in Bezug auf mögliche Netzkonfigurationen:

1. Ist nur ein portabler Controller vorhanden, können keine batteriebetriebenen Geräte eingesetzt werden, die mit Aufweck-Intervall gesteuert werden.

2. Bei einer Kombination aus portablem Controller und statischem Controller ist der statische Controller zur Inklusion neuer Geräte zu verwenden, damit batteriebetriebene Geräte korrekt konfiguriert werden.

3 Z-Wave Netzwerkschicht

Konfiguration	SUC notwendig	Batteriebetriebene Slaves
ein portabler	Nein	Nein
ein statischer	Nein	Ja
ein portabler plus ein statischer	Nein	muss vom statischen Controller konfiguriert werden
mehrere portable plus ein statischer	Ja	muss vom statischen Controller konfiguriert werden
mehrere statische	Ja	Konfigurations-Probleme

Tabelle 3.8: Verschiedene gültige Netzkonfigurationen

3. Existieren zwei statische Controller im Netz, dann sollte nur einer der beiden Controller zur Netzsteuerung und Gerätekonfiguration eingesetzt werden.

4 Z-Wave Anwendungsschicht

Bisher wurde nur betrachtet, wie unterschiedliche Geräte im Z-Wave-Netz miteinander kommunizieren. In der Applikationsschicht wird nun der **Inhalt und das Ziel** dieser Kommunikationsbeziehungen definiert.

4.1 Geräte und Kommandos

4.1.1 Verschiedene Arten von Z-Wave-Geräten

Im Prinzip kann jedes Gerät und jede Installation im Haushalt oder im Büro mit Z-Wave aus- bzw. nachgerüstet werden. Daher sollte eine große Vielfalt an Z-Wave-Geräten im Markt verfügbar sein. Es gibt allerdings einige grundlegende Verhaltens- und Kommunikationsmuster, die eine einfache Kategorisierung von Z-Wave-Geräten ermöglichen.

Jedes Gerät wird entweder gesteuert, meldet Daten oder steuert selbst.

In der Z-Wave-Sprachwelt heißen steuernde Geräte daher **Controller**. Geräte, die Daten an andere Geräte liefern, heißen **Sensoren** und gesteuerte Geräte werden als **Aktor** bezeichnet. Es ist auch möglich, dass ein einzelnes Gerät

4 Z-Wave Anwendungsschicht

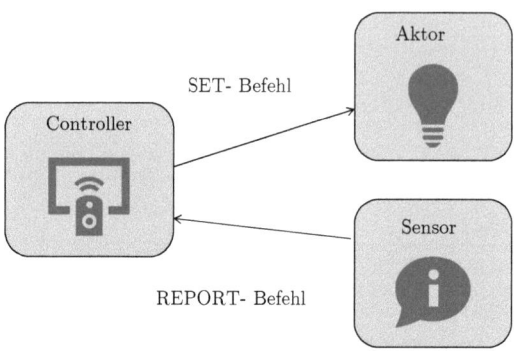

Abbildung 4.1: Z-Wave-Controller, -Aktoren und -Sensoren

Aktorik und Sensorik und sogar Controller-Funktionen in sich vereinigt. Abbildung 4.1 zeigt diese grundlegenden Gerätetypen.

Aktoren schalten entweder digital (z.B. Ein/Aus-Schalten eines elektrischen Schalters für Licht) oder analog. Ein Beispiel für einen analogen Schalter wäre ein elektrischer Dimmer oder eine Motorsteuerung für eine Jalousie, die von 0% ... 100% gesteuert werden.

Sensoren liefern ebenfalls entweder ein digitales Signal (Türkontakt, Glasbruch, Bewegung) oder einen analogen Wert (Temperatur, Feuchtigkeit, elektrische Leistung).

Auf dem Markt für Z-Wave-Geräte existiert eine überraschend kleine Anzahl verschiedener Gerätetypen, mit denen alle erwarteten Funktionen des intelligenten Hauses

4 Z-Wave Anwendungsschicht

abgebildet werden können:

1. Elektrische Schalter, entweder zum Aufstecken auf eine Steckdose oder als Ersatz für den traditionellen Wandschalter. Es ist auch möglich, dass bestimmte elektrische Geräte (wie eine Kaffeemaschine) bereits ein Z-Wave-Funkmodul eingebaut haben. Als Z-Wave-Gerät entspricht die Ein-/Aus-Schaltfunktion dann ebenfalls einem einfachen elektrischen Schalter.

2. Elektrische Dimmer, entweder zum Aufstecken auf eine Steckdose oder als Ersatz für den traditionellen Wandschalter.

3. Motorsteuerungen, üblich zum Öffnen und Schließen von Türen, Toren und Fenstern, aber auch zum Ansteuern von Vorhängen, Markisen, Jalousien etc.

4. Elektronische Displays oder andere elektronische Signalgeber wie Sirenen (akustisch) oder LED-Leuchten (visuell)

5. Verschiedene Sensoren zum Erfassen von Umweltparametern wie Temperatur, Druck, Konzentration verschiedener Gase (CO, CO_2, Methan, ...)

6. Thermostat-Steuerungen, entweder nur mittels eines Drehschalters oder mit lokalem Temperaturdisplay

7. Thermostatsteuerungen wie Heizkörper-Thermostatköpfe oder Magnetventile in Heizkreisverteilern von Fußbodenheizungen

8. Fernbedienungen, entweder als Universalfernbedienung mit integriertem Infrarot-Sender oder dediziert als Z-Wave-Fernbedienung zur direkten Ansteuerung von Geräten oder zum Aktivieren von Szenen in einem zentralen Controller.

9. USB-Stecker plus Steuersoftware auf einem PC oder integrierte Internet-Gateways, beide dienen der zentralen Steuerung des Z-Wave-Netzes und bilden die Brücke in die Internetwelt zur Nutzung von Mobiltelefonen oder anderen Darstellungsgeräten

10. Türschlösser in verschiedenen Ausführungen

Z-Wave Plus definiert eine Liste von Gerätetypen. Jedes Z-Wave Plus Gerät muss genau eine dieser Gerätetypen implementieren, wobei pro Gerätetyp nur bestimmte Netzwerkrollen erlaubt sind (Informationen über Netzwerkrollen finden sich in Kapitel 3.3.3). Als Beispiel ist einem Stromschalter nur die Netzwerkrolle 'Always-on-Slave' erlaubt. Dies ist die komplette Liste erlaubter Geräte-Typen in Z-Wave Plus:

1. **Zentralsteuerung** (Central Controller und Sub System Controller)

2. **Einfaches Display** (Display - Einfach)

3. **Türschloß** (Door Lock Keypad, als Schloß oder Türdrücker)
4. **Lüftersteuerung** (Fan Switch)
5. **Lichtdimmer** (Light Dimmer Switch)
6. **Ein/Aus-Schalter**, auch mehrfach (On/Off Power Switch und Power Strip)
7. **Fernbedienung** (Remote Control, als AV, Multi Purpose oder Simple)
8. **Sensor**
9. **Set-Top-Box** (Set Top Box und TV)
10. **Sirene** (Siren)
11. **Energiemessgerät** (Sub Energy Meter)
12. **Thermostat** (Thermostat, HVAC or Setback)
13. **Thermostatkopf** (Valve, offen/geschlossen)
14. **Wandcontroller** (Wall Controller)
15. **Hausenergiezähler** (Whole Home Energy Meter, Erweitert oder E)
16. **Fensterabdeckung** (Window Covering, als No Position/Endpoint, Endpoint Aware oder Position/Endpoint Aware)

4.1.2 Kommandoklassen (Command Classes)

Nachrichten, die Z-Wave Geräte miteinander austauschen, werden Kommandos genannt. Es existieren drei Grundtypen von Kommandos:

- Ein Gerät wird angewiesen, etwas zu tun (`Set`)

- Ein Gerät wird angewiesen, etwas zu senden (`Get`)

- Eine Information, meist (aber nicht immer) als Reaktion auf eine Info-Anforderung (`Report`)

Unterschiedliche Geräte werden auf die Basiskommandos `Set`, `Get` und `Report` in unterschiedlicher Weise reagieren. Die Kommandos müssen daher auf die konkrete Situation bezogen konkreter spezifiziert werden.

Z-Wave ordnet alle Kommandos in sogenannten Kommandoklassen (engl. *Command Classes*) ein. Kommandoklassen beschreiben eine bestimmte Funktion eines Gerätes und die dieser Funktion zugeordneten Kommandos.

Unterschiedliche Funktionen am Gerät erfordern unterschiedliche Kommandoklassen.

Beispiel 1 - die Batteriefunktion

Diese Kommandoklasse beschreibt den Umgang mit der Ladezustandsinformation einer Batterie eines Z-Wave-Gerätes. Das `Set`-Kommando hat in dieser Kommandoklasse keine sinnvolle Funktion und ist daher gar nicht definiert.

Das Get-Kommando fordert ein Gerät auf, den eigenen Batterieladezustand (als Prozentwert) an das anfragende Gerät zu senden. Dies wird dann mittels eines Report-Kommandos geschehen.

Diese beiden Kommandos beschreiben die Funktionen der Kommandoklasse Battery.

- Get() ... fragt nach dem aktuellen Batterieladestatus.

- Report() ... berichtet über den aktuellen Batterieladestatus.

Beispiel 2 - ein einfacher Schalter

Normale Ein/Aus-Schalter werden in Z-Wave als Binärschalter bezeichnet. Die Grundfunktion eines Binärschalters ist das Ein- oder Ausschalten eines elektrischen Verbrauchers. Bei Z-Wave sollte es zusätzlich möglich sein, den aktuellen Schaltzustand des Gerätes über Funk zu ermitteln. Daher ergeben sich folgende mögliche Kommandos:

- *Set(wert)*: Die Steuerung sendet diesen Befehl mit dem neuen Schaltzustand an den Schalter.

- *Get()*: Die Steuerung sendet diese Aufforderung an den Schalter, um den Schaltzustand abzufragen.

- *Report()*: Der Schalter antwortet mit einem Report über den aktuellen Schaltzustand.

4 Z-Wave Anwendungsschicht

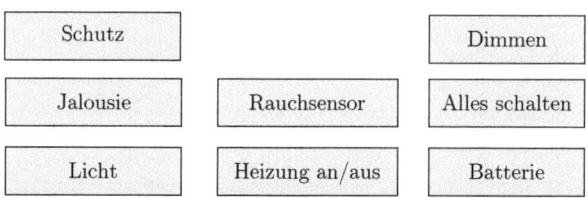

Abbildung 4.2: Beispiele verschiedener Kommandoklassen

Diese drei Kommandos werden in Z-Wave in der Kommandoklasse Binary Switch zusammengefasst. Wenn ein bestimmtes Gerät die Kommandoklasse Binary Switch unterstützt, müssen alle diese Kommandos verstanden, akzeptiert oder sendbar sein.

- Der Schalter muss das Set akzeptieren und den Schaltzustand entsprechend ändern.

- Der Schalter muss das Get akzeptieren und mit einem Report-Kommando im vorgeschriebenen Format antworten.

Abbildung 4.2 zeigt eine Auswahl an Z-Wave-Kommandoklassen. Die meisten aber nicht alle dieser Kommandoklassen spezifizieren ein Set, Get und Report Kommando, können aber darüber hinaus noch weitere Kommandos definieren.

Beispiel 3 - ein Dimmer

Die Dimmer-Funktion kann ebenfalls mit den drei Grundkommandos Set, Get und Report implementiert werden. Mittels Set wird ein bestimmter Dimmer-Stand festgelegt, Get fragt den aktuellen Dimmer-Stand ab und Report berichtet über diesen Dimmer-Stand.

Ein Dimmer sollte jedoch weitere Funktionen unterstützen, wenn das Dimmer-Verhalten eines traditionellen Wanddimmers emuliert werden soll. Dieses Verhalten entspricht der ebenfalls bekannten Steuerung der Fensterheber in einem Auto. Ein kurzer Klick auf den Taster öffnet oder schließt das Fenster. Wird die Taste jedoch gedrückt gehalten, startet der Motor und bewegt sich so lange in eine Richtung, bis die Taste losgelassen wird. Die in einem Dimmer genutzte Kommandoklasse Multilevel Switch ist daher um zwei Kommandos erweitert, um die beschriebene Dimmerfunktion optimal emulieren zu können: DIM START(Richtung) und DIM STOP().

Kommandoklassen werden bei Z-Wave durch ein einzelnes Byte identifiziert.

Die einzelnen Kommandos innerhalb einer Kommandoklasse werden ebenfalls durch ein einzelnes Byte beschrieben. Damit entsteht das in Abbildung 4.3 gezeigte allgemeine Format einer Kommandoklasse.

Falls keine weiteren Parameter in einem Kommando übertragen werden müssen, besteht ein Kommando also nur aus zwei Byte. In der Regel ist es aber länger, da nahezu immer weitere Parameter gesendet werden. Anhang C

4 Z-Wave Anwendungsschicht

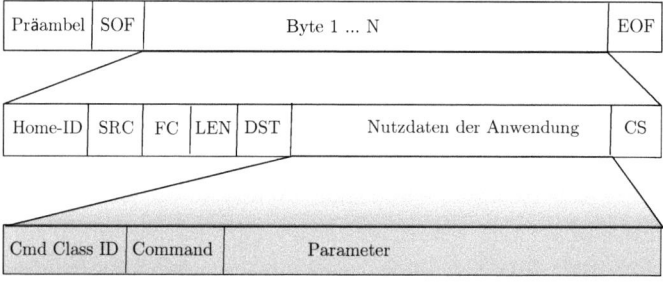

Cmd Class ID: Kennung der Kommandoklasse, 1 Byte
Command: Kommando der Kommandoklasse (z.B. SET)
Parameter: Zusätzliche Parameter oder Variablen

Abbildung 4.3: Nachrichtenformat einer Kommandoklasse

gibt eine Übersicht über alle Kommandoklassen mit ihren IDs.

4.1.3 Die Kommandoklasse Basic

Unter den Z-Wave Kommandoklassen nimmt die Klasse Basic eine besondere Rolle ein (Abbildung 4.4). Basic ist eine Art Joker in der Kommunikation zwischen zwei Geräten. Die Funktion ist nicht an eine spezielle Gerätefunktion gebunden und implementiert die drei Grundkommandos:

- Set: setzt einen Wert zwischen 0 und 255 (0x00 und 0xff);
- Get: Fordert einen Wert an;
- Report: antwortet auf die Anfrage mit einem Statuswert zwischen 0 und 255 (0x00 und 0xff).

Die Besonderheit der Klasse Basic liegt darin, dass jedes Gerät die Kommandos entsprechend seiner Grundfunktion interpretiert.

- Ein Binärschalter schaltet eine elektrische Last ein bei einem Wert von größer 0 und er schaltet die Last aus bei einem Wert von 0
- Ein Heizungsthermostat schaltet zwischen Komfort- und Energiespar-Temperatur hin und her;

4 Z-Wave Anwendungsschicht

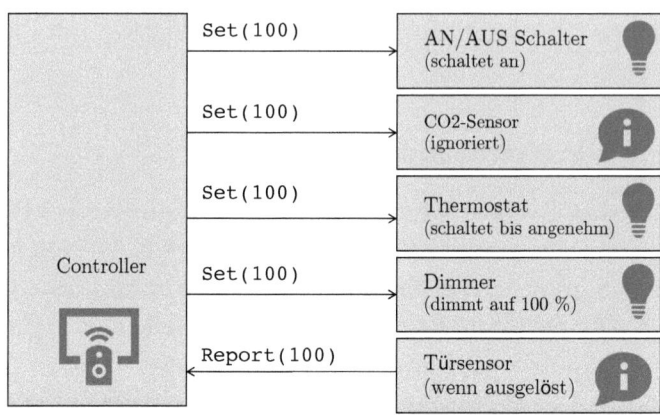

Abbildung 4.4: Basic-Kommandoklasse

- Ein Temperatursensor ignoriert das Set-Kommando und antwortet auf ein Get mit dem ganzzahligen Temperaturwert;

- Ein Türkontakt sendet entweder einen Wert = 0 im geschlossenen und einen Wert von 1 im geöffneten Zustand

Die Kommandoklasse Basic ist also der kleinste gemeinsame Nenner aller Z-Wave-Geräte und kann verwendet werden, ohne die genaue Funktionalität des gesteuerten Gerätes zu kennen. Nahezu jedes Z-Wave-Gerät unterstützt diese Kommandoklasse, jedoch können einige der Grundkommandos ignoriert werden (z.B. Set bei Sensor), wenn die Implementierung nicht sinnvoll erscheint.

4 Z-Wave Anwendungsschicht

4.1.4 Geräteklassen

Um eine Interoperabilität zwischen verschiedenen Geräten verschiedener Hersteller zu erreichen, müssen diese Geräte eine Reihe genau definierter Funktionen besitzen, die über die Unterstützung der Basic-Kommandoklasse hinausgehen. Die Definition der verschiedenen Geräten mit ihren notwendigen Funktionen wird in der Z-Wave-Terminologie als **Geräteklasse** bezeichnet. Eine Geräteklasse (engl. *device class*) beschreibt also einen bestimmten Typ von Geräten und die von einem solchen Typ mindestens zu erbringenden Funktionen.

Es gibt drei verschiedene Ebenen von Geräteklassen:

- Jedes Gerät muss zu einer bestimmten **Basisklasse** (engl. *basic device class*) gehören.

- Geräte können darüber hinaus durch eine **generische Klasse** (engl. *generic device class*) weiter spezifiziert werden.

- Eine noch konkretere Funktionsbestimmung wird durch eine **spezielle Geräteklasse** (engl. *specific device class*) erreicht.

Grund-Geräteklasse (Basic)

Die Basis-Klasse (nicht zu verwechseln mit der BASIC-Kommandoklasse!) beschreibt, welche Rolle ein Gerät im Z-Wave-Funknetz einnimmt. Es wird zwischen Controller und normalem Gerät (englisch *Slave*) unterschieden. Jedes Gerät muss eine der beiden Rollen im Netz einnehmen und ist daher zwingend einer Basis-Klasse zugeordnet.

Generische Geräteklasse (Generic)

Die generische Geräteklasse (englisch *generic device class*) definiert die Grundfunktion, die der Controller oder das normale Gerät im Netz ausführt. Dies kann ein Schalter oder ein Sensor oder eine andere Grundfunktion eines Gerätes im intelligenten Haus sein. Eine Liste der definierten generischen Klassen steht im Anhang B.

Spezielle Geräteklasse (Specific)

Durch die Zuordnung eines Gerätes zu einer speziellen Geräteklasse ist es möglich, die Funktion eines Gerätes noch genauer zu definieren. Die Zuordnung zu einer speziellen Geräteklasse ist nicht zwingend erforderlich. Die Spezifikation erfordert nur eine generische Geräteklasse. Die Zuordnung zu einer speziellen Geräteklasse zwingt in der Regel zur Unterstützung weiterer Kommandoklassen.

Spezielle Geräteklassen sind zum Beispiel:

- Setback-Thermostat (SETBACK THERMOSTAT) ist eine spezielle Geräteklasse der generischen Geräteklasse 'Thermostat'. Die spezielle zusätzliche Funktion ist die Möglichkeit, zwischen einer Komfort- und einer

4 Z-Wave Anwendungsschicht

niedrigeren Energiespar-Temperatur umschalten zu können.

- Multi-level Power Switch (MULTILEVEL POWER SWITCH) ist eine spezielle Geräteklasse der generischen Klasse MULTILEVEL SWITCH. Derartige Geräte sind speziell zum Schalten von Licht und anderen Verbrauchern geeignet und unterstützen eine spezielle Z-Wave-Funktion zum gemeinsamen Ein- und Ausschalten aller elektrischen Verbraucher im Haus (SWITCH ALL).

Sobald ein Gerät einer bestimmten Geräteklasse zugeordnet ist, müssen eine Reihe von Kommandoklassen für diese Gerätefunktion unterstützt werden. Diese Kommandoklassen werden **Pflichtklassen** (engl. *mandatory command classes*) genannt. Darüber hinaus steht es jedem Hersteller eines Gerätes frei, eine beliebige Anzahl weiterer Kommandoklassen zu implementieren, um sich dadurch von anderen Herstellern zu unterscheiden. Diese weiteren Klassen werden **optionale Kommandoklassen** genannt (engl. *optional command classes*). Optionale Kommandoklassen sind meist sehr nützliche Ergänzungen der Funktionalität eines Gerätes und erweitern seine Nutzungsmöglichkeiten. Der Z-Wave-Standard erzwingt aber ihre Implementierung nicht, schlägt aber die Implementierung bestimmter Kommando-Klassen in manchen Geräteklassen vor. Diese heißen dann **vorgeschlagene Kommandoklassen** (engl. *recommended command classes*). Entscheidet sich ein Herstel-

4 Z-Wave Anwendungsschicht

Abbildung 4.5: Optionale, empfohlene und Pflicht-Kommandoklassen

ler jedoch zur Implementierung einer bestimmten Kommandoklasse (vorgeschlagen oder nicht) dann legt der Standard sehr genau fest, wie diese Klasse zu implementieren ist. Eine Kommandoklasse kann in einem Gerät immer nur vollständig oder gar nicht implementiert werden.

Abbildung 4.5 zeigt die Beziehung zwischen vorgeschlagenen, optionalen und Pflichtklassen.

Die drei Geräteklassen eines Z-Wave-Gerätes werden während des Inklusion-Vorganges durch den **Node Information Frame** bekanntgegeben. (Mehr Informationen zum *Node Information Frame* finden sich in Abschnitt 4.2.1).

Neben den Geräteklassen gibt der *Node Information Frame* auch alle implementierten Kommandoklassen bekannt. Durch diese Informationen weiß eine Z-Wave-Steuerung, welche Funktionen eines Gerätes in welcher Art und Wei-

4 Z-Wave Anwendungsschicht

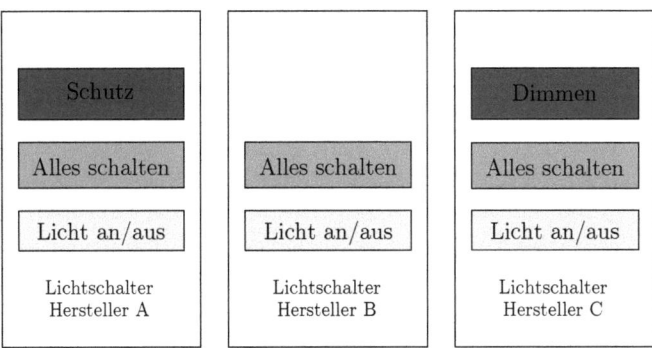

Abbildung 4.6: Verschiedene Implementierungen eines Gerätes 'Binärschalter' durch verschiedene Hersteller

se per Funkkommandos zu benutzen sind.

Abbildung 4.6 zeigt verschiedene Implementierungen eines Binärschalters in der Geräteklasse **Binary Power Switch** durch verschiedene Geräte-Hersteller.

Ein Gerät entspricht dem Z-Wave-Standard, wenn

- eine Basisklasse und eine generische Geräteklasse festgelegt ist und diese Klassen im *Node Information Frame* entsprechend angegeben werden.

- alle Pflichtklassen der generischen Geräteklasse korrekt und vollständig implementiert sind und deren Kommandos korrekt ausgesendet, und empfangen werden sowie auf empfangene Kommandos korrekt reagiert wird. Die Pflichtklassen müssen weiterhin im Node information Frame als unterstützte Kommandoklassen angegeben werden.

- Für den Fall, dass eine spezielle Geräteklasse angegeben wird, sind deren Pflichtklassen ebenfalls korrekt und vollständig zu implementieren und die entsprechenden Kommandos korrekt zu handhaben.

- Werden weitere optionale Kommandoklassen unterstützt, so müssen diese im Node Information Frame angegeben und vollständig und korrekt entsprechend der Z-Wave- Spezifikation implementiert werden.

- Im Falle, dass es sich um ein Z-Wave Plus Gerät handeln soll, muss dieses Z-Wave Plus durch das Hinzufügen der Kommandoklasse `Z-Wave Plus Indicator` angezeigt werden. Innerhalb dieser Kommandoklasse muss eine gültige Z-Wave Plus-Netzwerkrolle und ein gültiger Z-Wave Plus-Geräte-Typ angegeben werden.

Z-Wave definiert eine große Anzahl an Kommandoklassen die nahezu jeden Aspekt des intelligenten Hauses abdecken. Trotzdem ist es möglich, dass ein einzelner Hersteller eine zusätzliche spezielle Funktion implementieren möchte, die bisher noch nicht durch eine Kommandoklasse abgedeckt wird.

4 Z-Wave Anwendungsschicht

Die proprietäre Kommandoklasse (*proprietary function*) wird genutzt, um genau solche Funktionen zu implementieren. Sie erlaubt einem Hersteller bisher unbekannte oder speziell auf seine Produkte bezogene Funktionen zu implementieren.

Die Benutzung dieser Kommandoklasse bedarf einer vorherigen Genehmigung durch die Zertifizierungsinstanz der Z-Wave-Allianz. Zusätzlich muss ein solche Kommandoklasse umfassend dokumentiert werden. Gegenwärtig nutzen daher nur sehr wenige Produkte eine proprietäre Kommandoklasse. In der Regel führen neue Funktionsanforderungen eher früher als später zu einer Ergänzung und Erweiterung des Z-Wave-Standards um eine weitere Kommandoklasse. Eine proprietäre Erweiterung wird dann nicht mehr benötigt.

Ein Beispiel soll die Benutzung von Geräteklassen und Kommandoklassen erläutern:

Beispiel: Spezifikation eines Zwischensteckers

Ein Hersteller möchte einen schaltenden Zwischenstecker entwickeln und verkaufen. Ein derartiges Produkt ist in Abbildung 4.7 gezeigt. Die grundlegende Funktion eines solchen Schalters ist das Ein- und Ausschalten einer elektrischen Last. Da ein solches Gerät gesteuert wird und nicht selbst andere Geräte steuern soll wird die Basisklasse Routing-Slave genutzt. Als binärer Schalter gehört das Gerät in die

4 Z-Wave Anwendungsschicht

Abbildung 4.7: Schuko-Zwischenstecker

Quelle: Fibaro Group

generische Klasse `Binärer Schalter`. Es ist erlaubt und sogar empfohlen, das Gerät zusätzlich mittels der speziellen Geräteklasse `Binär-Strom--Schalter` zu beschreiben, da die an den Stecker angeschlossenen Geräte immer elektrische Verbraucher sein werden.

- Basis-Geräte-Klasse: `Routing-Slave`
- Generische Geräte-Klasse: `Binärschalter`
- Spezifische Geräte-Klasse: `Binär-Strom-Schalter`

1. Die generische Geräteklasse `Binärschalter` erfordert die Implementierung der Kommandoklasse `Binärschalter`.

4 Z-Wave Anwendungsschicht

2. Als `Binär-Strom-Schalter` muss das Gerät zusätzlich die Kommandoklasse `Switch-All` unterstützen. Mit dieser Klasse können alle elektrischen Verbraucher in einem Haus mit einem einzigen Kommando ein- bzw. ausgeschaltet werden. Die Kommandoklasse beschreibt darin ein Verfahren, das Verhalten des Gerätes beim Empfang eines Switch-All-Kommandos zu definieren. So ist es beispielsweise möglich, dieses Kommando zu ignorieren. Ein generischer Schalter muss diese Kommandoklasse nicht unterstützen, da es generische Schalter geben kann, für die dieses Switch-All Kommando unsinnig ist. Bei einem Stromschalter ist das Verhalten jedoch klar definiert und damit zu implementieren.

3. Wenn das Gerät als Z-Wave Plus Gerät zertifiziert werden soll, dann muss der Hersteller eine gültige Netzwerkrolle und einen passenden Gerätetyp wählen. In diesem Falle wäre dies die Netzwerkrolle `'Always On Slave'` und der Gerätetyp `'On/Off Power Switch'`

Der Z-Wave-Standard erlaubt einem Binärschalter, das `Switch All`-Kommando nicht zu implementieren. In diesem Falle muss aber auf

4 Z-Wave Anwendungsschicht

die Deklaration der spezifischen Kommandoklasse `Binär-Strom-Schalter` verzichtet werden. Ein Schalter, der nur zur generischen Geräteklasse `Binärschalter` gehört, ist immer noch ein gültiges standardkonformes Gerät.

Der Gerätehersteller hat innerhalb des Z-Wave-Standards weitere Variationsmöglichkeiten:

- Der Hersteller möchte ein attraktiveres Gerät anbieten und fügt der Basisfunktion des Schaltens weitere Funktionen zu. Eine solche empfohlene Funktion ist die Kommandoklasse 'Kinderschutz' (engl. *protection*). Mit dieser Kommandoklasse kann das lokale Schalten eines Schalters über einem Taster unterdrückt werden. Die Kommandoklasse definiert, ob eine lokale Schaltfunktion erlaubt ist oder nicht. Weiterhin wird per Funk ermöglicht, diese Funktion temporär zu unterdrücken und ermöglicht weiterhin die Definition einer speziellen Tast-Sequenz zum Deaktivieren der Unterdrückungsfunktion.

  Entscheidet sich der Hersteller zur Implementierung der Funktion, legt der Standard genau fest, welche Kommandos wie zu beantworten sind. Gleichzeitig muss die Kommandoklasse 'Kinderschutz' im

Node Information Frame bekanntgegeben werden.

- Der Hersteller kann weitere Spezialfunktionen in seinem Schalter einbauen. Dies könnte zum Beispiel das zufällige Ein- und Ausschalten des Schalters zum Simulieren der Präsenz von Bewohnern im Haus sein. Solche Funktionen werden gern verwendet, um bei Urlaub der Bewohner vorzutäuschen, dass sich jemand in der Wohnung befindet.

Eine solche Funktion ist bisher in keiner Z-Wave-Kommandoklasse definiert. Daher wäre es erlaubt, diese Funktion mittels einer proprietären Kommandoklasse zu realisieren. Hierzu muss der Hersteller einen Antrag an die Z-Wave-Allianz stellen und seine Funktionserweiterung umfassend dokumentieren. Er muss weiterhin akzeptieren, dass die Allianz die neue Funktion in genau der beschriebenen Art in eine zukünftige Erweiterung des Standards einfließen lässt.

4.2 Verwaltung von Geräten

4.2.1 Node Information Frame

Jedes Z-Wave-Gerät gehört zu bestimmten Geräteklassen und ist in der Lage bestimmte Kommando-Klassen zu unterstützen oder zu nutzen. Der *Node Information Frame* ist eine spezielle Funknachricht, mit der ein Z-Wave-Gerät andere Z-Wave-Geräte über sich und seine Fähigkeiten informiert. Es ist sozusagen die Visitenkarte des Z-Wave-Gerätes und wird im Zusammenhang mit mehreren Funktionen des Z-Wave-Netzes genutzt.

Der *Node Information Frame* enthält die folgenden Informationen:

- Basis-Geräteklasse

- Generische Geräteklasse

- Spezielle Geräteklasse

- Eine Information, ob das Gerät vom Stromnetz oder von Batterien gespeist wird und ob es sich um ein sogenanntes FLiRS (permanent aktives Batteriegerät) handelt.

- Für den Fall, dass es sich um ein FLiRS-Gerät handelt, wird angegeben, ob die Reaktionszeit auf Kommandos 250 ms oder 1 sec. beträgt.

- Eine Liste aller Kommandoklassen, die von dem Gerät unterstützt werden

4 *Z-Wave Anwendungsschicht*

- Optional kann weiterhin eine Liste der Kommandoklassen angegeben werden, die das Gerät bei anderen Z-Wave-Geräten nutzen möchte.

Abbildung 4.8 zeigt das Format des *Node Information Frame*. Der *Node Information Frame* als Visitenkarte des Gerätes wird bei verschiedenen Prozessen im Z-Wave-Netz genutzt.

- Bestätigung der Inklusion des Gerätes

- Bestätigung der Exklusion des Gerätes

- Wenn Assoziationen programmiert werden (Informationen über Assoziationen stehen in Abschnitt 4.3).

- Wenn Assoziationen gelöscht werden

- Mitunter wird ein *Node Information Frame* genutzt, um zu erkennen, wenn ein batteriebetriebenes Gerät aufweckt.

Jedes Z-Wave-Gerät verfügt über einen Weg, einen *Node Information Frame* auszusenden. Jeder Hersteller ist frei, eine für sein Gerät geeignete Möglichkeit zu definieren, den Frame auszusenden. Übliche Wege sind:

- ein spezieller Taster am Gerät oder im Gerät.

- der Manipulationsschutzschalter, typisch bei Bewegungsmeldern oder Türkontakten.

4 Z-Wave Anwendungsschicht

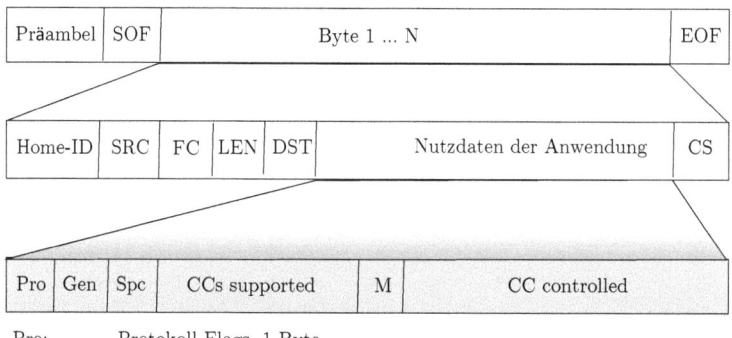

Pro: Protokoll-Flags, 1 Byte
Gen: Generische Geräteklasse, 1 Byte
Spc: Spezifische Geräteklasse, 1 Byte
CC support: Liste der unterstützten Kommandoklassen
CC control: Liste der gesteuerten Kommandoklassen (optional)
M: Markierungs-Byte (0xFE)

Abbildung 4.8: Node Information Frame

- eine Schaltwippe an einem Wandschalter.

- ein Magnet, der einen Reed-Kontakt im Gehäuse schaltet. Dies ist insbesondere bei wasserdichten Gehäusen üblich.

Obwohl der *Node Information Frame* so ein universelles und grundlegendes Kommunikationswerkzeug in Z-Wave-Netzen ist, wird er in manchen Produkt-Handbüchern nur unzureichend beschrieben.

Für Z-Wave Plus muss der NIF die spezielle Kommandoklasse 'Z-Wave Plus Indicator' enthalten und diese Kommandoklasse muss als allererste Klasse bei den unterstütten Kommandoklassen angegeben werden.

4.2.2 Interview

Während des Inklusionsprozesses sendet jedes neue Z-Wave-Gerät seinen *Node Information Frame* an das inkludierende Gerät, den Controller. Dieser weiß jetzt, welche Kommandoklassen und damit welche Funktionen das neue Gerät anbietet und kann diese Funktionen damit bereits nutzen.

Es gibt allerdings eine Reihe von weiteren Informationen, die ein Controller von dem neuen Gerät erfragen muss, um es korrekt und vollständig ansteuern zu können. Einige Kommandoklassen bieten Abfragefunktionen, um die konkreten Möglichkeiten des Gerätes noch weitergehend zu beschreiben. Dieser Prozess des Abfragens von zusätzlichen Informationen über das Gerät wird als Interview bezeichnet und ist in Abbildung 4.9 näher dargestellt.

Beispiel 1

Mit der Kommandoklasse Zähler (engl. *meter*) können Zählerstände von Energie- oder Wasserzählern ausgelesen werden. Daher ist die GET()-Funktion zum Anfragen eines Zählerstandes und die Report()-Funktion zum Senden eines Zählerstandes definiert. Da es aber verschiedene Zählertypen gibt, muss weiter festgelegt sein, welcher Zählerwert in welcher Skaleneinteilung übertragen wird.

4 Z-Wave Anwendungsschicht

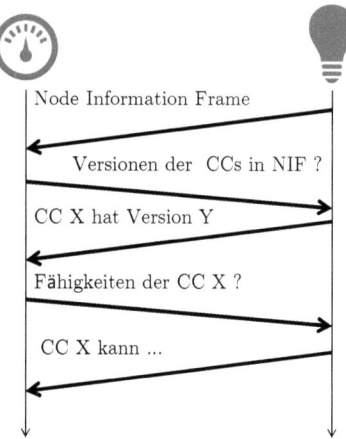

Abbildung 4.9: Interview eines Z-Wave-Gerätes

Dazu bietet die Kommandoklasse ein weiteres Kommando SUPPORTED GET(), mit dem eine Liste der im Gerät implementierten Zählertypen (Gas, Wasser, in kWh, in BTU, ...) angefordert wird. Diese Liste wird mittels eines weiteren Kommandos SUPPORTED REPORT() gemeldet.

Beispiel 2

Mittels der Kommandoklasse WAKEUP kann das Aufweck-Intervall eines batteriebetriebenen Gerätes definiert werden. Es ist möglich mittels eines SET(wakeup interval)-Kommandos ein Intervall zu definieren und mittels eines *GET()*-Kommandos einen Report über das aktuelle Inter-

4 Z-Wave Anwendungsschicht

vall zu erhalten. Manche Geräte berichten jedoch per Funk über ein maximal und ein minimal mögliches Intervall und schlagen sogar einen empfohlenen Wert vor.

Während des Interviews wird ein Controller also diese Werte abfragen und dann einen entsprechenden Intervall-Wert programmieren.

4.2.3 Konfiguration

Der Z-Wave-Standard definiert, dass jedes Gerät direkt nach der Inklusion arbeitsbereit sein muss. Trotzdem gibt es die Notwendigkeit, bestimmte Geräte weiter an die konkreten Bedürfnisse der Anwendung anzupassen. Beispiele für solche Konfigurationen sind:

- Empfindlichkeit eines Bewegungsmelders,
- Verhalten einer LED Anzeige,
- Schaltverzögerung eines Alarmsensors,
- spezielles Verhalten im Fehlerfall.

Derartige Konfigurationseinstellungen werden mit der Kommandoklasse CONFIGURATION durchgeführt. Diese Kommandoklasse ermöglicht das Setzen und Auslesen von bis zu 255 Konfigurationsparametern. Diese Parameter sind geräteabhängig. Daher müssen sie und die erlaubten Konfigurationswerte mit ihren Bedeutungen im Gerätehandbuch beschrieben werden.

4 Z-Wave Anwendungsschicht

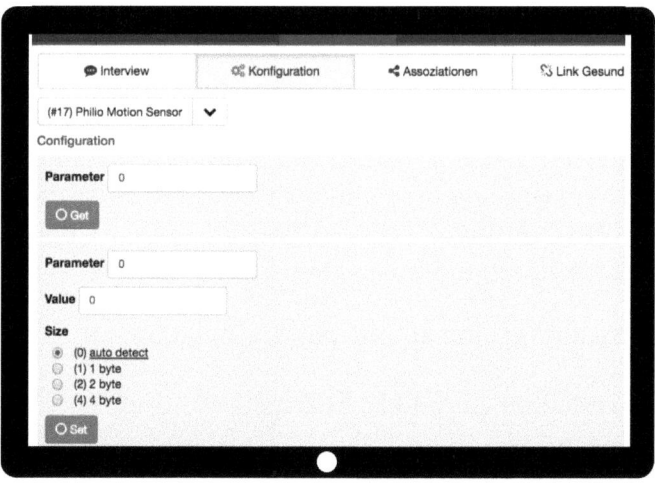

Abbildung 4.10: Beispiel einer generischen Konfigurations-Schnittstelle

4 Z-Wave Anwendungsschicht

Um ein Gerät konfigurieren zu können, muss ein Benutzer also den Konfigurationsparameter und den gewünschten Wert kennen.

Beispiel: Konfiguration des Verhaltens einer LED am Gerät

Parameter Nummer 2: Verhalten der LED am Gehäuse

- Wert = 0: immer aus
- Wert = 1: blinkt, wenn aktiv
- Wert = 2: immer an

Konfigurationen werden in der Regel von Controllern durchgeführt und über eine PC-Schnittstelle, ein Mobiltelefon oder eine andere graphische Benutzerführung dargestellt. Übliche generische Nutzerschnittstellen wie die in Abbildung 4.10 verlangen vom Nutzer detaillierte Kenntnisse über die Konfigurationsmöglichkeiten. Quelle für dieses Wissen ist entweder das Benutzerhandbuch oder einige online verfügbaren Datenbanken. Einige Links dazu sind im Anhang A angegeben.

Moderne und nutzerfreundliche Installationswerkzeuge enthalten eine Datenbasis von bekannten und unterstützten Geräten mit ihren Konfigurationsmöglichkeiten. Sie bieten dem Nutzer eine Übersetzung dieser Parameter in eine lesbare und verständliche Form und vereinfachen damit die Konfiguration.

4 Z-Wave Anwendungsschicht

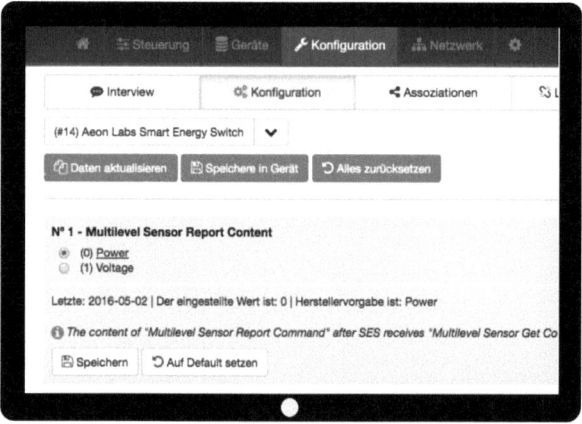

Abbildung 4.11: Beispiel einer nutzerfreundlichen Konfigurationsschnittstelle

Abbildung 4.11 zeigt ein Beispiel für eine Konfigurationsschnittstelle, in der die einzelnen Parameter in lesbarer Form beschrieben sind.

4.2.4 Batterie-Management

Batteriebetriebene Geräte sind entweder tiefschlafend mit regelmäßigem Aufwecken oder sie nutzen die sogenannte FLiRS-Technologie, die durch sehr kurzes häufiges Aufwecken einen quasi-aktiven Zustand emulieren. Mehr Informationen zur FLiRS-Technologie finden sich in Abschnitt 3.3.2.

Geräte mit Aufweck-Intervall stellen eine besondere Herausforderung dar, da in diesem Zustand keine Kommunikation mit anderen Geräten möglich ist. Diese batteriebetriebenen Geräte kennen zwei Systemzustände:

- Sie sind wach und können mit anderen Geräten kommunizieren, d.h. sie senden Funknachrichten und empfangen Funknachrichten.

- Sie sind im Tiefschlafzustand und können weder Nachrichten senden noch empfangen. Für einen Controller sind sie in diesem Zustand unsichtbar, d.h. schlicht nicht existent.

Um eine Kommunikation mit einem batteriebetriebenen Gerät zu ermöglichen muss es im Z-Wave-Netz mindestens einen netzbetriebenen und damit immer funkaktiven Controller geben, der für das batteriebetriebene Gerät eine Nachrichten-Warteschlange betreibt. Dort werden alle Nachrichten an das schlafende Gerät gesammelt.

Weckt das batteriebetriebene Gerät auf, informiert es den Controller mit der Nachrichtenwarteschlange, damit dieser die gespeicherten Nachrichten absenden kann. Dies geschieht durch die Aufweck-Nachricht (engl. *Wakeup Notification*), die vom Batteriegerät im Aufweckmoment an den Controller gesendet wird. Direkt nach dem Aussenden dieser Nachricht ist das Batteriegerät wach und kann Nachrichten empfangen. Wenn alle Nachrichten vom Controller abgesendet wurden, sendet dieser Controller als letzte Nachricht ein Kommando 'Keine-Infos' (engl. *No More Info*), um mitzuteilen, das keine weiteren Nachrichten anliegen und das Batteriegerät wieder in den Tiefschlafmodus geschaltet werden kann. Empfängt das Batteriegerät kein Kommando 'Keine-Infos', dann wird es nach einer Zeit von ca. 10 Sekunden automatisch in den Tiefschlafmodus zurückfallen. Dieser Prozess ist in Abbildung 4.12 illustriert.

Batteriebetriebe Geräte haben in der Regel einen internen Zeitgeber, der ein regelmäßiges Aufwecken des Gerätes anstößt, damit im Controller gespeicherte Nachrichten abgeholt werden können. Das Aufweckintervall kann vom Nutzer programmiert werden. Typische Aufweckintervalle liegen zwischen 30 Sekunden und mehreren Tagen. Das Intervall kann in der Regel in einer Nutzerschnittstelle des Controllers definiert werden. Der Controller sendet dann ein entsprechendes Kommando an das Batteriegerät. Be-

4 Z-Wave Anwendungsschicht

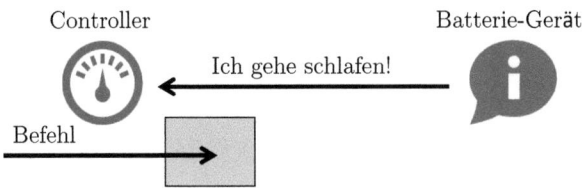

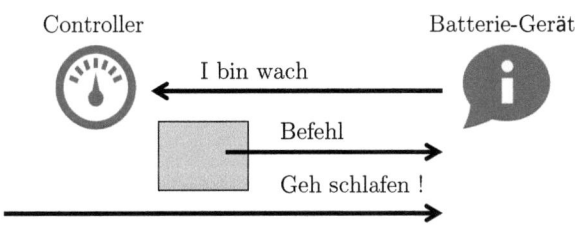

Abbildung 4.12: Tiefschlaf und Aufwecken

4 Z-Wave Anwendungsschicht

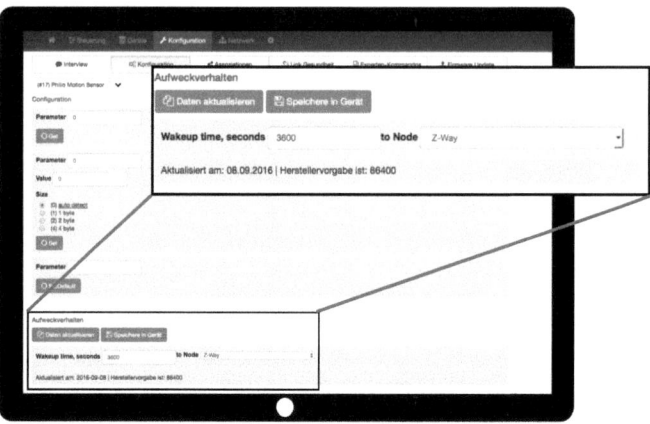

Abbildung 4.13: Beispiel eines Dialoges zum Einstellen des Schlaf-Intervalls

stimmte Geräte setzen den möglichen Aufweckintervallen obere und untere Grenzen.

Abbildung 4.13 zeigt ein Beispiel für einen Nutzerdialog zur Definition des Aufweckintervalls.

Um eine erstmalige Konfiguration - das Interview - des Gerätes direkt nach der Inklusion zu ermöglichen, bleiben Batteriegeräte in der Regel direkt nach der Inklusion für eine definierte Zeit wach. Diese Zeit variiert zwischen 10 Sekunde bis zu einigen Minuten.

Tabelle 4.1 zeigt die verschiedenen Zustände eines Batteriegerätes und die Ereignisse, die zu einem Zustandswechsel führen.

4 Z-Wave Anwendungsschicht

Status	Wach	Tiefschlaf
Inklusion	Direkt nach Inklusion	Geht spätestens nach einigen Minuten automatisch in Tiefschlafmodus.
Regelmäßig	Weckt nach einer definierten Zeit auf und sendet eine Nachricht an den Controller. Typische Aufweckintervalle liegen zwischen wenigen Minuten und mehreren Tagen und können konfiguriert werden	Der Controller kann das Gerät per Funk-Kommando 'Keine-Infos' in den Tiefschlaf versetzen. Alternativ geht ein Batteriegerät nach einer bestimmten Zeit automatisch in den Tiefschlafzustand, wenn keine weiteren Aktionen per Funk oder am Gerät erfolgen.
Lokale Bedienung des Gerätes	Jede lokale Aktion weckt das Gerät auf. Eine Kommunikation des Wach-Status findet aber nicht immer statt	Sofort nachdem die Aktion beendet wurde

Tabelle 4.1: Bedingungen zum Statuswechsel eines batteriegespeisten Gerätes

4 Z-Wave Anwendungsschicht

Abbildung 4.14: AAA Batterie

4.2.5 Maximierung der Batterielebensdauer

Geräte mit Aufweck-Intervall

Die Batterielebensdauer ist eine kritische Betriebsgröße eines batteriebetriebenen Gerätes und bedarf bei Geräten mit Aufweck-Intervall besonderen Managements. Einige Abschätzungen zeigen, warum:

- Eine typische Alkaline-Microzelle (AAA), wie in Abbildung 4.14, hat eine typische Ladekapazität von 1000 mAh. Ein exemplarischer Sensor soll zwei dieser Batterien eingebaut haben, um die Betriebsspannung von 3V zu erreichen. Der entnehmbare Strom bleibt durch die Reihenschaltung unverändert.

- Ein Z-Wave-Modul der Serie 500 verbraucht ca. 1 µA im Tiefschlafzustand und ca. 32 mA wenn es empfangsbereit ist. Während des Aussendens einer Nachricht werden ca. 34 mA benötigt. Tabelle 4.2

zeigt den Energiebedarf der einzelnen Z-Wave-ASIC-Generationen in den verschiedenen Arbeitszuständen.

- Meist wird zusätzliche Energie für weitere Gerätefunktionen wie z.B. dem Betreiben eines Infrarotsensors eines Bewegungsmelders oder das Bewegen des Absperrventils benötigt. Dieser Energiebedarf hängt stark vom jeweiligen Gerät ab, ist aber in der Regel kleiner als der für den Betrieb des Steuer-ICs notwendige Strom. Für die folgenden Abschätzungen wird dieser Anteil des Energieverbrauches daher nicht berücksichtigt.

Verbleibt ein batteriebetriebenes Gerät im Empfangsmodus, ist die Batterie nach

$$1000 \text{ mAh} / 32 \text{ mA} = 30 \text{ Stunden} = 1.5 \text{ Tagen}$$

leer. Es ist daher zwingend notwendig, ein batteriebetriebenes Gerät für die meiste Zeit in den Tiefschlaf zu versetzen. Die maximale Batterielaufzeit im Tiefschlaf beträgt

$$1000 \text{ mAh} / 0.001 \text{ mA} = 1.000.000 \text{ Stunden} = 41.666 \text{ Tage}$$
$$= 113 \text{ Jahre}.$$

Nach dieser Zeit sind selbst Alkaline-Batterien durch ihre Selbstentladung unbrauchbar.

4 Z-Wave Anwendungsschicht

IC Generation	Tiefschlaf	CPU aktiv	RX aktiv	TX aktiv
100	31 μA		23 mA	25 mA
200 (seit 2005)	2.5 μA		21 mA	36 mA
300 (seit 2007)	2.5 μA	10 mA	23 mA	36 mA (0 dbm)
400 (seit 2009)	1.5 μA		23 mA	36 mA
500 (seit 2013)	1 μA	15 mA	32 mA	34 mA (0 dbm)

Tabelle 4.2: Stromverbrauch verschiedener Generationen von Z-Wave-ASICs

Im normalen Betrieb wird ein Z-Wave-Gerät regelmäßig aufwecken, eine entsprechende Nachricht an den Controller senden und auf das Kommando 'Keine-Infos' warten, um wieder in den Schlafzustand zu gehen. Für den Fall, dass der Controller gar nicht antwortet (z.B. weil er ausgeschaltet ist) soll das Gerät nach ca. 10 Sekunden automatisch wieder in den Tiefschlaf fallen. Das Aufweckintervall, d.h. die Zeit zwischen zwei Ausweckphasen, hat großen Einfluss auf die maximale zu erwartende Batterielebensdauer. Dieser Zusammenhang ist in Tabelle 4.3 angegeben.

Eine Batterielebensdauer von 59 Tagen (unter der sehr optimistischen Annahme, dass das Gerät keinen weiteren

4 Z-Wave Anwendungsschicht

Aufweck-Intervall	Batterielebensdauer
120 Sekunden	23 Tage
5 Minuten (Typisch)	59 Tage
30 Minuten	357 Tage
24 Stunden	46 Jahre

Tabelle 4.3: Batterielebensdauer, wenn kein statischer Controller im Netzwerk präsent ist

Aufweckintervall	Batterielebensdauer
120 Sekunden	4 Jahre
5 Minuten (Typisch)	10 Jahre
30 Minuten	29 Jahre
24 Stunden	45 Jahre

Tabelle 4.4: Batterielebensdauer mit statischem Controller im Netzwerk

Strom für andere Funktionen wie LEDs etc. benötigt) ist immer noch nicht akzeptabel.

Tabelle 4.4 zeigt die Stromverbrauchssituation mit einem aktiven und schnell reagierenden Controller, der aufgeweckte Batteriegeräte sofort wieder in den Tiefschlaf sendet.

Es ist sehr offensichtlich, dass ein aktiver Controller die Lebensdauer von Batterien im Z-Wave-Netz dramatisch erhöht. Die reale Batterielebensdauer wird jedoch deutlich unter den in Tabelle 4.4 genannten Zeiten liegen, da zusätzlich Energie für andere Gerätefunktionen benötigt wird:

- Die eigentliche Geräte-Funktion führt ebenfalls zu Kommunikation (z.B. Senden eines Messwertes).
- Der Controller kann eventuell dem Batteriegerät nicht sofort antworten, da andere Kommunikationsaufträge vorher abzuarbeiten sind.
- Die Elektronik des Gerätes verursacht Leckstrom.
- Eigenentladung der Batterie.

Typische Batterielebensdauern liegen zwischen ein und fünf Jahren.

Geräte mit FLiRS-Technik

FLiRS-Geräte wecken aller 250 ms oder jede Sekunde einmal kurz auf. Dieses Aufwecken ist unabhängig vom Betriebszustand des Gerätes. In den Phasen zwischen dem Aufwecken wird nur der in Tabelle 4.2 angegebene Tiefschlaf-Strom verbraucht. Da die Aufweck-Phasen aber sehr kurz sind, ist der resultierende Stromverbrauch aus langem Tiefschlaf und vielen aber sehr kurzen Aufweckphasen überraschend klein.

- Serie 300: 80 μAh pro Stunde
- Serie 500: 50 μAh pro Stunde

Die im Beispiel für Geräte mit Aufweck-Intervall angegebene Beispielbatterie von 1000 mAh würde damit unter Vernachlässigung weiteren Stromverbrauches durch die Gerätefunktion selbst ca. 1000 mAh / 50 μ Ah / h = 20.000 h = 833 Tage = 2.5 Jahre durchhalten.

Die reale Batterielaufzeit ist durch Gerätefunktionen geringer, aber in der Regel deutlich länger als ein Jahr.

4.2.6 Multi-Channel-Geräte

Wenn ein Gerät jede Funktion - wie einen Schalter - genau einmal bereitstellt, kann diese Funktion durch die jeweilige Kommandoklasse abgebildet werden. Die Kommandoklasse für analoge Sensoren (`Sensor Multilevel`) ermöglicht sogar, mehrere verschiedene Sensortypen parallel zu verwalten. Dieser Ansatz kommt an Grenzen, wenn identische Funktionen oder identische Sensoren verwaltet werden sollen. Ein gutes Beispiel dafür wäre eine Stromschaltleiste mit mehreren Steckdosen, die einzeln geschaltet werden sollen. Die Kommandoklasse `Switch Binary()` ermöglicht nur das Schalten eines einzelnen Schalters.

Die Lösung für dieses Problem heißt Multikanal-Gerät (engl. *Multi Channel Device*). Z-Wave bietet damit ein Verfahren, um innerhalb eines realen physischen Gerätes mehrere virtuelle Untergeräte zu verwalten, die nun wiederum identische Funktionen und Kommandoklassen enthalten können. Die Kommandoklasse `Multi Channel Command Class` verwaltet diese virtuellen Geräte und ermöglicht einem Controller, ihre Zahl und ihre Eigenschaften abzufragen. Innerhalb eines Funktionskanales gibt es wiederum einen Node Information Frame, so dass ein solcher Kanal quasi ein vollwertiges Z-Wave-Gerät realisiert. Die Kommandos zu diesem Gerät müssen aber in eine Multikanal-Umgebung eingepackt werden. Dazu bietet die Kommandoklasse `Multi Channel Command Class` ein Kommando 'Encapsulation', das dem eigentlichen Kommando die Funktionskanal-Nummer des Senders und die Funktionskanal-Nummer des Empfängers voranstellt. Abbildung 4.15 zeigt, wie ein Anwendungspaket in einer solchen Umgebung transportiert wird.

Ein physisches Gerät kann bis zu 127 verschiedene Funktionskanäle haben. Da die Funktionskanäle zusätzlichen Verwaltungsaufwand erfordern, werden sie nur verwendet, wenn mehrere identische Funktionen in einem Gerät realisiert werden sollen. Das Multikanal-Konzept wurde bei Z-Wave erst recht spät eingeführt. Daher kann es passieren, das gerade ältere Controller diese Funktion nicht unterstützen. Ein Gerät mit mehreren Funktionskanälen muss daher immer auch außerhalb der Kommandoklasse `Multi Channel Command Class` eine Grundfunktion zur Verfügung stellen. Dies ist dann in der Regel genau die Funktion des Funktionskanales 1 oder bei einer Stromschaltleiste mit mehreren Schaltaktoren das gemeinsame Einschalten oder Ausschalten aller Aktoren. Z-Wave Plus zertifizierte Geräte müssen die Kommandoklasse `Multi Channel Command Class` vollständig unterstützen.

4 Z-Wave Anwendungsschicht

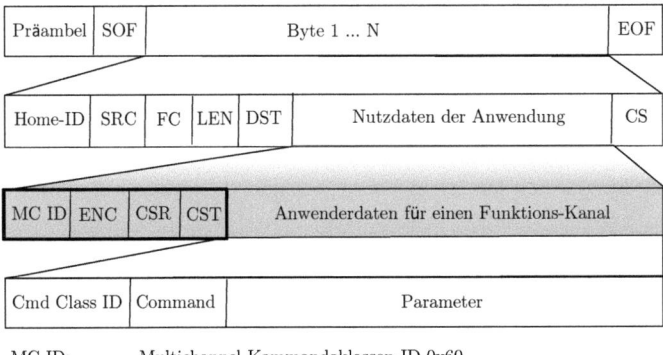

MC ID: Multichannel Kommandoklassen-ID 0x60
ENC: Multichannel Kommando 'Encapsulation' = 0x0D
CSR: Funktionskanal beim Sender
CST: Funktionskanal beim Empfänger
Cmd Class ID: ID der Kommandoklasse, 1 Byte
Command: Kommando der Kommandoklasse (z.B. SET)
Parameter: Zusätzliche Parameter oder Variablen

Abbildung 4.15: Einbettung eines Kommandos in eine Multikanal-Umgebung

4.3 Assoziationen

In den vorangegangenen Kapiteln wurde beschrieben, wie sich Geräte im Netz verständigen und wie diese im Netz korrekt konfiguriert werden. Während das Sammeln und Darstellen von Sensor- und Statusvariablen eine klar definierbare Aufgabe eines Controllers ist und ohne weitergehende Konfigurationsaufgaben durchgeführt werden kann, bedarf es zur Abbildung von Zusammenhängen von Ereignissen (bei Sensoren) und Auswirkungen (bei Aktoren) einer komplexeren Architektur.

Eine Assoziation definiert eine Beziehung Sensor → Aktor in einem Z-Wave-Netzwerk. Sie wird immer durch die folgende Struktur beschrieben:

WENN (... dies oder jenes passiert ...) → **DANN** (... tue dies oder das ...)

Einige Beispiele

WENN Taste 2 auf der Fernbedienung gedrückt wird → **DANN** schalte die Deckenleuchte ein.
WENN die Temperatur über 22°C steigt, → **DANN** reduziere die Heizung **UND** öffne das Fenster.

Um eine WENN→ DANN-Beziehung aufzubauen, müssen die folgenden Voraussetzungen erfüllt sein:

4 Z-Wave Anwendungsschicht

- Das Gerät, das die DANN-Aktion ausführen soll, muss identifiziert werden und in der Lage sein, die gewünschte Aktion auch auszuführen.
- Der Sensor oder Controller muss in der Lage sein, das WENN-Ereignis zu generieren.
- Das ausführende Gerät (der DANN-Aktion) muss dem Sensor oder Controller bekannt sein.

Die erste Anforderung ist sehr naheliegend. Wenn ein Deckenlicht - um bei dem Beispiel zu bleiben - eingeschaltet werden soll, so muss der Deckenlichtschalter ein Z-Wave-Gerät sein, dass über ein Funkkommando ein- und ausgeschaltet werden kann. Diese einfache Anforderung mag offensichtlich klingen - es gibt jedoch viele Beispiele, wo ein eingesetztes Gerät nicht in der Lage ist, die geforderte Funktion zu erbringen. Ein Beispiel wäre ein normaler Lichtdimmer, der nicht in der Lage ist, die Farbe einer LED- Leuchte zu verändern. Dazu braucht es ein spezielles RGB-Steuergerät.

Die zweite Anforderung ist ebenfalls offensichtlich. Eine Aktion kann nur aufgrund eines bestimmten Ereignisses erfolgen. Ein Tastendruck auf einer Fernbedienung ist ein einfach zu beschreibendes Ereignis, ein bestimmter Verlauf eines Messwertes (Temperatur muss mind. 5 Minuten über 20 Grad liegen) erfordert gegebenenfalls mehr Beschreibungs- , Konfigurations- und Implementierungsaufwand.

Digitale Sensoren wie Türkontakte erzeugen immer dann ein Ereignis, wenn sich der Sensorstatus ändert. Eine öffnende Tür wechselt in den EIN-Status, die schließende Tür damit in den AUS-Status. Bereits bei einem Bewegungsmelder wird es komplizierter. Die erkannte Bewegung wird einfach in den EIN-Zustand wechseln. Das Rückschalten in den AUS-Zustand bedarf aber bereits einer Konfiguration oder einer Spezifikation im Gerät. Es ist möglich, das der Bewegungsmelder bei Inaktivität sofort wieder zurückschaltet. Soll ein Bewegungsmelder aber eine Leuchte steuern, wäre ein solches Verhalten sehr verwirrend. Bleibt die Person im Raum stehen, geht das Licht aus. Daher haben die meisten Bewegungsmelder eine Ausschaltverzögerung. Erst nach längerer Inaktivität fällt der Bewegungsmelder wieder in den AUS-Zustand zurück.

Es ist auch möglich, dass ein Bewegungsmelder keinerlei Aktion anstößt, wenn die Verzögerungszeit abgelaufen ist. Weiterhin muss bei einem Bewegungsmelder eine minimale Zeit zwischen zwei Ereignissen definiert werden. Ansonsten würde er bei fortlaufender erkannter Bewegung permanent Ereignisse erzeugen.

Verzögerungs- und Totzeiten sind wichtige Konfigurationsparameter eines Bewegungsmelders. Einfache Bewegungsmelder werden diese Werte fest einstellen, höherwertige Geräte werden diese Parameter von Nutzern änderbar anbieten. Dies kann per Einstellregler am Gerät oder über die Kommandoklasse 'Konfiguration' erfolgen, die in Abschnitt 4.2.3 beschrieben ist.

4 Z-Wave Anwendungsschicht

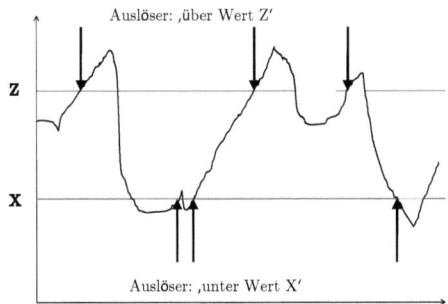

Abbildung 4.16: Wie ein *Trigger* arbeitet

Sensoren, die analoge Messwerte überwachen, können aus diesen Messwerten nicht direkt Ereignisse generieren. Innerhalb einer WENN (...) → DANN (...) Beziehung muss einem solchen Messwert ein Schwellwert hinzugefügt werden. Das Über- oder Unterschreiten dieses Schwellwertes (englisch *Trigger*) erzeugt dann das gewünschte und nutzbare Ereignis. Abbildung 4.16 zeigt wie das Über- oder Unterschreiten eines Schwellwertes zu einem Ereignis führt.

Die dritte Bedingung ist der eigentliche Kern der Assoziation. Sie setzt zwei Geräte miteinander in Beziehung, d.h. in Assoziation. Geräte, die eine Assoziation unterstützen sind also in der Lage, andere Geräte in Abhängigkeit von eingetretenen Ereignissen zu steuern. Sie bieten dazu sogenannte **Assoziationsgruppen** (Association Groups) an. Dies sind Listen von Geräteadressen, die beim

4 Z-Wave Anwendungsschicht

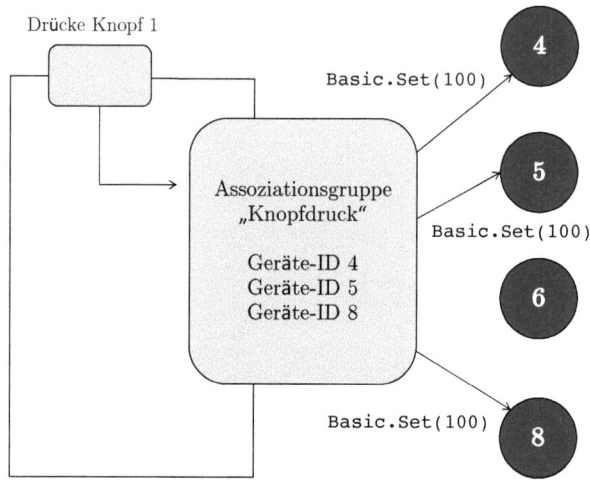

Abbildung 4.17: Alle Geräte einer Assoziationsgruppe empfangen ein Kommando, wenn ein Ereignis stattfindet

Eintreten eines Ereignisses gesteuert werden.

> Eine Assoziationsgruppe bezieht sich immer auf ein bestimmtes Ereignis des Gerätes und definiert eine Gruppe von Geräten, die beim Eintreten dieses Ereignisses durch ein auszusendendes Kommando gesteuert werden. (siehe Abbildung 4.17).

Dies bedeutet zum Beispiel, das jede Taste einer Fernbedienung einer Assoziationsgruppe zugeordnet ist. Nur

4 Z-Wave Anwendungsschicht

dann ist es möglich, dass unterschiedliche Geräte von unterschiedlichen Tasten gesteuert werden.
Assoziationsgruppen werden durch drei Parameter beschrieben:

(1) Was ist das Ereignis?

Er gibt eine Reihe von möglichen Ereignissen:

- Drücken einer Taste,

- Manipulationsalarm bei sicherheitsrelevanten Geräten,

- Erreichen eines definierten Schwellwertes eines gemessenen analogen Wertes,

- Erfolg oder Fehler beim Versuch, ein Türschloss zu öffnen.

Im Falle einer Tastensteuerung kann es sogar sein, dass pro Taste mehrere Assoziationsgruppen existieren:

1. Einfachklick der Taste

2. Doppelklick auf die Taste

3. Klick auf die Taste bei gleichzeitigem Gedrückt-Halten einer anderen Taste

Es zeigt sich das die Anzahl verschiedener Assoziationsgruppen ein Leistungsmerkmal eines Z-Wave-Gerätes ist. Einfache Geräte werden alle Ereignisse einer einzigen Assoziationsgruppe zuordnen. Damit wird die Firmware-Entwicklung des Gerätes vereinfacht und es wird weniger Speicher benötigt.

Die spezielle Assoziationsgruppe 'Lifeline'

Für Z-Wave-Plus-Geräte wurde eine spezielle Assoziationsgruppe definiert - sie sogenannte 'Lifeline'. Jedes Z-Wave Plus Gerät muss Assoziationen unterstützen und mindestens die Assoziationsgruppe 1 bereitstellen. Diese Gruppe, die Lifeline genannt wird, ist nicht mit einem bestimmten Ereignis am Gerät verbunden. In sie werden alle Kommandos gesendet, die ein Gerät zur zentralen Steuerung senden möchte. In der Regel sind dies Statusmeldungen, die der Controller benötigt, um den Zustand eines Gerätes korrekt darstellen zu können. Die Statusinformationen wird ein Controller auch ohne die Lifeline erhalten. Nur muss er sich dazu bei der Konfiguration des Gerätes in jede Assoziationsgruppe eintragen, um keine Statusänderung zu verpassen. Die Einführung der Lifeline führt also zu einer schnellen Konfiguration und vereinfacht die Arbeit des zentralen Controllers. Dieser Controller empfängt nun nur noch genau die Meldungen, die auch für ihn bestimmt sind. Diese Statusmeldungen sind nunmehr auch eindeutig. Ohne Lifeline kann es sein, dass ein Gerät auf zwei verschiedene Ereignisse hin in zwei Assoziationsgruppen ein BASIC-Kommando sendet, um die dort eingetragenen Geräte zu steuern. Das 'mitlesende' Gateway kann die BASIC-Kommandos aber nicht einem bestimmten Ereignis zuordnen und wird damit Fehler bei einer eventuell notwendigen Darstellung von Zuständen machen.

(2) Wie groß ist die Assoziationsgruppe?

Aus Speichergründen ist es unüblich, alle möglichen 232-1= 231 Geräte in einer Assoziationsgruppe zu speichern. Die maximale Anzahl an Geräten pro Assoziationsgruppe ist daher auf wenige Geräte beschränkt. Übliche Zahlen sind 5 oder 12, manchmal auch nur ein Gerät. [1]

Die Anzahl der Assoziationsgruppen und die maximale Anzahl an Geräteadressen pro Assoziationsgruppe wird von einem Controller meist während des Interviews - siehe Abschnitt 4.2.2 - abgefragt.

(3) Welche Kommandos werden gesendet?

Das durch eine Assoziationsgruppe zu sendende Kommando sollte der beim Zielgerät auszulösenden Funktion entsprechen. Um den Konfigurations- und Implementierungsaufwand gering zu halten, treffen die meisten Gerätehersteller die folgenden Vereinfachungen:

---

[1] Ein Z-Wave-Netzwerk kann maximal 232 Geräte adressieren. Die eigene Geräteadresse fällt aus naheliegendem Grund heraus.

4 Z-Wave Anwendungsschicht

1. Alle Geräte einer Assoziationsgruppe werden durch die Kommandoklasse *Basic* gesteuert.

2. Alle Geräte einer Assoziationsgruppe erhalten das gleiche Kommando. Im Falle der Kommandoklasse BASIC wäre dies der Befehl BASIC.Set() mit identischem Parameter.

Es gibt eine spezielle Kommandoklasse, mit der die Kommandos einer Assoziationsaktion näher spezifiziert werden können. Allein schon der Name dieser Kommandoklasse ist kompliziert genug: Assoziationskommandokonfigurations-Kommandoklasse, d.h. eine Kommandoklasse, mit der die Kommandos einer Assoziation konfiguriert werden können. Die Implementierung und Nutzung der Kommandoklasse steht der Namensgebung in der Komplexität nicht nach. Als Ergebnis implementieren nur sehr wenige Geräte diese Kommandoklasse, während die meisten Hersteller die oben genannten Vereinfachungen anwenden.

Einige digitale Sensoren erlauben aber zumindest den Parameter des auszusendenden Kommandos zu definieren. Diese Definition gilt jedoch dann wiederum für alle Geräte einer Assoziationsgruppe.

Ein Beispiel

Standard: Die Tür öffnet → BASIC.Set(1) wird gesendet, die Tür schließt → BASIC.Set(0) wird gesendet.

4 Z-Wave Anwendungsschicht

Eine Konfigurationseinstellung erlaubt, den Wert beim Öffnen auf → BASIC.Set(0) und beim Schließen auf → BASIC.Set(1) zu ändern.

Wie werden Assoziationsgruppen verwaltet?

Das Setzen und Löschen von Assoziationen erfolgt am einfachsten über eine graphische Benutzeroberfläche wie z.B. die Expert-UI von Z-Way. Dort werden die aktuell in einer Assoziationsgruppe eingetragenen Geräte-IDs angezeigt und es können neue Id eingetragen oder bestehende ID gelöscht werden. Mehr Informationen zur Verwaltung von Assoziationsgruppen finden sich in den Abschnitten 4.5.2 und 5.1.10.

4.4 Szenen

Eine Szene kann als Status eines Teils eines Hauses oder des gesamten Hauses verstanden werden. Genauer formuliert ist sie der Status einer Anzahl von Geräten in einem Haus. Szenen beziehen sich daher meist auf eine bestimmte Situation im Haus. Typische Szenenbezeichnungen sind

- Ich komme nach Hause.
- Ich bin (dann mal) weg.
- Wir sitzen beim Abendessen.

4 Z-Wave Anwendungsschicht

- Wir schauen TV.

Der Anwender definiert den gewünschten Status der verschiedenen Geräte in einer Szene.

4.4.1 Beispiele

In der Szene *'Ich bin nicht zu Hause'* ist definiert, dass alle Heizkörper im Energiesparmodus geschaltet sind; alle Lichter sind ausgeschaltet und die Tür ist verschlossen.

Wenn und nur wenn alle Geräte, die an einer Szene beteiligt sind, genau in gleicher Weise gesteuert würden, dann könnte eine Szene sehr einfach durch eine Assoziationsgruppe realisiert werden. Eine Taste einer Fernbedienung würde eine einzige Assoziationsgruppe steuern, in der alle beteiligten Geräte gespeichert sind. Eine komplett identische Ansteuerung aller Geräte in einer Szene entspricht jedoch sehr selten den Anforderungen des Nutzers.

Beispielszene: 'Ich bin dann mal weg'

- *Kommando Setze(0) an Deckenlicht 1*
- *Kommando Setze(0) an Deckenlicht 2*
- *Kommando Dimme(50%) an die Außenleuchte*
- *Kommando Thermostat.Energiespar-Modus() an die zentrale Heizungssteuerung*

4 Z-Wave Anwendungsschicht

- *Kommando Verriegeln() an die Vordertür*
- *Kommando Verriegeln() zur Veranda-Tür*

Wie bei Assoziationsgruppen müssen für die Szenenaktivierung drei Voraussetzungen erfüllt sein:

- Alle Aktoren müssen identifiziert sein.
- Die Steuerung ist in der Lage, ein Ereignis zu definieren.
- Die Steuerung weiß, welcher Aktor mit welchem Kommando anzusteuern ist.

Im Vergleich zu Assoziationen sind derartige Szenen aufwändiger zu definieren und zu konfigurieren, da für jedes Gerät ein individuelles Steuerkommando pro Szene festgelegt werden muss. Damit müssen für eine Szene deutlich mehr Daten als bei einer Assoziationsgruppe gespeichert werden. Daher unterstützen nur wenige Fernbedienungen eine Szenensteuerung, während Assoziationsgruppen in nahezu jedem Sensor und auch in allen Steuerungen implementiert sind. Abbildung 4.18 zeigt, wie eine Szene in einer Steuerung ausgeführt wird.

Szenensteuerungen sind in der Regel in drei verschiedenen Gerätearten realisiert:

- Einige Fernbedienungen bieten zusätzliche Szenensteuerungen neben den normalen Assoziationsgruppen. In der Regel haben sie dedizierte Steuertasten für bestimmte Szenen.

4 Z-Wave Anwendungsschicht

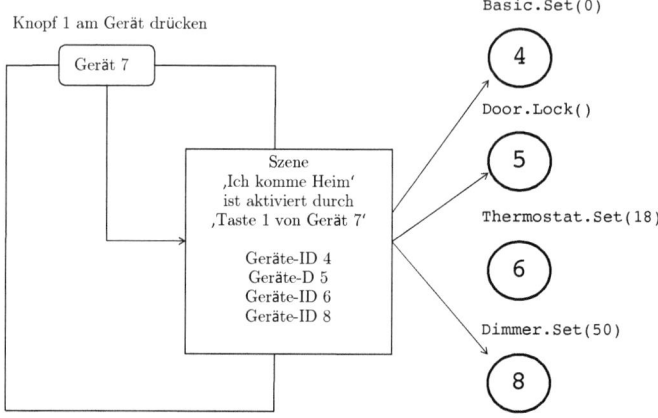

Abbildung 4.18: Aktivierung einer Szene

- Besonders in Nordamerika existieren dedizierte Szenensteuerungen als Wandsteuerung. Sie können mehrere Szenen speichern und per Tastendruck ausführen. Beispiele für derartige Geräte stammen von den Unternehmen Leviton, Cooper oder Linear (alle USA). Ein Beispiel zeigt die Abbildung 4.19.

- Die bei weitem meist verbreitete Art, Szenen zu steuern, ist die Verwendung eines statischen (sprich permanent funkaktiven Controllers) auch IP Gateway genannt. Diese Controller implementieren meist auch einen Zugang zum Internet und damit eine Steuermöglichkeit über einen Webbrowser oder ein Mobiltelefon. Sie bieten genügend Speicher, um auch komplexeste Szenen definieren zu können.

Normale Tasten oder Schalter, die zur Steuerung von Assoziationsgruppen verwendet werden, haben eine Funktion zum AN- und eine Funktion zum AUS-Schalten der Geräte in der Assoziationsgruppe. Ein langes Drücken auf eine Taste ist mitunter zusätzlich zum Dimmen von assoziierten Dimmern implementiert. Szenensteuerungen kennen kein AN oder AUS. Der Grund dafür ist, dass das Ausschalten einer Szene nicht klar definiert und auch nur sehr schwer zu implementieren ist.

Das Ausschalten einer Szene würde bedeuten, das alle Geräte wieder in den Ausgangszustand vor der Aktivierung der Szene zurückgesetzt werden müssten. Diese Zustände müssen dann vor Aktivierung der Szene ermittelt werden. Nachdem die Szene aktiviert wurde, können einzelne Geräte wiederum individuell anders geschaltet worden sein. Eine Rückkehr zur Situation vor Aktivierung der Szene wäre dann mitunter kontraproduktiv. Weiterhin können Geräte mehreren Szenen zugeordnet werden, was die Chance auf Fehlbedienung durch die Rückkehr zu einem alten Zustand noch erhöht. Daher wird meist nur das Aktivieren einer Szene unterstützt.

4.4.2 Szenen-Schnappschuss

Die meisten dedizierten Szenensteuerungen ermöglichen das Programmieren von Szenen über Z-Wave-Funkkomman/-dos. Für den Fall, dass keine Software oder kein IP-

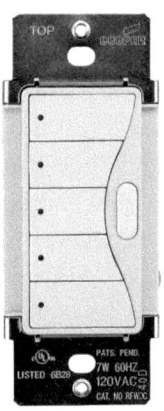

Abbildung 4.19: Szenencontroller für Wandmontage, Hersteller: Cooper

Gateway zum Programmieren der Szenen zur Verfügung steht, bieten manche Szenensteuerungen einen schönen Trick: den Szenen-Schnappschuss.

1. Als erster Schritt werden alle Geräte für die Szene ermittelt. Sie werden der Taste zugeordnet (Assoziation), die die Szene später aktivieren soll.

2. Alle diese Geräte werden nun in den Zustand geschaltet, den sie beim Aktivieren der Szene einnehmen sollen.

3. Ein spezielles Kommando, zum Beispiel ein langes Drücken speichert nun diese Zustände als Szene. Die Szenensteuerung weiß mit welchem Kommando (Schalten, Dimmen) der Zustand gesteuert werden muss.

Jeder weitere Betätigung der betreffenden Szenentaste wird nun genau die gespeicherten Zustände der beteiligten Geräte wieder herstellen, indem die dafür notwendigen Funkkommandos nacheinander ausgesandt werden. Dies ist ein sehr bequemer Weg zum Programmieren von Szenen ohne entsprechende Programmierwerkzeuge mit großem Bildschirm.

4.4.3 Definition von Szenen in einem zentralen Controller

Zentrale Controller oder IP-Gateways bieten aufgrund ihrer Rechen- und Speicherkapazität sowie ihrer Bedienbarkeit über große Bildschirme ideale Voraussetzungen zur Definition von Szenen. Verschiedene Hersteller verfolgen dabei verschiedene Bedienstrategien aber die gemeinsame Idee ist, dass ein Anwender einer Reihe von Geräten einen definierten Schaltzustand zuweisen kann und diese Definition dann als Szene mit einem zu wählenden Namen gespeichert wird. Über eine Schaltfläche kann diese Szene danach immer wieder aufgerufen und damit der gewünschte Zustand der Geräte wieder hergestellt werden. Abbildung 4.20 zeigt exemplarisch eine solche Definitionsoberfläche, die immer die folgenden drei Arbeitsschritte erfordert:

- Auswahl der Geräte, die einer Szene zugehören sollen.
- Auswahl des Schaltzustandes für alle diese Geräte
- Festlegen eines Namens und Speichern der Szene.

Für die interne Verwaltung dieser Szenen werden diese nicht nur mit einem Namen sondern mit einer internen Szenen-ID versehen. Mit der Central Scene-Kommandoklasse bietet Z-Wave eine explizite Funktion, mittels Senden eine speziellen ID eine definierte Szenen zu aktivieren.

4.4.4 Aktivieren von Szenen mit Zeitgebern

IP-Gateways bieten auch bei der Aktivierung von Szenen ganz neue Möglichkeiten. Dank der in jedem Rechner vor-

4 Z-Wave Anwendungsschicht

Abbildung 4.20: Szenendefinition in einem IP-Gateway

handenen Uhr können Szenen automatisch und ohne Zutun eines Anwenders aktiviert werden. Dies ist insbesondere bei ständig wiederkehrenden Aufgaben sehr sinnvoll.

Die Konfigurationsmöglichkeiten der Zeitgeber unterscheiden sich wiederum von Gateway zu Gateway. Gemeinsam ist ihnen die Möglichkeit, verschiedene Zeitmuster zur Aktivierung zu definieren. Beispiele dafür sind:

- Einzelereignis: am 7. Juli 2014, 8:45
- Periodisch jeden Tag: Freitag morgen 09:00
- Periodisch: jede Minute

Abbildung 4.21 zeigt ein Beispiel einer Nutzerschnittstelle zur Definition von Zeitgebern.

4.4.5 Aktivieren von Szenen mit Funkkommandos

Die Definition und Aktivierung von Szenen in einem Z-Wave-Netz wird von einigen dafür entworfenen Kommandoklassen unterstützt.

- **Szenenaktivierung** (Scene Activation): Diese Kommandoklasse definiert spezielle Ereignisse zur Aktivierung einer Szene. Es wird die Nummer der zu aktivierenden Szene übermittelt.

- **Konfiguration der Szenensteuerung** (Scene Controller Activation): Diese Kommandoklasse wird genutzt,

4 Z-Wave Anwendungsschicht

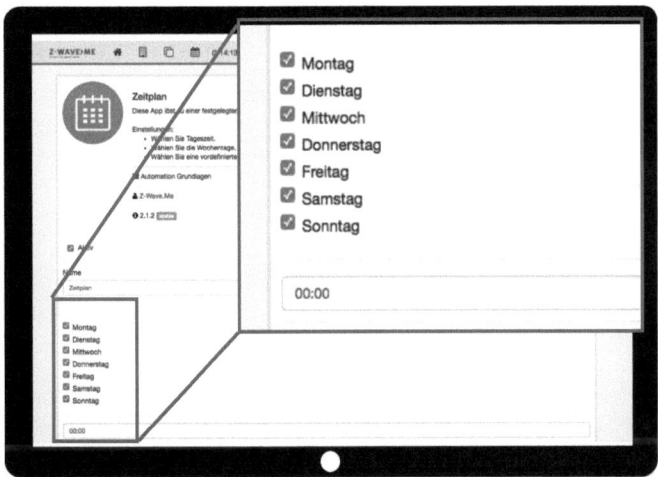

Abbildung 4.21: Beispiel für eine GUI zur Definition von Zeitgebern

um eine Szenen-Nummer einer bestimmten Assoziationsgruppe und damit einem bestimmen Ereignis zuzuordnen. Als Resultat aktiviert das der Assoziationsgruppe zugeordnete Ereignis die entsprechende Szene durch Aussenden einer Szenenaktivierung und nicht wie sonst durch Aussenden normaler `BASIC`-Steuerkommandos. Diese Kommandoklasse ist eine Vereinfachung der bereits besprochenen sehr komplexen Kommandoklasse `'Association Command Configuration Command Class'`.

- **Konfiguration des Szenenaktor** (`Scene Actuator - Configuration`): Es ist möglich, bei bestimmten diese Kommandoklasse unterstützenden Aktoren den gewünschten Status für eine bestimmte Szene vorher festzulegen. Wird das Szenenaktivierungskommando an einen solchen Aktor gesendet, schaltet er automatisch in den vorher schon definierten Zustand. Leider implementieren nur sehr wenige Aktoren diese Kommandoklasse und damit diese Funktion.

- **Zentrale Szene** (`Central Scene`):

Wird ein Netz mit einem zentralen Controller oder IP-Gateway betrieben, dann werden die allermeisten Szenen genau in diesem Controller zentral abgelegt. Damit macht es Sinn, eine Kommandoklasse `Central Scene` zu nutzen, die eine eindeutige Szenen-Id an den zentralen Controller sendet. Dort kann

4 Z-Wave Anwendungsschicht

diese Id mit einer bestimmten Szene verknüpft werden.

Dezentrale Steuerungen wie Wandschalter oder Fernbedienungen werden unterschiedliche Szenen-ID bei Drücken unterschiedlicher Tasten senden. Dazu wird noch übertragen, ob die Taste kurz, lang oder mehrfach gedrückt wird. Dieser Unterschied kann ebenfalls zur Steuerung von unterschiedlichen Szenen verwendet werden.

Dies begrenzt die Behandlung von Szeneninformationen auf Geräte, die eine Szenenaktivierungs-Nachricht explizit aussenden können.

Anwender erwarten aber, von verschiedenen Geräten, insbesondere aber von Wandschaltern und Fernbedienungen aus, Szenen aktivieren zu können. Die meisten dieser Geräte sind jedoch nur für das direkte Steuern von Geräten mittels Assoziationsgruppen und nicht für die Aktivierung von Szenen entwickelt worden.

Dies schafft eine Herausforderung bei der Implementierung von zentralen Controllern und IP-Gateways:

- Sie empfangen Kommandos von Geräten, die nicht zum Aktivieren von Szenen entworfen wurden.

- Sie müssen diese Nachrichten als Aktivierungskommando für eine Szene interpretieren.

- Sie müssen unterschiedliche Ereignisse vom gleichen

Gerät unterscheiden, um unterschiedliche Szenen zu aktivieren.

Um die zu erreichen, nutzen IP-Gateways verschiedene Tricks.

Szenen-Aktivierungs-Kommandos

Wie bereits oben beschrieben ist das direkte Aussenden einer Szenen-Nummer der beste Weg, eine gewünschte Szene in einem Gateway zu aktivieren. Unterschiedlichen Tasten oder unterschiedlichen Ereignissen werden unterschiedliche Szenen-Nummern zugeordnet. Unterstützt ein Steuergerät das direkte Aussenden von Szenen-Nummern, bedarf es in einem Gateway keiner weiteren Arbeit zur Unterscheidung der Herkunft eines Kommandos zur Szenenaktivierung.

Assoziationen

Assoziationen werden genutzt, um Steuerkommandos an zu steuernde Geräte zu senden. Dazu werden wie oben beschrieben `BASIC.Set()`-Kommandos vom steuernden an das gesteuerte Gerät gesendet.

Dieses BASIC-Kommando kann auch an ein Gateway gesendet werden, um dort eine Szene zu aktivieren. Das Gateway muss nun die Herkunftsadresse auswerten und anhand dieser Adresse die Szene auswählen, die aktiviert werden sollte.

4 Z-Wave Anwendungsschicht

Dies wird ohne Probleme funktionieren, wenn pro Gerät nur eine einzige Assoziationsgruppe vorhanden ist und diese Assoziationsgruppe auch nur genau einem Ereignis - einer einzigen Taste oder einem einzigen Sensorwert - zugeordnet ist. Eine weitere Unterscheidung wäre nur noch, zwischen den Werten 0 und 1 zu unterscheiden, die als BASIC-Set-Kommandos ausgesendet werden. Damit können bei geschickter Konfiguration zwei verschiedene Szenen aktiviert werden.

Hat ein Steuergerät jedoch mehr als eine Assoziationsgruppe, d.h. mehr als eine Taste oder mehr als ein Ereignis, das zum Aussenden eines Steuerkommandos genutzt wird, dann kann das Gateway den Grund für das empfangene Kommando - gedrückte Taste oder ein anderes Ereignis - nicht mehr unterscheiden. Eine sinnvolle Szenenaktivierung ist damit nicht mehr möglich.

Multikanal-Assoziation

Ein Trick, trotz nicht vorhandener Szenenaktivierungs--Kommandoklasse unterschiedliche Ereignisse zu unterscheiden bietet die Multikanal-Assoziation. Der Controller muss dabei in der Lage sein, mehrere Empfangskanäle zu emulieren und einem anderen Gerät damit mehrere Einzelgeräte vorzuspiegeln.

Unterschiedliche Ereignisse senden nun weiterhin per Assoziationsgruppe das gleiche Kommando BASIC SET aus, wählen dazu aber unterschiedliche Empfangskanäle im Gateway. Das Gateway kann anhand des Empfangskanals die korrekte Szenen-Nummer zuordnen.

Die sendende Steuerung muss dazu Multikanal-Assoziationen unterstützen und das Gateway muss ein Multikanalgerät emulieren. Zusätzlich entsteht ein etwas höherer Konfigurationsaufwand.

Virtuelle Geräte

Ein weiterer Trick, trotz nicht vorhandener Szenenaktivierungs-Kommandoklasse unterschiedliche Ereignisse zu unterscheiden, sind virtuelle Geräte. Das Gateway, obwohl physisch und auf Funkebene ein einziges Gerät, emuliert mehrere Z-Wave-Geräte. In die unterschiedlichen Assoziationsgruppen des Steuergerätes werden nun unterschiedliche Geräteadressen der virtuellen Geräte eingetragen und damit kann das Gateway, das ja alle Kommandos aller emulierten virtuellen Geräte empfängt anhand der Zieladresse des `BASIC.Set()`-Kommandos wiederum die korrekte Szene zum korrekten Ereignis zuordnen. Der Vorteil dieses Tricks gegenüber der Multikanal-Assoziation ist, dass beim steuernden Gerät keine Unterstützung der deutlich komplexeren Multikanal-Assoziation vorhanden sein muss.

Leider werden virtuelle Geräte nur von wenigen Gateways unterstützt, da eine entsprechende Implementierung direkt im Z-Wave-Chip erfolgen muss und viel Speicher benötigt. Zusätzlich stehen die Geräte-Adressen der emulierten virtuellen Geräte nicht mehr zur Adressierung von realen Geräten zur Verfügung.

4.4.6 Aktivieren von Szenen durch logische Verbindungen

Viele Szenen sollen nicht nur einfach durch einen Zeitgeber oder ein Ereignis aus dem Funknetz sondern durch eine Kombination aus mehreren Eingangsgrößen aktiviert werden. Eine Abendbeleuchtung soll als Beispiel immer durch einen Besucher in einem Zimmer ausgelöst werden aber eben nur am Abend angeschaltet werden.

Dazu müssen verschiedene Eingangsgrößen logisch miteinander verknüpft werden. Die meisten Gateways bedienen sich dazu binärer Logik. Diese binäre Logik kennt die folgenden Verknüpfungsarten:

- **UND** (engl. *AND*)
- **ODER** (engl. *OR*)
- **NICHT** (engl. *NOT*)

Mit diesen drei Elementen können selbst komplexeste Zusammenhänge von Eingangsgrößen beschrieben werden. Im Falle des Abendlichtes ist die Aussage recht einfach:

WENN (es ist Abend) **UND** (Bewegungsmelder aktiviert) → **DANN** (aktiviere Szene)

4 Z-Wave Anwendungsschicht

Es können auch mehr als zwei Eingangsgrößen miteinander über diese Logik verknüpft werden. Dabei sind jedoch zwei wichtige Punkte zu beachten:

- Es müssen unter Umständen Klammern gesetzt werden, um die Eindeutigkeit der Aussage zu erhalten. Die Aussage 'A und B oder C' hat zwei Bedeutungen: (1) Mindestens A und dann noch entweder B oder C , (2) Entweder die Kombination aus A und B oder einfach nur C.

- Es muss zwischen Status-Werten und Ereignissen unterschieden werden. Eine Szene kann immer nur von einem einzigen Ereignis ausgelöst werden, dies aber durchaus in Abhängigkeit von anderen Status-Werten (Zuständen von Geräten oder anderen Variablen in der Steuerung). Ein Ereignis tritt genau in einem Moment auf und aktiviert die Szene. Würde eine Szene von dem Eintreten von zwei Ereignissen abhängen (UND-verknüpft), dann müssten diese beiden Ereignisse exakt synchron auftreten, um die betreffende Szene zu aktivieren.

Bei Verknüpfungen wird daher immer nur ein einziges (final auslösendes) Ereignis definiert und zusätzlich eine beliebige Anzahl an Status-Werten. Status-Werte sind Zeiträume wie 'abends' (nicht genau 17.00 - das ist ein Ereignis), Schaltzustände eines Schalters (nicht der Einschaltmoment, der ist ein Ereignis) oder den Zustand eines Türsensors (nicht der

Zustandswechsel zum Beispiel von ZU auf AUF, das ist ein Ereignis)

Die nutzerfreundliche und intuitiv verständliche Beschreibung von logischen Verknüpfungen ist sehr schwer und bisher existiert noch keine allgemein anerkannte Methode, diese Verknüpfungen darzustellen. Daher bieten manche IP-Gateways sie gleich gar nicht an oder andere versuchen mit Farben und Formen die Definition zu erleichtern. Abbildung 4.22 zeigt eine mehr oder weniger gelungene Nutzerschnittstelle zur Definition von logischen Verknüpfungen.

4.4.7 Komplexe Szenen mit Scripting

Logische Zusammenhänge sind nur bis zu einer gewissen Komplexität durch Kombination der logischen Grundelemente UND, ODER oder NICHT zu erreichen. Für noch komplexere Aufgaben müssen Programmier-Skripte erstellt werden.

Dazu folgendes Beispiel:

- Ein externer Regensensor liefert eine digitale Information, ob es regnet (Wert = 1) oder nicht (Wert = 0).

- Eine aktive Fenstersteuerung kann das Fenster öffnen (Kommando(1)) oder schließen (Kommando Set(0))

- Eine Jalousiesteuerung kann die Jalousie hoch (Kommando(1)) oder herunterfahren (Kommando(0))

4 Z-Wave Anwendungsschicht

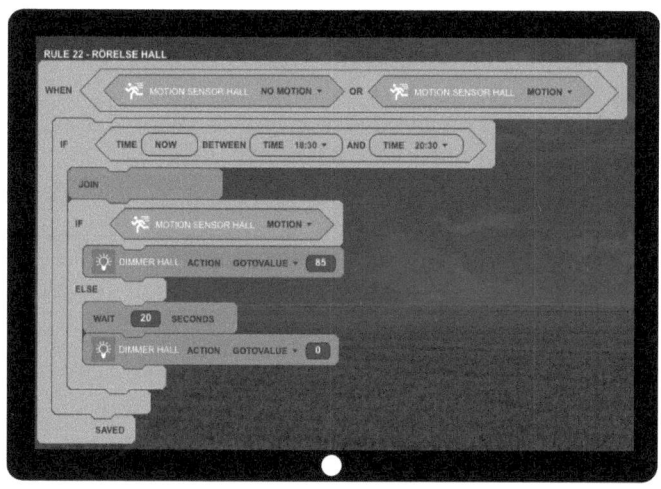

Abbildung 4.22: Beispiel für eine GUI zur Definition von logischen Verbindungen

4 Z-Wave Anwendungsschicht

Ein Steuer-Skript dafür könnte wie folgt aussehen:

Listing 4.1: Pseudo-Code zum Steuern eines Fensters

```
if rainsensor.status != 1:
        windowMotorControl.Set(0)
        // Fenster schliessen
        while windowMotorControl.status != 0:
            sleep 1;
        jalousieController.Set(1)
else:
jalousieController.Set(0)
        while jalousieController.status != 0:
            sleep 1;
        windowMotorControl.Set(1)
        //Fenster oeffnen
```

Die erste und offensichtliche Funktion ist das Öffnen und Schließen des Fensters in Abhängigkeit vom Regen. Das Fenster darf allerdings nicht geöffnet werden, wenn die Jalousie heruntergefahren ist. Dies würde das Fenster zerstören. In diesem Falle muss das Skript warten, bis die Jalousiesteuerung die obere Endlage der Jalousie meldet.

In einer realen Anwendung würde dieses Skript zeitgesteuert aufgerufen. Auch hier kann Intelligenz hinzugefügt werden, in dem das Dachfenster je nach Jahreszeit am Mittag (im Winter soll möglichst warme Luft ins Haus) oder um Mitternacht (im Sommer soll möglichst kühle Luft ins Haus) gesteuert wird.

Mit Skripts kann mit etwas Programmiererfahrung nahezu jede Abhängigkeit und Komplexität implementiert werden.

4.4.8 Vergleich zwischen Assoziationsgruppen und Szenen

Sowohl Assoziationsgruppen als auch Szenen sind ein sinnvolles Instrument, um Beziehungen zwischen Sensoren, Steuerungen und Aktoren herzustellen. Sie können auch gemischt werden. Es ist aber zu empfehlen, sich auf ein Konzept zu fokussieren, um die Wartbarkeit des Netzes zu erhöhen.

Assoziationen haben einen wichtigen Vorteil. Sie werden dezentral ausgeführt. Komplexe Szenen benötigen immer den zentralen Controller. Ist dieser einmal nicht vorhanden oder seine Funktion gestört, dann wird die Szene nicht ausgeführt. Bei Assoziationen wird das Steuerkommando dezentral direkt von einem Sensor zu den Aktoren gesendet. Assoziationen sind damit viel robuster und können logische Rückfallebenen für den Fall bilden, dass die Zentralsteuerung nicht in der Lage ist, eine bestimmte Funktion auszuführen. Die direkte Kommunikation bei einer Assoziation wird auch immer schneller erfolgen als der Umweg über die zentrale Steuerung, die eventuell noch andere dringende Funkpakete zu bearbeiten hat.

Tabelle 4.5 zeigt einen Vergleich zwischen Szenen und Assoziationsgruppen mit ihren jeweiligen Vor- und Nachteilen:

4 Z-Wave Anwendungsschicht

Methode	Assoziations-Gruppen	Szenen
Einfachheit bei Einrichtung	sehr einfach	kompliziert
Aktivieren von Wandschaltern aus	einfach	kann kompliziert werden
Funktioniert auch, wenn IP Gateway, PC Software oder Cloud-Service nicht verfügbar ist	Ja	Nein
über Zeitgeber aktivierbar	Nicht möglich	möglich
Mischen verschiedener Schaltzustände	Nicht möglich	möglich
Aktivierbar über Webinterface oder Mobiltelefon	Nicht möglich	möglich

Tabelle 4.5: Vergleich zwischen Assoziationsgruppen und Szenen

Der Vergleich zeigt, dass Assoziationen leichter zu definieren sind, aber in ihren Funktionen begrenzt bleiben. Szenen sind deutlich komplexer in der Konfiguration, bieten aber deutlich mehr Möglichkeiten, Abhängigkeiten und Beziehungen zwischen Geräten im Z-Wave-Netzwerk zu definieren.

4.5 Nutzerschnittstellen

Die Nutzerschnittstelle zur Konfiguration und Bedienung des intelligenten Hauses ist der letzte Baustein zur Realisierung eines Z-Wave-basierten Netzes.

Es gibt beim Entwurf einer Nutzerschnittstelle kein Richtig oder Falsch. Nutzerschnittstellen hängen von Stil- und Designfragen, Nutzerwissen, Nutzererwartungen und anderen nur unscharf fassbaren Eingangsgrößen ab (... und ja, auch von den Entwicklern, die ihre eigenen Ideen und Präferenzen einfließen lassen). Jeder Hersteller verfolgt seine eigene Philosophie beim Entwurf von Nutzerschnittstellen, so dass eine Beschreibung aller dieser Funktionen und Ideen den Rahmen dieses Buches sicher sprengt.

Z-Wave definiert nur sehr wenige Aspekte von Nutzerschnittstellen und gibt damit den Herstellern große Freiheiten bei der Implementierung ihrer Produkte und Dienste.

Trotzdem gibt es einige Gemeinsamkeiten, die über Hersteller- und Produktgrenzen hinweg gültig sind.

4.5.1 Wandschalter und Fernbedienungen

Wandschalter und Fernbedienungen haben meist nur Tasten und LEDs zur Interaktion. In sehr seltenen Fällen existieren kleine LCD-Displays. Dann sind Setup, Management und Steuerung eines Netzes einfach zu verstehen, Ansonsten wählt jeder Hersteller unterschiedliche LED-Blink-Sequenzen und Tastenkombinationen zur Implementierung der notwendigen Gerätefunktionen.
Eine Reihe von Wandschaltern nutzt

- eine rote LED um Fehler anzuzeigen. Existiert nur eine LED, werden Fehler meist durch eine schnelle Blinksequenz angezeigt.

- Eine grüne LED signalisiert Erfolg.

- Blinkende oder flackernde LEDs zeigen eine Datenübertragung an.

- Langsam blinkende LEDs zeigen einen bestimmten Betriebszustand an wie zum Beispiel den Inklusionsmodus.

Abbildung 4.23 zeigt eine Fernbedienung mit speziellen Tasten zur Steuerung der Netzmanagementfunktionen. Hinter einer Abdeckung liegen Tasten zur Inklusion, Exklusion, für den Lernmodus und zum Setzen und Löschen von Assoziationen.

4 Z-Wave Anwendungsschicht

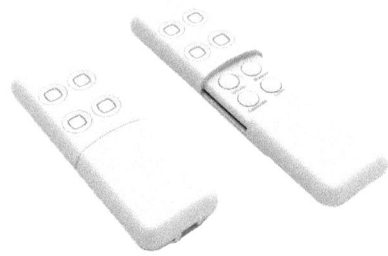

Abbildung 4.23: Dedizierte Tasten zur Netzsteuerung einer Fernbedienung

Quelle: Aeotech

4.5.2 Installationswerkzeuge

Installationswerkzeuge sind meist spezielle Software-Programme, die nur während der Installation und der Konfiguration des Netzes sinnvoll genutzt werden. Sie bieten in der Regel keine Nutzeroberfläche für den Anwender selbst.

Installationswerkzeuge bieten in der Regel die folgenden Funktionen:

1. Inklusion, Exklusion

2. Setzen und Managen von Konfigurationsparametern wie in Kapitel 4.2.3 beschrieben.

3. Management der Assoziationen

4 Z-Wave Anwendungsschicht

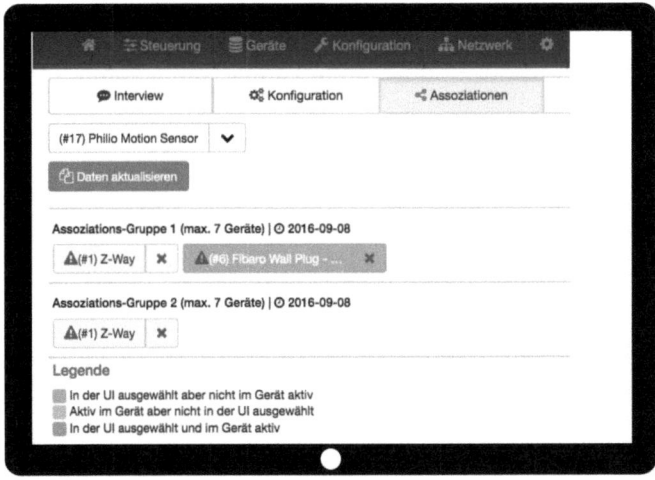

Abbildung 4.24: Graphische Assoziationsverwaltung

4. Management des Routing

Assoziationen können durch sehr einfache generische Nutzerschnittstellen verwaltet werden. Ein Beispiel dafür ist in Abbildung 4.24 dargestellt.

4.5.3 Web-Schnittstellen und Apps

Web- oder Mobiltelefon-Schnittstellen für das intelligente Haus bieten meist die drei folgenden Grundfunktionen:

1. Darstellung von Sensorwerten
2. Direkte Steuerung von Aktoren

4 Z-Wave Anwendungsschicht

Abbildung 4.25: Beispiel einer Nutzerschnittstelle auf einem Mobiltelefon

3. Aktivierung von Szenen

In Abhängigkeit von der verwendeten Grafik und der verfügbaren Bildschirmgröße sind Webschnittstellen unterschiedlich komplex. Es gibt sehr simple Listendarstellungen, aber auch Oberflächen mit viel animierter Grafik. Ein weiteres übliches Stilmittel ist es, Geräte und Funktionen dem Grundriss eines Hauses oder einer Wohnung zuzuordnen.

Abbildung 4.25 zeigt ein Beispiel einer sehr einfachen Web-Oberfläche, die speziell an den Stil und die Bildschirmgröße eines Mobiltelefons angepasst ist. Andere Oberflächen mögen bunter und mit mehr Stilelementen versehen sein; sie bieten aber in der Regel kaum einen größeren Funktionsumfang.

4.6 Funksicherheit im Smart Home

Sicherheit ist ein bedeutender Faktor im Smart Home. Sicherheitsaspekte beinhalten die Gefahr, dass Detail des Privatlebens für Hacker, aber auch für Geheimdienste oder Energieversorger sichtbar sind. Es gibt aber auch Bedenken, das Angreifer Funktionen des Hauses übernehmen können und so zu ungewollter Zeit das Licht oder die Heizung an- oder ausschalten oder gar die Wohnungstür öffnen, damit Einbrecher lautlos und unerkannt in das Haus oder die Wohnung kommen.

Sicherheit ist gleichermaßen ein wichtiger Aspekt der Informationstechnik im Allgemeinen. Allerdings können die Gegebenheiten, Angriffsszenarien und Abwehrmechanismen nicht eins zu eins auf das Smart Home übertragen werden. Trotzdem macht es Sinn, einige allgemeine Prinzipien von IT-Sicherheit zu verstehen.

4.6.1 Allgemeine Informationen über Sicherheit und mögliche Angriffsversuche

Sicherheit in der Informationstechnik bedeutet den Schutz gegen drei prinzipielle Angriffsmethoden:

- Ein Angreifer bekommt Zugang zu privaten Daten.

- Ein Angreifer kann im Namen und in der Autorität des Angegriffenen Dinge tun.

- Eine Dienstleistung ist durch einen Angriff nicht mehr für den Angegriffenen nutzbar. Diese Methode wird auch als *Denial of Service* bezeichnet.

Es gibt grundsätzlich zwei Prinzipien, um Informationstechnik gegen Angreifer zu schützen:

- Verschlüsselung von Daten,
- Authentifizierung und Autorisierung.

Verschlüsselung schützt Daten davor, von nichtautorisierten Personen gelesen zu werden. Autorisierung und Authentifizierung stellt sicher, das genau nur die Person Zugang zu einem Service oder zu Daten erhält, die dafür auch die notwendigen Rechte besitzt.

Beide Mechanismen wurden entworfen, um die Übertragung von sensiblen und privaten Daten bzw. sensiblen und privaten Diensten über das Internet oder andere öffentlich zugängliche Datennetze zu schützen. Dies entspricht aber nicht genau der Situation im Smart Home.

4.6.2 Verschlüsselung

Die Steuerung im Smart Home erfolgt im Gegensatz zur üblichen Datenkommunikation im Internet über kleine Datenpakete, deren Inhalt zudem dank Standardisierung allgemein bekannt ist.

In einigen Fällen ist der Sicherheitsgewinn durch Verschlüsselung sogar komplett Null. Ein perfektes Beispiel dafür ist die sogenannte Wakeup-Nachricht, die batteriebetriebene Geräte im Aufweck-Moment an die zentrale Steuerung senden (Weitere Informationen zu diesem Mechanismus finden sich in Kapitel 4.2.4). Selbst, wenn diese Nachricht sehr stark verschlüsselt wäre; die Information ist hier nicht in der Nachricht sondern die Information ist die Nachricht an sich.

Allerdings gibt es durchaus Messdaten im Smart Home, die für einen Angreifer interessant sein könnten und damit verschlüsselt werden sollten. Dies betrifft aber nur einen kleineren Teil der Kommunikation.

Verschlüsselung benötigt Schlüssel und diese Schlüssel müssen auf beiden Enden der Kommunikationsbeziehung vorhanden sein. Damit ergeben sich zwei prinzipielle Angriffsziele auf eine verschlüsselte Verbindung:

- Entschlüsseln der empfangenen oder mitgelesenen Nachrichten. Ein solcher Angriff benötigt allerdings eine erhebliche Menge von Daten, so dass statistische Methoden auf diese Daten angewendet werden können. Die wenigen und dazu noch kurzen Datenpakete im Smart Home sind dazu denkbar ungeeignet.

- Ermitteln des Schlüssels. Die Schlüssel müssen bei Smart Home Geräten entweder im Haus vor der erstmaligen Kommunikation ausgetauscht werden oder sie sind bereits in der Produktion in die entsprechenden Geräte programmiert. Diese Vor-Programmierung ist zum einen riskant und zum anderen nur möglich, wenn alle Geräte von einem oder von einer sehr kleinen Gruppe von Herstellern kommen, die den geheimen Schlüssel entsprechend schützen können. Wird dieser Schlüssel nur ein einziges Mal publik, sind alle Geräte mit diesem Schlüssel angreifbar.

Beide Verfahren zur Schlüsselverteilung werden heute im Smart Home eingesetzt.

4.6.3 *Replay*-Attacke

Die eigentliche Gefahr im Smart Home ist, das ein Angreifer ein Paket mitliest oder gar abfängt (der eigentliche Empfänger kann es dann nicht mehr lesen) und dieses dann im falschen Moment wieder aussendet. Wenn es dem Angreifer gelingt, das Datenpaket zu einer bestimmten Aktion im Haus zuzuordnen, kann dies recht unangenehme Folgen für den Bewohner haben. Der Angreifer könnte dann zum Beispiel nachts das Licht einschalten, die Heizung ab oder sehr hoch drehen oder gar die Wohnungstür öffnen. Für diese Angriffsmethode ist es irrelevant, ob die Daten verschlüsselt waren oder nicht. Es reicht, wenn das analoge Funksignal empfangen und danach wieder ausgesendet wird. Dies wird *Replay*-Attacke genannt.

Der einzige Weg, sich wirksam vor einem solchen Angriff zu schützen ist die Verwendung von Transaktionsnummern, die nur für genau ein Datenpaket gültig sind. Jedes neue Datenpaket wird dann mit einer neuen Sequenznummer gesendet und empfangen. Dieses Verfahren wird unter anderen bei Funkschlüssel für moderne Fahrzeuge verwendet. Jedes Mal, wenn der Schlüssel betätigt wird, wird eine andere Steuersequenz ausgesendet. Die Sendereihenfolge ist sowohl im Schlüssel als auch im Fahrzeug kodiert und muss geheim bleiben. Wird nun eine Steuernachricht mitgelesen, dann ist diese Nachricht wertlos, weil sie vom Empfänger - hier das Fahrzeug - nicht als korrekt erkannt werden wird. Die Sicherheit dieses Verfahren steht und fällt mit der Geheimhaltung der Bildungsvorschrift für die Steuersequenz. Da sowohl Funkschlüssel als auch Fahrzeug vom gleichen Hersteller kommen, kann dies recht gut sichergestellt werden.

In einem dynamischen Netz wie bei Z-Wave, wo Geräte hinzugefügt und wieder vom Netz abgekoppelt werden und zusätzlich verschiedene Produkte verschiedener Hersteller in einem Netz kommunizieren, ist dieser Ansatz hingegen nicht anwendbar.

Die Lösung sind sogenannten Einmalpasswörter. Diese werden auch als *Nonce* bezeichnet und arbeiten ähnlich der vom Internet-Banking bekannten TAN-Nummer.

Die Verwendung von einmaligen Transaktionsnummern oder Nonces schützt eine Datenkommunikation sehr effektiv gegen Replay-Angriffe. Allerdings gibt es andere Möglichkeiten, eine derart geschützte Kommunikationsbeziehung anzugreifen:

- Die Bildungsvorschrift für die Nonces ist bekannt. In diesem Fall kann der Angreifer einen eigenen Nonce generieren. Dies kann mit dem Problem verglichen werden, dass ein Angreifer in Besitz der TAN-Blocks beim Internet-Banking kommt.

- Der *Nonce* wird abgefangen und erreicht nicht den Empfänger. In diesem Falle kann der Angreifer den gültigen Nonce verwenden, um sein eigenes Kommando in das Smart Home System zu senden. Er muss dies allerdings innerhalb der zeitlich begrenzten Gültigkeit des Nonces tun. Diese Angriffsart wird auch als *Man-in-the-Middle* bezeichnet und ist bei Angriffen auf Online-Banking oder andere sensible Dienste durchaus üblich.

Die Kombination von Verschlüsselung und Nonces ist ein sehr leistungsfähiger Schutz vor Angriffen auf ein Netz und insbesondere die *Man-In-The-Middle*-Attacke. Darüber hinaus muss sich ein Kommunikationspartner beim jeweils anderen Kommunikationspartner als legitim authentifizieren. Im Internet-Banking erfolgt dies zum Beispiel durch eine Kombination aus persönlicher ID (PIN) und Transaktionsnummer (TAN).

Den besten Schutz bieten Nonces, wenn diese nicht voneinander abhängen sondern bei jeder Transaktion komplett zufällig erzeugt werden. Dies ist sehr schwer angreifbar führt aber gleichzeitig zur Notwendigkeit, die dann zufällig erzeugten Nonces zwischen Sender und Empfänger auszutauschen. Es ist möglich, einen Nonce auf einem anderen Kommunikationskanal auszutauschen. Ein Beispiel beim Internetbanking sind sogenannte mobile TANs, die als SMS über einen zweiten Kommunikationskanal gesendet werden. Es ist allerdings auch möglich, die Nonces im gleichen Kommunikationskanal auszutauschen, wenn dieser Austausch entsprechend verschlüsselt wird. Der echte Empfänger und der Angreifer können dann das Datenpaket lesen; sie müssen es aber beide dekodieren, um den Nonce erkennen und danach nutzen zu können. Dies sollte bei einem bekannten Netzwerkschlüssel beim legitimen Empfänger immer schneller erfolgen können wie beim Angreifer. Selbst für den Fall, dass das Paket zwar den Angreifer aber nicht den legitimen Empfänger erreicht, besteht für den Angreifer die Herausforderung, eine erfolgreiche Dekodierung des Pakets innerhalb eines sehr kurzen Zeitraumes durchführen zu müssen, da der im Paket enthaltene Nonce nach wenigen Sekunden ungültig ist.

Um die Übertragung eines Kommandos mittels dynamisch erzeugten Nonce in einem rückbestätigten Netz zu schützen, müssen folgende Aktionen durchgeführt werden:

1. Anforderung eines Einmalpasswortes (Vom Sender zum Empfänger)

2. Der Empfänger bestätigt den Empfang der Nachricht (Vom Empfänger zum Sender)

3. Senden des verschlüsselten Einmalpasswortes (Vom Empfänger zum Sender)

4. Der Sender bestätigt den Empfang des verschlüsselten Einmalpasswortes (Vom Sender zum Empfänger)

5. Senden des Kommandos (vom Sender zum Empfänger) verschlüsselt und unter Verwendung des Einmalpasswortes.

6. Der Empfänger bestätigt den Empfang der Nachricht (Vom Empfänger zum Sender)

Es zeigt sich, dass der Kommunikationsaufwand bei gleichem Ergebnis durch die Verwendung einer sicheren Nonce-basierten Kommunikation verdreifacht wird.

An dieser Stelle müssen Hersteller und Anwender einen Kosten/Nutzen-Vergleich machen, inwieweit diese deutlich erhöhte Kommunikation durch ein höheres Maß an Sicherheit gerechtfertigt ist.

4.6.4 *Denial-of-Service-Attacken*

Eine weitere bekannte Angriffsmethode auf Kommunikationssysteme ist die sogenannte *Denial-of-Service*-Attacke. Hier geht es nicht darum, den Inhalt einer Kommunikation zu verstehen oder mit den Rechten eines Dritten Aktionen durchzuführen. *Denial-of-Service* ist ein rein destruktiver Versuch, Schaden anzurichten, indem die Kommunikation komplett unterbunden wird.

Bei Funkkommunikation ist es leider kaum möglich, *Denial-of-Service*-Attacken wirksam zu unterbinden. Einem Angreifer ist es immer möglich, mit entsprechend breitbandigen und leistungsstarken Störsendern die gesamte Funk-Kommunikation in einem Haus zu stören.

Dies betrifft dann sowohl die Steuerung der Haustechnik, die Datenverbindungen mit WLAN als auch schnurlose Telefone und den Mobilfunk.

Der höhere Schutz gegen *Denial-of-Service*-Attacken ist ein oft gehörtes Argument für eine drahtgebundene Kommunikation im intelligenten Haus. Das Argument ist valide jedoch insofern inkonsequent, solange immer noch Mobiltelefone, WLANs etc. im Haus genutzt werden.

Dass sich diese Geräte trotz der nicht zu verhindernden Störmöglichkeit großer Beliebtheit erfreuen, liegt daran, dass eine solche Funkstörung zwar technisch einfach und billig wäre, für den Angreifer aber auch wenig Anreiz bietet. Weder gelingt es ihm, in die Wohnung einzudringen, noch irgendwelche anderen öffentlichkeitswirksamen Aktionen (blinkende Fenster, Alarme, ...) hervorzurufen. Um jemanden schlichtweg einen Streich zu spielen oder zu erschrecken, gibt es wirksamere und einfachere Verfahren als das Stören seiner Funkverbindungen.

4.6.5 Weitere Aspekte zur Funksicherheit

Ein weiterer Schutz gegen *Denial-of-Service* und auch gegen *Man-in-The-Middle* liegt in der Begrenzung der Funkreichweite. Z-Wave, das im 868 MHz-Band sendet, nutzt die dort erlaubte maximale Sendeleistung von 25 mW nicht aus und begnügt sich mit wenigen Milliwatt. Damit ist die reine Funkreichweite mit ca. 40 m deutlich geringer als vergleichbare Alternativen im gleichen Frequenzbereich, die teilweise bis 1500 m weit senden und empfangen können. Z-Wave gleicht diesen 'Nachteil' durch seine Funkvermaschung wieder aus. Diese Vermaschung ist aber eine definierte und gewollte Erweiterung der Funkabdeckung. Eine hohe Sendeleistung macht es Angreifern leicht, in die Funkreichweite des Systems zu kommen. Gelangen die Funkwellen nicht zu weit weg vom Haus, macht dies alle Angriffsszenarien deutlich schwieriger.

Ein letzter aber nicht minder wichtiger Aspekt der Sicherheit in Funknetzen ist das Kosten/Nutzen-Verhältnis. Der vielfach in den Medien erwähnte chinesische Hacker, der Informationen über die eigene Waschmaschine erhält, ist kein sinnvolles Szenario. Der viele 1000 km entfernte Hacker hat kaum eigenen Nutzen von diesem Wissen und wird seine kriminelle Energie in gewinnbringendere Dinge investieren, als aus der Ferne irgendeine Lampe in irgendeinem Haus in irgendeinem Land ein- und auszuschalten.

Der Zugriff auf die Steuerung eines intelligenten Hauses bringt nur dann einen wirtschaftlichen oder emotionalen Nutzen, wenn der Angreifer in physischer Nähe des Zielobjektes ist. Rein zerstörerische Attacken auf ein Haus sind dann gegebenenfalls mittels eines Steines preiswerter durchzuführen als mittels einer Hackerattacke, zumal das Wissen um die Nutzung eines Steines dramatisch verbreiteter ist als das Wissen um das Hacken eines intelligenten Hauses.

Selbst die Gefahr, dass ein Türschloss per Funk geöffnet wird, relativiert sich angesichts der Tatsache, dass die meisten Türen durch nicht gehärtete Standard-Euro-Zylinderschlösser gesichert sind, die Profis in weniger als 5 Sekunden (!) aufbrechen können.

4.6.6 Das herkömmliche Sicherheitskonzept von Z-Wave

Die Sicherheitsarchitektur von Z-Wave hat sich über die Jahre immer weiter entwickelt. Ursprünglich wurde wie bei den meisten um die Jahrtausendwende entworfenen Funksystemen nur eine sehr einfach zu lesende Kodierung des zu sendenden Paketes verwendet. Zusätzlich bot die dem Angreifer in der Regel erst einmal unbekannte Home-ID einen weiteren Schutz gegen einfache Angriffe. Diese Schutzmaßnahmen wurden allerdings von Hackern sehr leicht überwunden. Dazu war lediglich ein preiswerter Universal-Microcontroller [Fouladi2013] oder später ein per Software programmierbares Radio (*Software Defined Radio SDR*) notwendig [Hall2016].

Im Jahre 2009 wurde - hauptsächlich getrieben durch die damals gerade neu aufkommenden elektronischen Türschlösser - eine neue Sicherheitsarchitektur in Form der

4 Z-Wave Anwendungsschicht

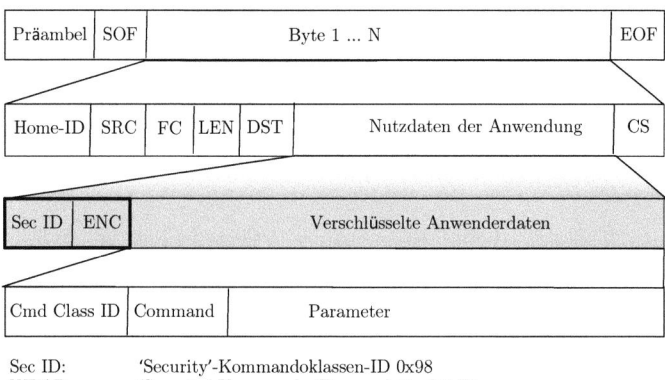

Sec ID: 'Security'-Kommandoklassen-ID 0x98
WRAP: 'Security'-Kommando 'Encapsulation' 0x81
Cmd Class ID: ID der Kommandoklasse, 1 Byte
Command: Kommando der Kommandoklasse (z.B. SET)
Parameters: Zusätzliche Parameter oder Variablen

Abbildung 4.26: Container der Security-Kommandoklasse V1

4 Z-Wave Anwendungsschicht

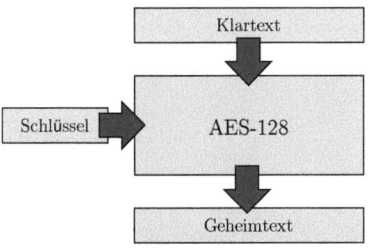

Abbildung 4.27: AES128-Verschlüsselung

Kommandoklasse `Security Command Class V1` hinzugefügt. Diese Kommandoklasse bot die folgenden wesentlichen Funktionen:

- Normale Z-Wave Pakete können in einen sogenannten sicheren Container eingepackt werden. Dies ist nichts anderes als eine Kommandoklasse mit einem bestimmten Befehl, um den danach folgenden Inhalt als verschlüsselt zu erkennen. Abbildung 4.26 zeigt einen solchen Container. Das innerhalb dieses Containers übertragene Kommando muss zwecks Verschlüsselung zu einer minimalen Länge aufgefüllt werden, um es mit der Verschlüsselungstechnik AES 128 (*Advanced Encryption Standard*) verschlüsseln zu können. AES, auch bekannt nach seinem Erfinder Rijndael, ist eine Spezifikation zur Verschlüsselung von Daten, die durch das US-Amerikanische Gremium NIST (U.S. National Institute of Standards and Technology) im Jahre 2001 standardisiert wurde [Nsa2003],

4 Z-Wave Anwendungsschicht

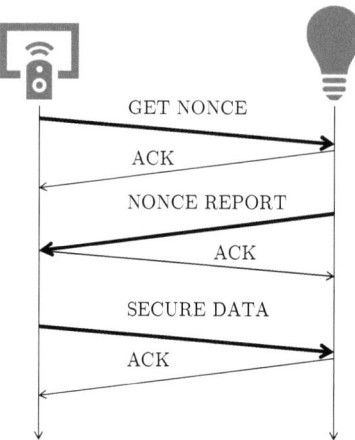

Abbildung 4.28: Sichere Kommunikation benutzt Nonces

[Aes2001].

Es wird unter anderem von der US-Regierung für sehr geheime Kommunikation verwendet und auch sonst weltweit als sehr sichere Verschlüsselung anerkannt. Er beruht auf einem symmetrischen Verschlüsselungsansatz mit einem Schlüssel von 128 Bit oder 7 Byte. Symmetrisch meint hier, daß der gleiche Schlüssel sowohl beim Sender als auch beim Empfänger vorhanden sein muss. Abbildung 4.27 zeigt das Prinzip der AES Blockverschlüsselung.

- Jedes Datenpaket innerhalb der Kommandoklasse 'Security' wird durch einen Nonce geschützt. Da-

4 Z-Wave Anwendungsschicht

mit ist sichergestellt, dass kein Datenpaket zweimal verwendet werden kann und Man-In-The-Middle-Attacken sind damit unmöglich. Mehr Informationen zu Nonces finden sich in Abschnitt 4.6.3.

Die Einführung der Kommandoklasse `Security Command Class V1` ermöglicht einen akzeptablen Schutz der Kommunikation in Z-Wave-Netzen. Selbst sehr intelligente Angriffe mit Spezialhardware führen nicht zum Erfolg [Hall2016]. Die hohe Sicherheit der Kommandoklasse hat allerdings ihren Preis:

Kommunikationsmehraufwand

Der Z-Wave-ASIC bietet eine Hardwareunterstützung für die Verschlüsselung nach AES. Die eigentliche Verschlüsselung bedeutet daher kaum zusätzlichen Aufwand. Das eigentliche Problem ist der Schutz gegen Replay-Attacken. Hier nutzt Z-Wave einmalige Nonces, die wie bereits dargelegt einen deutlich höheren Kommunikationsbedarf mit sich bringen. Abbildung 4.28 zeigt den Austausch eines Nonces zwecks sicherer Kommunikation bei der Kommandoklasse `Security Command Class V1`.

Z-Wave überlässt diese Entscheidung bei nicht sicherheitsrelevanten Geräten daher bewusst den Herstellern und Anwendern. Nur sicherheitsrelevante Aktionen wie das Schalten eines Türschlosses müssen grundsätzlich in der sicheren Umgebung erfolgen.

Der initiale Austausch der Schlüssel

Wie bereits erwähnt wird beim Verschlüsselungsverfahren AES ein identischer Schlüssel an beiden Enden der Kommunikationsbeziehung erwartet - der sogenannte Netzwerk-Schlüssel. Dies ist ein zufälliger 128 Bit langer Schlüssel, der im Primärcontroller erzeugt wird und vor der ersten Kommunikation dem neuen Gerät übermittelt werden muss. Es ist zu riskant und nicht praktikabel, einen festen Netzwerk-Schlüssel in alle Z-Wave Geräte einzuprogrammieren, da eine einmalige Veröffentlichung dieses Schlüssels alle Geräte angreifbar machen würde. Ein Beispiel für einen solchen Unfall ist die Phillips Produktfamilie Hue, deren zentraler Schlüssel im Jahre 2016 gehackt und veröffentlicht wurde [Markoffnov2016].

Auch ist ein solcher voreingestellter Schlüssel bei einem offenen System mit vielen unterschiedlichen Herstellern wie Z-Wave nicht praktikabel. Damit bleibt nur die Option, diesen Schlüssel vor der ersten Kommunikation per Funk auszutauschen. Dies wird bei Z-Wave direkt nach der Inklusion für jedes Gerät gemacht, dass eine sichere Kommunikation unterstützt. Dieser Schlüsselaustausch erfolgt ebenfalls verschlüsselt Allerdings ist der dafür verwendete Schlüssel allgemein bekannt und damit quasi keinerlei Sicherheit vorhanden (Der Schlüssel ist 7 * 0x00). Alle weitere Kommunikation nutzt dann den übertragenen echten Netzwerk-Schlüssel. Würde ein Angreifer den Moment der Inklusion abhören, dann kommt er in den Besitz des Netzwerk-Schlüssels und kann damit von anderen Geräten Nonces abfragen und den sicheren Kommunikationskanal für Angriffe nutzen.

Ist der Netzwerk-Schlüssel aber erst einmal ausgetauscht, ist ein Angriff auf die danach folgende Kommunikation praktisch ausgeschlossen.

Konsequenzen

Während der initiale Schlüsselaustausch ein akzeptabler Kommunikationsoverhead ist, führt die Verdreifachung des Kommunikationsaufwandes bei sicherer Kommunikation zu erheblich höherem Batterieverbrauch und bei vielen Kommunikationsanforderungen im gleichen Moment auch zu spürbaren Verzögerungen.

Hersteller und Nutzer müssen daher gegebenenfalls zwischen Sicherheit und Bequemlichkeit und schneller Reaktionszeit entscheiden. Das Z-Wave-Protokoll erzwingt die Nutzung der Security Command Class V1 nur für sicherheitsrelevante Produkte wie automatische Tür- und Fensteröffner oder Türschlösser. Selbst hier können Hersteller entscheiden, einige nicht sicherheitsrelevante Managementaufgaben außerhalb der sicheren Umgebung und damit einfacher zu implementieren.

4.6.7 Die Sicherheitsarchitektur S2

Im Jahr 2016 wurde bei Z-Wave eine komplett neue Sicherheitsarchitektur vorgestellt. Sie wird Security Architecture Version 2, kurz S2 genannt. S2 löst genau die Probleme der Version 1 und fügt einige weitere sehr bemerkenswerte Funktionen hinzu. Die neue Z-Wave S2-Architektur setzt damit einen neuen Goldstandard für Sicherheit im Smart Home, an dem sich andere Sicherheitskonzepte alternativer Funkprotokolle messen werden.

Verschlüsselung

AES128 bleibt als weltweit anerkannte Verschlüsselung das Mittel der Wahl. AES ist standardisiert und wird weiterhin auch für streng geheime politische und militärische Kommunikation sowie für Finanztransaktionen verwendet. Es gibt eine Vielzahl wissenschaftlicher Untersuchungen über die Sicherheit und mögliche Angriffsszenarien in Bezug auf AES.

Schlüsselaustausch

Auch bei S2 müssen vor Beginn einer sicheren Kommunikation die AES-Schlüssel ausgetauscht werden und dies geschieht wie bei der `Security Command Class V1` über die Funkschnittstelle. S2 versendet die Schlüssel aber nicht mehr einfach so mittels eines festen bekannten Schlüssels sondern nutzt dazu einen Algorithmus namens 'Diffi-Hellman'.

Der 'Diffi-Hellman'-Algorithmus ist eine spezielle kryptographische Methode, um über einen unsicheren Kommunikationskanal - wie das die Luft immer ist - zwischen

4 Z-Wave Anwendungsschicht

zwei Kommunikationspartnern ein Geheimnis auszutauschen, dass danach beide Partner besitzen, ein Dritter aber auch bei kompletter Kenntnis der über die Luft kommunizierten Daten nicht rekonstruieren kann. Abbildung 4.29 erläutert die Idee. Beide Seiten starten mit einem durchaus allgemein bekannten Schlüssel (Gemeinsame Basis). Jeder der beiden Kommunikationspartner wird nun zufällig einen weiteren eigenen Schüssel generieren. Im nächsten Schritt wird der allgemeine Schlüssel auf jeder Seite mit dem privaten im jeweiligen Gerät generierten Schlüssel (Geheime Zutat) verknüpft. Hierbei ist wichtig, das eine Verknüpfungsoperation gewählt wird, die nur in eine Richtung einfach durchzuführen ist, deren Rückoperation aber extrem schwierig bis unmöglich zu berechnen ist. Diffi-Hellman verwendet dazu eine Modulo-Operation [2]. Das Ergebnis dieser Berechnung wird nun über den Funkkanal ausgetauscht. Jeder Kommunikationspartner wendet nun die gleiche Operation mit dem eigenen generierten Schlüssel nochmals auf das empfangene Ergebnis an. Als Resultat entsteht ein Rechenergebnis, das auf beiden Seiten genau identisch ist. Ein Angreifer kann sehr wohl die beiden über den Funkkanal ausgetauschten Zwischenergebnisse sehen. Er kann jedoch - da die Operanden nicht wieder ermittelbar sind,

---

[2]Die Modulo-Operation ist der Rest einer ganzzahligen Division. Die bei Z-Wave verwendete Operation nutzt nicht nur einfach den Modulo-Operator sondern verwendet eine sogenannte elliptische Kurve, die eine deutlich effektivere und schnellere Berechnung ermöglicht[Edhc2013].

4 Z-Wave Anwendungsschicht

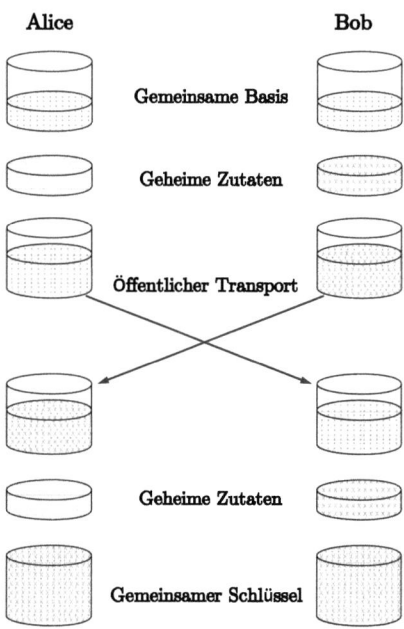

Abbildung 4.29: Das Diffi-Hellman-Prinzip zum Schlüsselaustausch

die einzelnen privaten Schlüssel der Kommunikationspartner nicht ermitteln und damit auch das auf beiden Seiten vorhandene Ergebnis - danach genutzt als temporärer Schlüssel - nicht konstruieren. Der temporäre Schlüssel wird in einem letzten Schritt dazu genutzt, den eigentlichen Netzwerkschüssel sicher zu übertragen.

Da alle Schlüsselaustausche bei Z-Wave S2 das Diffi-Helman-Verfahren anwenden, können Netzwerk-Schlüssel nicht mehr abgehört werden und bleiben gleichzeitig auf das jeweilige Netz begrenzt. Es gibt nun nur noch eine eher theoretische Möglichkeit, in den Besitz des Netzwerk-Schlüssels zu gelangen: Der Angreifer muss in den Besitz eines bereits inkludierten Gerätes kommen und dort den Schlüssel direkt aus dem Speicher des ASICs herauslesen. Dies ist sehr sehr aufwendig. Trotzdem hat die S2 Architektur eine Vorkehrung getroffen, um ein Netz vor einem solchen Angriff besser zu schützen. Es ist möglich, das Netz in unterschiedliche Domainen einzuteilen, in denen unterschiedliche Netzwerkschlüssel verwendet werden. So kann ein Gerät wie eine Außen-Sirene, die in der Tat gestohlen werden könnte, in einer anderen Domaine sein wie das Türschloss.

Umgang mit Nonces

Der Kommunikationsoverhead bei der Security Command Class V1 entsteht durch die Notwendigkeit vor jeder Kommunikation einen zufälligen nur temporär gültigen Nonce anzufordern und auszutauschen. S2 löst auch dieses Problem und zwar durch sogenannte SPAN (Singlecast Pre-Agreed Nonce) Tabellen.

Auf beiden Seiten der Kommunikation wird eine Liste mit Nonces verwaltet. Diese Liste kann komplett vor der eigentlichen Kommunikation oder später auch huckepack mit anderen Nachrichten übertragen werden, ohne zusätzlichen Overhead zu produzieren. Ein Algorithmus stellt sicher, dass die Listen immer aufeinander abgestimmt sind und falsche Nonces sofort erkannt werden.

Im Vergleich zum Übertragen eines generierten Nonces direkt vor der eigentlichen Kommunikation hat die Verwendung von SPAN-Tabellen einen Nachteil. Die Gültigkeit eines Nonces ist nicht mehr durch einen Time-Out begrenzt. Damit wäre es möglich, einen abgefangenen Nonce später für eine Angriffsoperation zu verwenden. Dazu muss ein Angreifer jedoch in der Lage sein, den eigentlichen Empfänger so zu stören, das der den Nonce nicht parallel auch empfangen kann. Der Angreifer muss weiterhin den Empfang des Nonce anstelle des blockierten Empfängers auf MAC-Ebene korrekt quittieren (Kapitel 3.1.5 zeigt dieses Verfahren.). Obwohl dies eine sehr schwierige Angriffsmethode darstellt, ist sie theoretisch doch denkbar und deshalb wurde bei S2 auch dagegen ein Schutz entwickelt: Die im Zuge von S2 neu eingeführte Kommandoklasse `Supervision` kann verwendet werden, um eine Nachricht zusätzlich zu bestätigen Dies kann nur der eigentliche Empfänger tun.

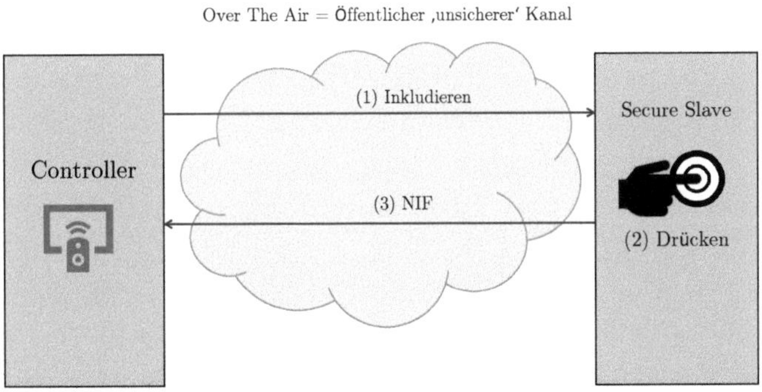

4 Z-Wave Anwendungsschicht

Over The Air = Öffentlicher ‚unsicherer' Kanal

```
Controller                                    Secure Slave
           (1) Inkludieren
           (3) NIF
                                              (2) Drücken
```

Abbildung 4.30: Z-Wave Classic: Autorisierung durch Tastendruck

Die Verwendung von SPAN-Tabellen reduziert im Vergleich zur einmaligen zeitnahen Bereitstellung eines Nonces das Sicherheitsniveau leicht (wie ein gedruckter TAN-Block im Internet-Banking im Prinzip unsicherer ist als eine mobile TAN weil der Block ja verloren gehen könnte). Die Ersparnis an Kommunikationsoverhead verbunden mit längerer Batterielebensdauer kompensieren diesen Effekt allerdings.

Autorisierung

Ein Thema im Bereich der Sicherheit im Smart Home ist Authentifizierung und Verschlüsselung. Ein weiteres Thema ist die Autorisierung. Authentifizierung und Verschlüsselung schützen vor Zugriffen auf dem unsicheren Übertragungsweg in der Luft. Autorisierung stellt sicher, das ein Gerät auch wirklich genau mit dem gemeinten anderen Gerät kommuniziert und dieses Gerät auch die dafür notwendigen Rechte hat. In der normalen Lebenswelt wird diese Funktion meist durch einen Pass oder einen Ausweis erledigt. Durch Vorlage eines solchen Dokumentes kann eine Person beweisen, dass sie genau den Namen hat, der auf dem Ausweis steht und damit kann zum Beispiel ein Einreisebeamter entscheiden, ob eine Person ins Land einreisen darf oder nicht.

Traditionell hat Z-Wave eine sehr einfachen aber effektiven Methode der Autorisierung. Wenn ein Controller ein neues Gerät ins Netz inkludieren möchte, muss der Besitzer physischen Zugang zum Gerät haben, um eine Aktion am Gerät ausführen zu können. Dies kann ein Druck auf eine Taste oder im Falle der Autoinklusion das Anstecken des Gerätes ans Stromnetz sein.

Damit ist sichergestellt, dass genau das Gerät das gerade bedient wurde auch das Gerät ist, das danach in der graphischen Nutzerschnittstelle des Controllers als neues Gerät auftaucht. Abbildung 4.30 zeigt diesen Prozess. In Z-Wave S2 wird dieser klassische Weg als 'S2 Unauthenticated' bezeichnet. Dies bezieht sich nicht auf irgendeine kryptographische Schwäche sondern beschreibt nur den Fakt, dass keine zusätzliche Autorisierung am Gerät erfolgte außer die Tatsache, dass der (oder ein) Nutzer das Gerät im Moment der Inklusion in der Hand hatte.

Für Geräte, die ein höheres Sicherheitsniveau benöti-

4 Z-Wave Anwendungsschicht

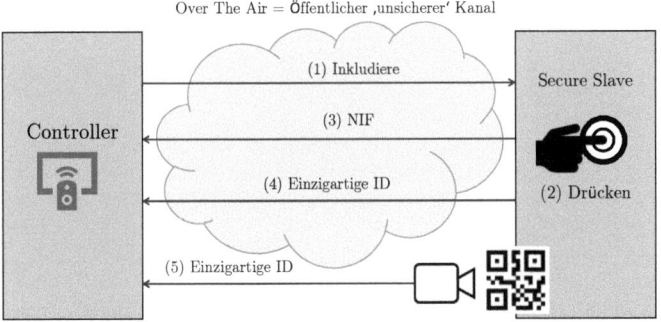

Abbildung 4.31: Z-Wave S2: Autorisierung

gen, bietet Z-Wave S2 eine zusätzliche Form der Autorisierung. Ein solches Gerät verfügt über einen QR Code mit einem privaten Schlüssel. Ein Controller kann diesen QR-Code einscannen und dann vom inkludierten Gerät den privaten Schlüssel nochmals abfragen. Stimmen beide Schlüssel überein, dann handelt es sich beim gerade inkludierten Gerät tatsächlich um das Gerät, dessen CR-Code gerade eingescannt wurde. Abbildung 4.31 zeigt diesen Prozess und Abbildung 4.32 gibt ein Beispiel für einen für Z-Wave S2 verwendeten QR Code. Wenn kein QR-Scanner verfügbar ist, können dann alternativ die ersten 5 Zahlen des QR-Codes mit Hand eingegeben werden.

Die höchstmögliche Form der Autorisierung in S2 heißt *S2 Access Control*. Hier wird ebenfalls ein privater Schlüssel ausgetauscht. Im Gegensatz zur normalen Autorisierung wird dieser Schlüssel aber bei jeder Inklusion neu

4 Z-Wave Anwendungsschicht

Abbildung 4.32: Z-Wave S2: Beispiel für einen QR-Code

generiert und muss dann über ein Display angezeigt werden. Diese Form der Autorisierung erfordert daher Geräte mit einer Mindest-Ausstattung an Hardware wie zum Beispiel ein elektronisches Türschloss. Abbildung 4.33 zeigt, wie dieser Prozess funktioniert.

Konsequenzen

Die neue Z-Wave-Sicherheitsarchitektur S2 hat Antworten auf alle klassischen Angriffs-Szenarien auf Funkkommunikation und löst alle Probleme der ersten Generation von Z-Wave Sicherheit (`Security Command Class V1`). Es erlaubt nicht länger ein Abhören des Netzwerkschlüssels während seines Austausches nach der Inklusion und es erfordert keinen merklichen Kommunikationsoverhead mehr.

Daher hat die Z-Wave Alliance entschieden, das jedes Z-Wave-Gerät, das nach dem 2. April 2017 zertifiziert wird, grundsätzlich die neue Sicherheitsarchitektur S2 unterstüt-

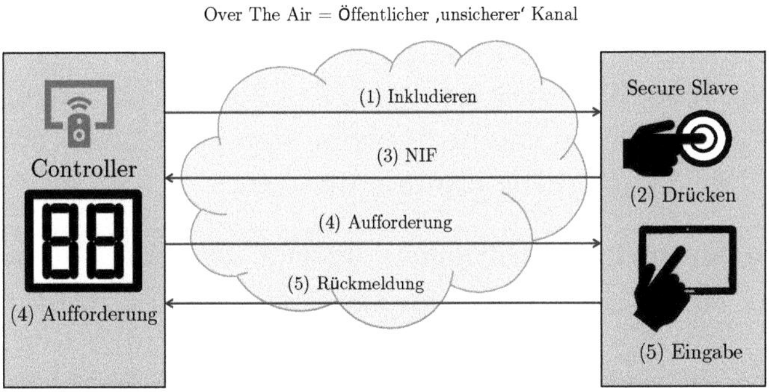

4 Z-Wave Anwendungsschicht

Abbildung 4.33: Z-Wave S2: Zugangskontrolle

zen müssen [Sigma2017]. Ältere Geräte können über ein Firmware-Update *'Over the Air (OTA)'* auf den neuen Stand gebracht werden.

Z-Wave S2 ist zweifelsohne die beste gegenwärtig im Markt verfügbare Sicherheitsarchitektur für Smart-Home-Geräte. Die Kernthesen zum Thema Sicherheit im Allgemeinen und S2 im Besonderen sind damit:

- Die Hauptgefahren für Smart Home Kommunikation liegt in *Replay-* und *Denial-of-Service*-Angriffen.

- Verschlüsselung allein kann gegen diese Gefahren nicht schützen, ist aber dennoch eine sinnvolle Technologie zum Schutz privater Daten und unbefugtes Ablauschen.

- Echter Schutz gegen Replay-Angriffe bieten nur einmalige Transaktionsnummern, auch Nonces genannt.

- Hohe Sicherheit erfordert, das Nonces voneinander unabhängig und nicht vorhersagbar sind. Dies erfordert zusätzliche Kommunikation.

- Ein nicht unerheblicher Teil der Kommunikation in Smart Homes sind Statusmeldungen die nicht notwendigerweise verschlüsselt und geschützt werden müssen. Sicherheitsrelevante Steuerungen wie die von Türschlössern müssen hingegen sehr stark geschützt werden.

- Funkvermaschung in Kombination mit limitierter Sendeleistung reduziert die Funkabdeckung auf den notwendigen Bereich und bietet damit einen natürlichen Schutz er Funkkommunikation, sogar gegen *Denial-of-Service*-Attacken.

- Es gibt keinen 100 %igen Schutz gegen *Denial-of-Service*-Attacken.

- Z-Wave S2 nutzt die weltweit akzeptierte Verschlüsselung AES-128. Deren Schlüssel werden durch das ebenfalls weltweit anerkannte Schlüsselaustausch-Verfahren Diffi-Hellmann sicher verbreitet.

- Z-Wave S2 schützt mit Nonces gegen *Replay*-Attacken. Ein eigentlich notwendiger Kommunikationsoverhead wird durch die Nutzung von SPAN-Tabellen vermieden.

- Z-Wave S2 bietet drei unterschiedliche Arten der Autorisierung um den unterschiedlichen Anforderungen verschiedener Anwendungen und Gerätearten zu entsprechen. Durch unterschiedliche Sicherheits-Domainen mit unterschiedlichen Netzwerkschlüsseln kann die Sicherheit weiter erhöht werden.

5 Z-Wave in der Praxis

Dieses Kapitel bietet einige nützliche und praktische Tipps, wie ein Z-Wave-Netz aufgebaut und betrieben werden sollte.

5.1 Netzwerkaufbau - der allgemeine Ablauf

Jedes Z-Wave-Netz wird mit den folgenden Schritten aufgebaut:

1. Definieren der gewünschten Funktionen.

2. Auswählen der dafür notwendigen Geräte.

3. Inkludieren aller Geräte in ein gemeinsames Netz.

4. Konfigurieren aller Geräte entsprechend der gewünschten Funktionen.

5. Setzen der Assoziation und Definieren und Anlegen der Szenen (Ereignisse und Aktionen).

6. Einige abschließende Managementaufgaben.

5.1.1 Definieren der gewünschten Funktion

In einem intelligenten Haus kann eine große Anzahl an Funktionen realisiert werden und daher kann der Planungsprozess sehr kompliziert sein. Es ist daher sinnvoll, in einem ersten Schritt die gewünschten Grundfunktionen und -dienste eines Hauses festzulegen. Diese Dienste und Funktionen werden in einem nächsten Schritt auf Stockwerke und Räume heruntergebrochen:

- Licht,
- Heizung,
- Klima,
- Schutz vor Einbruch,
- Sicherheit,
- Türmanagement,
- Medien und Unterhaltung,
- Energiemanagement,
- Fenster.

Dies ist eine grobe Liste mit Punkten, die sich sogar teilweise überlappen. Ein Fenstersensor wird als Beispiel sowohl bei der Klimasteuerung als auch beim Schutz vor Einbrüchen Verwendung finden.

5 Z-Wave in der Praxis

Im zweiten Schritt wird definiert, von welchen Stellen und mit welchen Mitteln die Funktionen des intelligenten Hauses gesteuert werden sollen:

- Wandschalter - Wo sollten diese platziert werden?
- Fernbedienungen - Wie viele?
- Mobiltelefon
- Webbrowser
- Steuerdisplays.

Als dritter Schritt wird eine Liste der Räume und Etagen erstellt und alle Funktionen werden konkreten Räumen zugeordnet. Es wird Funktionen geben, die nur in einigen Räumen relevant sind; andere Funktionen müssen im gesamten Haus und damit in jedem Raum abgebildet werden.

- Schlafzimmer: Sicherheit (nur Rauchmelder), Licht, Fenstersteuerung
- Küche: Licht, Heizung, Sicherheit (Rauchmelder + Leckagemelder), Fenstersteuerung
- Wohnzimmer: Licht, Heizung, Unterhaltung
- Alle Räume: Energiemanagement
- Haus: Türüberwachung

5 Z-Wave in der Praxis

Wesentlichen Vorteile von Z-Wave sind, dass

- es in bestehenden Häusern nachgerüstet werden kann.
- es Schritt für Schritt eingeführt werden kann.

Wenn die initiale Planung zu groß und/oder zu teuer wird, ist es kein Problem mit einer Insellösung und einem kleineren Netzwerk zu beginnen und dieses Netz nach und nach zu erweitern.
Typische kleine Insellösungen lösen Probleme wie:

- Management der Haustür mittels eines elektrischen Türschlosses, um in Zukunft Anrufe wie 'Ich habe meinen Schlüssel vergessen' zu vermeiden.

- Platzieren eines zusätzlichen Batteriewandschalters neben dem Bett, um den typischen Prozess beim Betreten des Schlafzimmers zu vermeiden: Deckenlicht an der Tür einschalten → zum Bett gehen → Nachttischleuchte einschalten → zurück zur Tür gehen → Deckenlicht ausschalten → zurück zum Bett gehen → ins Bett gehen → Nachttischleuchte ausschalten

- Installation eines zentralen Energiezählers, um eine erste Information über die Art und den Verlauf des Energieverbrauches im Haus zu bekommen.

- Zwischenstecker an Radio, HIFI, TV, etc. mit dem Ziel, diese gemeinsam auszuschalten, wenn niemand mehr im Haus ist.

- Fernbedienung der Heizung: vom Büro aus schon hochzuheizen und ansonsten im Energiesparmodus zu bleiben.

Diese Lösungen können leicht Schritt für Schritt erweitert werden. Dies ist ein großer Vorteil drahtloser Technologien im Allgemeinen und Z-Wave im Besonderen.

5.1.2 Wählen der richtigen Geräte

Auch die Auswahl der richtigen Geräte ist eine schwierige Arbeit, da mehrere Aspekte in Betracht gezogen werden müssen:

- Lichtsteuerung:
  - Welche Art (Farbe, Form, Schalterserie) an Wandelementen sind passend?
  - Soll das Licht geschaltet oder gedimmt werden?
  - Welche Art von Leuchtmitteln sind installiert (Traditionelle Glühlampe, Hochvolthalogen, Niedervolt-Halogen, LED, Energiesparlampen)?
  - Welches Verdrahtungskonzept ist im Haus bereits vorhanden? (2-Draht oder 3-Draht)?
  - Wieviel Leuchten gibt es im Haus? Sind diese fest verdrahtet - wie Deckenleuchten - oder über Steckdosen angeschlossen?

5 Z-Wave in der Praxis

- Heizung:
    - Welches Heizungssystem ist installiert und wie wird es gesteuert (Zentralheizung, Fußbodenheizung mit zentraler Steuerung, Fußbodenheizung mit Zonenregelung, Warmwasserheizung mit zentraler oder dezentraler Steuerung, 230V-versorgte Thermostate,...)?
    - Soll die Heizung im Raum mit einem lokalen Bedienelement steuerbar sein?
    - Sind Heizung und Kühlung kombiniert?
- Türen:
    - Welche Türen werden genutzt (Dicke, Schließsystem, Position und Dimension des Schließbleches)?
    - Sind Türklinken an der Außenseite, Innenseite oder sind gar keine Klinken vorhanden? Ist die Tür rechts- oder linksgehängt?
    - Welche Farbe und Form des Türschlosses passt am besten zum Design der Tür?
- Fenster:
    - Sollen die Fenster nur überwacht oder auch aktiv gesteuert werden?
    - Dachfenster oder normale Wandfenster?
    - Ist schon eine elektrische Jalousiesteuerung vorhanden?

- Energie-Management:
    - Welche Geräte neben Licht und Heizung sollten zwecks Energiemanagement überwacht werden (Geschirrspüler, Waschmaschine, Gefriertruhe, Kühlschrank, Sauna, Computer)?

Es ist nicht der Anspruch dieses Buches, die korrekten Produkte zu empfehlen, sondern die richtigen Fragen vorzuschlagen. Es gibt gut sortierte auf Z-Wave spezialisierte Online-Shops, die auch eine entsprechende Beratung anbieten und auch bei der Kalkulation der Kosten helfen. Links zu einigen ausgewählten Webseiten finden sich im Anhang A.

5 Z-Wave in der Praxis

> Es existieren einige Z-Wave-technische Beschränkungen, die bei der Geräteauswahl zu berücksichtigen sind:
>
> - So bald es ein einziges batteriebetriebenes Gerät mit Aufweckintervall gibt, muss zwingend eine statische Steuerung (IP-Gateway) vorhanden sein. Die Gründe dafür wurden in Abschnitt 4.2.4 dargelegt.
>
> - Sollen Geräte durch ein Mobiltelefon oder einen Webbrowser gesteuert werden, dann ist ein IP-Gateway zwingend erforderlich.
>
> - Batteriebetriebene Geräte können keine Z-Wave-Nachrichten weiterleiten und bauen damit kein vermaschtes Netz auf. Damit ist die Funkreichweite und Übertragungssicherheit beschränkt. Es ist daher sehr zu empfehlen, eine Mindestanzahl von netzbetriebenen Geräten im Z-Wave Funknetz zu platzieren, um eine hohe Funkstabilität zu erreichen.

5.1.3 Funk-Wandschalter versus Schalteinsätze

Um Licht- und Jalousieschalter und andere in Wanddosen montierte Elektrik für das intelligente Haus nachzurüsten,

5 Z-Wave in der Praxis

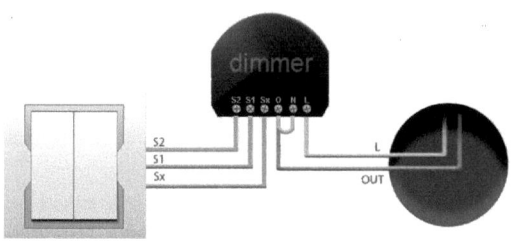

Abbildung 5.1: Wandeinsatz wird durch originalen Schalter gesteuert

existieren zwei grundsätzliche Lösungsansätze:

1. Der entsprechende Wandschalter wird durch einen neuen mit Funktechnik ausgerüsteten Schalter ersetzt.

2. Der alte analoge Schalter bleibt installiert, steuert aber nur noch einen hinter diesen Schalter positionierten Funk-Schalteinsatz, der die eigentliche Schaltfunktion ausführt. Abbildung 5.1 zeigt das Prinzip.

Der Einbau beider Produkte erfolgt in der in Zentraleuropa standardisierten Wanddose mit 60 mm Durchmesser.

Diese Dosen existieren in drei Versionen: 35 mm tief nur für Steckdosen, 45 mm tief für normale Schalter in Beton- und Ziegelwänden sowie 65 mm tief für Trockenbauwände.

Für diese 60 mm-Wanddosen bieten in Europa einige

5 Z-Wave in der Praxis

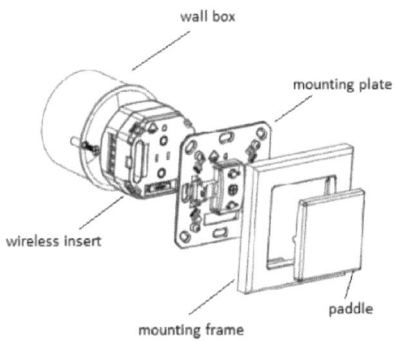

Abbildung 5.2: Aufbau eines Funk-Wandschalters

Firmen entsprechende Wandschalter in verschiedenen Designs an.

Um einen Schalteinsatz hinter einem bereits installierten Schalter zu positionieren, muss entsprechend Platz vorhanden sein. Normale elektrische Schalter benötigen eine Einbautiefe von 28 mm (DIN Norm), was den Einbau der minimal 17 mm hohen Schalteinsätze von Fibaro oder Philio nur in 65 mm tiefen Dosen ermöglicht. Ein Einbau in der 45 mm Dose wäre theoretisch möglich - ist in der Praxis aber nur mit größten Mühen und nur bei perfekt liegenden und entsprechend gekürzten Kabeln sinnvoll. Einbauschalter sind insgesamt nur 28 mm tief und können damit in jede Wanddose eingebaut werden, sogar in die nur für Steckdosen vorgesehenen Typen mit 35 mm

5 Z-Wave in der Praxis

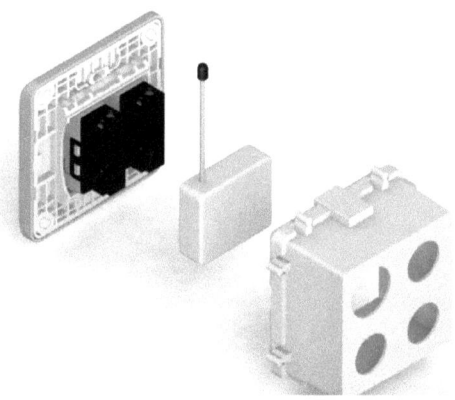

Abbildung 5.3: Positionierung eines Schalteinsatzes zwischen Originalschalter (links) in Schaltdose (rechts)

Tiefe.

Die intuitive Bedienung von Dimmern und Motorsteuerungen für Jalousien oder Markisen entspricht der Bedienung von Fensterhebern im Auto. Es existiert eine neutrale Stellung ohne Funktion. Ein kurzer Klick auf den oberen oder unteren Teil des Schalters fährt den Motor in die eine oder andere Endlage (entspricht Dimmer aus oder Dimmer auf 100 %). Wird die Wippe gedrückt gehalten, fährt der Motor in die jeweilige Richtung und bleibt beim Loslassen der Wippe stehen (Der Dimmer dimmt auf oder ab und stoppt beim Loslassen). Funk-Einbauschalter realisieren diese Funktionen in genau der gleichen Weise.

5 Z-Wave in der Praxis

Schalteinsätze werden aber in der Regel durch bistabile Kippschalter gesteuert. Hier muss das Steuerverhalten mühsam emuliert werden. Dafür existieren zwei Varianten, von denen keine perfekt ist. Eine Wippenposition des Schalters wird als Ruhelage und eine als Schaltimpuls (Emulation des gedrückten Tasters) definiert. Das Schalten des Verbrauchers erfolgt dann mittels 'toggeln'. Ein- und sofortiges Ausschalten führt dabei zu einem Umschalten des Schalters (Ein nach Aus oder Aus nach Ein). Das Verweilen auf der 'Ein'-Position kann zur Emulation des *'Halte gedrückt zum Dimmen'* genutzt werden. Damit kann zwar ein Dimmer gedimmt werden, **das unerwartete Verhalten eines Kippschalters führt aber gerade bei Gästen und Familienmitgliedern zu großer Irritation.**

In der Regel wird daher schlicht die Wippenposition als Schaltposition gewertet. Die Einschaltposition schaltet das Gerät ein und die Ausschaltposition schaltet das Gerät aus. Dies entspricht dem intuitiv erwarteten Verhalten eines normalen Wandschalters, ermöglicht jedoch kein Dimmen und keine direkte Positionierung einer Jalousie. Dimmer und Jalousien können mit der Schaltwippe nur im Ein/Aus-Modus betrieben werden.

Diesen beiden gravierenden Nachteilen der Schalteinsätze steht ein großer Vorteil gegenüber. Das Design des Wandschalters mit Rahmenformat und Farbe bleibt unverändert.

Sind Funk-Einbauschalter in dem bereits in der Wohnung bei Schaltern und Steckdosen vorhandenen Design vorhanden, kann der Originalschalter ohne Probleme ersetzt werden. Ist ein solches Design nicht verfügbar, muss der Anwender gegebenenfalls damit leben, dass Steckdosen und Schalter über unterschiedliche Designs verfügen.

Aus den dargestellten Punkten lassen sich folgende Richtlinien ableiten.

Funk-Wandschalter sind zu empfehlen:

1. In 35 mm oder 45 mm Wanddosen **oder**

2. Bei Neuinstallation **oder**

3. Vorhandensein des installierten Designs als Funk-Schalter **oder**

4. wenn Wert auf lokales Dimmen oder Jalousiesteuern gelegt wird.

Schalteinsätze sind zu empfehlen bei:

1. 65 mm Wanddosen **und**

2. wenn kein Wert auf direktes Dimmen und Jalousiesteuern per Wippe gelegt wird **und**

3. Nachrüsten einer bestimmten Schalterserie.

5.1.4 Inklusion aller Geräte in ein gemeinsames Netz

Solange es keine speziellen Anforderungen oder sehr viele Geräte im Haus gibt, werden alle Geräte in ein einziges

5 Z-Wave in der Praxis

Z-Wave-Netz inkludiert. Ein Z-Wave-Netz kann bis zu 232 Geräte managen. Typische Netzwerkgrößen für Einfamilienhäuser oder Wohnungen liegen jedoch bei 50 bis 100 Geräten. Damit ist viel Raum für zukünftige Erweiterungen gegeben.

Ein Z-Wave-Netz wird durch eine Steuerung aufgebaut. Es gibt immer einen zentralen Primär-Controller, der für das Netzwerk verantwortlich ist. Wird ein IP-Gateway eingesetzt, so ist dieses Gateway der natürliche Kandidat für diese Rolle. Seine bequeme Nutzerschnittstelle über den Webbrowser ermöglicht eine bequeme und fehlerarme Konfiguration und meistens sind auch entsprechende Datensicherungsoptionen vorhanden - für den Fall, dass etwas schiefläuft.

Wird kein IP-Gateway verwendet, kann jeder andere Controller als Primär-Controller eingesetzt werden. Es ist auch möglich, diese Rolle zwischen verschiedenen Controllern hin- und herzuschieben.

Während des Aufbaus und der Konfiguration eines Netzes kann es sogar von Vorteil sein, einen anderen mobilen Controller als Primär-Controller arbeiten zu lassen. Alle Inklusionen können bequem und mobil mittels einer Fernbedienung gemacht werden, die nach erfolgten Inklusionen die Rolle des Primär-Controllers an ein stationäres IP-Gateway abgibt. Dies kann allerdings dazu führen, dass das IP-Gateway alle inkludierten Geräte erneut konfigurieren muss. Insbesondere die Einstellung des Zielgerätes für die Aufweck-Benachrichtigung (engl. *Wakeup*

Notification) ist eine kritische Einstellung. Hier muss eventuell jedes batteriebetriebene Gerät erneut manuell geweckt werden. Der Einsatz eines mobilen Controllers ist daher nur bei Netzen ohne Batteriegeräte mit Aufweckfunktion zu empfehlen. Ein vorhandener SIS-Controller im Netz löst das Problem teilweise.

Ein Controllerwechsel kann auch genau anders herum durchgeführt werden. Ein IP-Gateway oder eine Z-Wave-Steuersoftware auf einem PC mit Z-Wave-USB-Stick kann beim Einrichten und Konfigurieren des Netzes sehr gute Dienste leisten. Der USB-Stick enthält danach die komplette Netzinformation.

5.1.5 Arten von Inklusion

Der grundlegende Prozess der Inklusion ist in Kapitel 3.1.3 beschrieben.

- Der Controller befindet sich im Inklusionsmodus.

- Das Gerät, das in das neue Netz inkludiert werden soll, befindet sich im Auslieferungszustand oder wurde vorher zurückgesetzt.

- Je nach unterstütztem Inklusionsmodus existieren verschiedene Möglichkeiten, die Inklusion am Gerät zu bestätigen:

    1. Bei der normalen **Standard-Inklusion** muss sich das neue Gerät in direktem Funkkontakt zum Controller binden.

5 Z-Wave in der Praxis

2. Bei der **netzweiten Inklusion** (engl. *Network Wide Inklusion*) kann sich das neue Gerät irgendwo im Haus befinden, so lange es eine Funkverbindung zu einem einigen bereits im Netz befindlichen Gerät aufweist.
3. Bei der - mittlerweile veralteten und nur noch bei sehr alten Geräten verwendeten sogenannten **Low Power-Inklusion** muss das neue Gerät in direkte physische Nähe zum Controller gebracht werden.

Die bequemste Art für eine Inklusion, unabhängig davon ob es sich um Standard, Netzweit oder Low Power handelt, ist die **Autoinklusion**. Hier genügt es, das Gerät mit Strom zu versorgen und der Inklusion-Modus wird automatisch gestartet. Im Allgemeinen wird das Gerät ca. 30 Sekunden lang auf ein Inklusionskommando von einem Controller warten und die Inklusion bestätigen, wenn es noch nicht in einem anderen Netz inkludiert wurde.

- Technisch gesehen sendet das neue Gerät einen *Node Information Frame* aus, der die Inklusion bestätigt und die Inklusion abschließt.

Als Z-Wave ursprünglich entwickelt wurde, überwogen bei den Entwicklern die Sicherheitsbedenken, so dass die Inklusion mit einer hohen Hürde versehen wurde - der 'Low Power'-Inklusion. Im Laufe der Jahre zeigten die Erfahrungen im Feld, das diese Sicherheitsbedenken unbegründet waren aber auf der anderen Seite die Bequemlichkeit und Einfachheit eine immer größere Bedeutung gewann. Daher wurde zuerst mit der Standard-Inklusion der Zwang von der direkten räumlichen Nähe zum Controller aufgegeben und später mit der netzweiten Inklusion auch die Erfordernis, ein Gerät wenigstens in direkter Funkverbindung zum Controller zu haben. Die Sicherheitsarchitektur S2 führt nun wiederum definierte Prozesse zu Erkennung des richtigen Gerätes ein. Mehr Informationen dazu stehen im Kapitel 4.6.7.

Wandcontroller oder Fernbedienungen besitzen in der Regel eine spezielle Taste zur Inklusion oder spezielle Tastenkombinationen oder Tastendrucksequenzen. Ein Beispiel für einen Wandcontroller mit spezieller Inklusions-Taste zeigt Abbildung 5.4.

Der Inklusionsmodus wird meist durch eine blinkende LED oder in einer anderen sinnvollen Art angezeigt. Erfolgt keine weitere Aktion, wird der Inklusionsmodus nach einer bestimmten Zeit - in der Regel 10...30 Sekunden - automatisch beendet.

Erkennt der Controller erfolgreich ein neues Gerät, erfolgt ebenfalls eine Bestätigung per LED-Blinken oder einer anderen Darstellungsform. Je nach Hersteller wird der Inklusionsmodus danach beendet oder bleibt aktiv. Im Gerätehandbuch des Controllers wird dieses Verhalten beschrieben.

Gateways folgen dem gleichen Prozess. Sie bieten an einer graphischen Schnittstelle einen virtuellen Inklusion-

5 Z-Wave in der Praxis

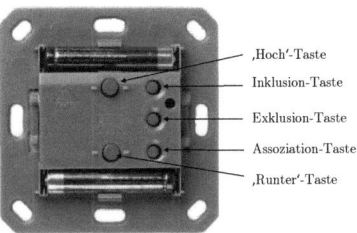

Abbildung 5.4: Wandcontroller mit speziellen Tasten zum Netzmanagement

Taster und zeigen den Zustand des Controllers ebenfalls an. Abbildung 5.5 zeigt ein Beispiel einer Z-Wave Steuersoftware mit einem Hinweis auf den gerade aktiven Inklusionsmodus.

Das neue Gerät muss die Inklusion bestätigen. Dies muss immer durch eine physische Aktion direkt am Gerät erfolgen. Es existieren verschiedene Wege, wie diese Bestätigung erfolgen kann.

- Erstmaliges Versorgen des Gerätes mit Strom. Dieses Verfahren wird auch als Auto-Inklusion bezeichnet, weil keine zusätzliche Aktion am Gerät benötigt wird.

- Einfacher Klick auf einen Taster am Gerät;

- Dreifacher Klick auf einen Taster innerhalb einer bestimmten Zeit. Diese Zeit ist herstellerabhängig und

5 Z-Wave in der Praxis

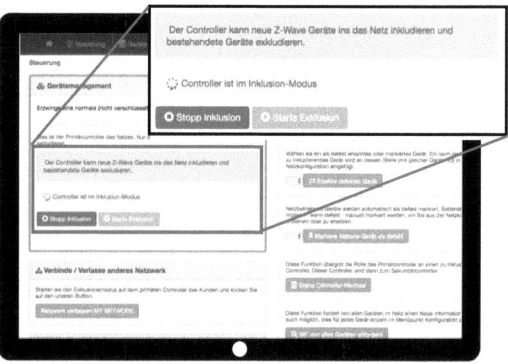

Abbildung 5.5: Beispiel für den Inklusionsdialog in einer Web-Schnittstelle

liegt zwischen 1...3 Sekunden. Ein üblicher Wert ist 1.5 Sekunden;

- Gedrückthalten einer Taste für eine bestimmte Zeit.

Z-Wave schreibt nicht vor, in welcher Weise die Inklusion zu bestätigen ist. Es ist lediglich vorgeschrieben, **dass** eine Inklusion erfolgen muss und **dass** der Prozess dafür im Handbuch zu dokumentieren ist.

Die Autoinklusion und der Einfach- bzw. Dreifach-Klick auf eine Taste haben sich als übliche Praxis bei der Mehrzahl der Geräte durchgesetzt. Trotzdem gibt es immer wieder Hersteller, die exotische Verfahren zur Inklusion in ihre Geräte einbauen. Erst mit Z-Wave Plus - siehe Abschnitt 1.6.4 - ist eine weitere Vereinheitlichung des Inklu-

5 Z-Wave in der Praxis

5.1. DIREKTES EINBINDEN VON GERÄTEN IN GRUPPE/SZENE ("INCLUDE"):

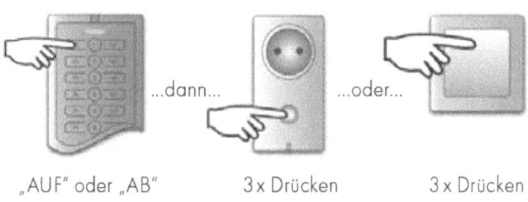

Abbildung 5.6: Beispiel für ein Handbuch, das den Inklusionsprozess beschreibt

sionsprozesses durch Standardisierung durchgesetzt worden.

Der Blick ins Handbuch bleibt daher bei neuen unbekannten Geräten unerlässlich. Anhang A nennt eine Quelle für standardisierte Handbücher europäischer Geräte, die gleich in der Schnellstartanleitung den Inklusionsprozess beschreiben und gleichzeitig auch angeben, welche der oben genannten Inklusionsverfahren vom Gerät unterstützt werden.

Abbildung 5.6 zeigt ein Beispiel für eine Beschreibung eines Inklusionsprozesses in einem Geräte-Handbuch.

Es gibt eine Reihe von Gründen, warum eine Inklusion nicht erfolgreich ist. **Der mit Abstand häufigste Grund für das Fehlschlagen einer Inklusion ist, dass das betreffende Gerät bereits in einem anderen Netz inkludiert**

war.

Sollte sich also ein Gerät nicht inkludieren lassen, ist es sehr ratsam, das Gerät zuerst mittels eines Controllers zu exkludieren. Damit wird gleichzeitig eine Reset durchgeführt. Geräte können beliebig oft hintereinander exkludiert werden. Die Exkludierung eines bereits exkludierten Gerätes wird jedoch zu keiner Veränderung des Gerätestatus mehr führen. Die Exklusion eines Gerätes kann von jedem Controller aus durchgeführt werden und nicht nur von dem Controller, der das Gerät vorher inkludiert hatte.

5.1.6 Inklusion von Controllern

Die Inklusion eines Controllers durch einen anderen Controller entspricht für den Nutzer der Inklusion eines normalen Gerätes. Auf Netzwerkebene werden jedoch weitere Daten zwischen dem inkludierenden und dem inkludierten Controller ausgetauscht, da der neue Controller zwar kein Primär-Controller aber dennoch als vollwertiger (Sekundär)-Controller mit entsprechendem Wissen um die Netztopologie im neuen Netzwerk arbeitet. Daher wird der Prozess auch mitunter als Controller-Replikation bezeichnet. Abbildung 5.7 zeigt einen solchen Prozess.

5 Z-Wave in der Praxis

> Ein Controller kann als Primär-Controller sowohl selbst Geräte inkludieren als auch als Sekundär-Controller in ein anderes Netz inkludiert werden. Diese beiden Vorgänge müssen sauber voneinander getrennt werden. Wenn ein Controller über eine Taste 'Inclusion' verfügt, meint diese Taste in der Regel die Inklusion anderer Geräte. Die Funktion, in ein anderes Netz inkludiert zu werden, wird in Z-Wave auch als 'Lern-Modus' (**Learn Mode**) bezeichnet. Das Handbuch des Controllers muss Informationen über beide Betriebs-Modi enthalten.

Abbildung 5.7 zeigt den Prozess des Inkludierens eines Controllers in das Netz eines anderen Controllers. Es ist ebenfalls möglich, einen neuen Controller in ein bestehendes Netz zu inkludieren und diesem gleichzeitig die Rolle des Primär-Controllers zuzuweisen. Dieser Prozess wird in Z-Wave als Primär-Controller-Wechsel (engl. *Primary Change*, *Primary Shift* oder *Controller Shift*) bezeichnet.

Der alte Controller startet dabei keinen normalen Inklusionsprozess sondern eben den Primär-Controller-Wechsel. Dieser folgt dem Muster des normalen Inklusionsmodus mit entsprechender Signalisierung und Timeout. Der neue Controller bestätigt den Prozess genau wie die normale Inklusion als Controller mittels des Lern-Modus. Abbildung 5.8 zeigt eine Nutzerschnittstelle zum Start eines

5 Z-Wave in der Praxis

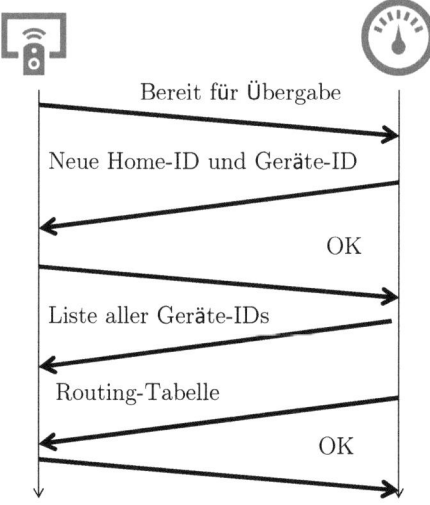

Abbildung 5.7: Controller-Replikation

Primär-Controller-Wechsels.

Kommt der Prophet zum Berg oder der Berg zum Prophet?

In Kapitel 3.5.3 wurden die beiden grundlegenden Methoden zur Organisation eines vermaschten Netzes vorgestellt: Explorer Frames und ein Statischer Update-Controller (SUC).

Um die Vorzüge der Explorer Frames zu nutzen, müssen die folgenden Voraussetzungen erfüllt sein:

5 Z-Wave in der Praxis

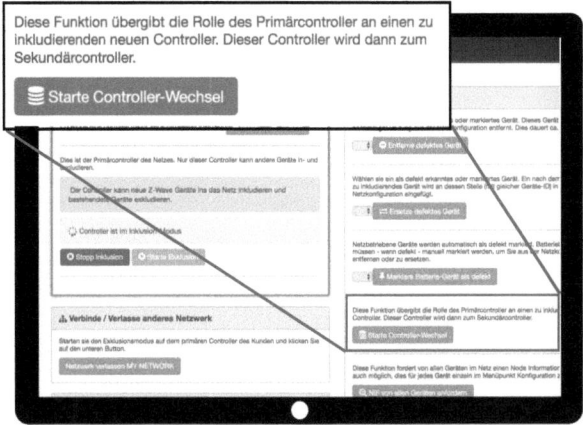

Abbildung 5.8: Beispiel für die Primärcontroller-Wechsel

- Das betreffende Gerät muss Explorer Frames unterstützen und

- der zentrale Controller muss Explorer Frames unterstützen und

- zwischen dem betreffenden Gerät und dem Controller existiert mindestens eine Route, die nur über Geräte mit Explorer Frame-Support führt.

Ist eine dieser Voraussetzungen nicht erfüllt, muss das betreffende Gerät in direkte Funkverbindung zur Inklusion in direkte Funkverbindung mit dem Controller gebracht werden. Befindet sich die Montageposition des neu-

5 Z-Wave in der Praxis

en Gerätes nicht in direkter Funkverbindung zum Controller, existieren zwei Lösungswege:

1. Das neue Gerät wird in die Nähe des Controllers gebracht, dort inkludiert und danach an seiner endgültigen Position montiert.

2. Das neue Gerät wird erst an seiner Position montiert und danach von einem mobilen Controller inkludiert.

Option (1) bedeutet eine Änderung des Netzwerkes direkt nachdem ein neues Gerät inkludiert wird. Alle Routen, an denen das neue Gerät beteiligt sind - d.h. Routen fremder Geräte und alle eigenen Routen - stimmen nach der Ortsveränderung des neu inkludierten Gerätes nicht mehr. Daher muss in diesem Fall nach der Montage des neuen Gerätes eine komplette Netzwerk-Reorganisation erfolgen bei der alle Routen des Netzes neu ermittelt und in allen Geräten mit Routeninformation gespeichert werden. Eine Netzwerk-Reorganisation wird bei netzbetriebenen Geräten immer erfolgreich sein, kann jedoch aus Gründen, die in Abschnitt 3.5.3 bekannt wurden, bei batteriebetriebenen Geräten fehlschlagen. Diese Option ist damit zwar naheliegend aber nicht in allen Fällen zwingend erfolgreich.

Für Option (2) wird ein mobiles IP-Gateway benötigt. Zusätzlich bleibt das Management batteriebetriebener Geräte eine Herausforderung, da die Route zum Controller

5 Z-Wave in der Praxis

direkt nach Inklusion wiederum falsch ist und nachträglich korrigiert werden muss. Zumindest sind die Nachbarschaftsbeziehungen des neuen Gerätes korrekt hinterlegt, so dass eine fehlgeschlagene Kommunikation mit dem Gateway leichter korrigiert werden kann.

Was passiert, wenn ich SUC und Explorer Frame überhaupt nicht beachte? In 99% aller Fälle wird gar nichts passieren und das Netz funktioniert einfach korrekt. Allerdings sind es nach dem Gesetz von Murphy (Alles was schief laufen kann, läuft schief) genau das 1 % der Fälle, das im entscheidenden Moment zum Problem wird. Es ist daher zu empfehlen, beim Netzaufbau zumindest zu wissen, ob das Netz nach dem SUC- oder dem Explorer-Prinzip betrieben wird.

5.1.7 Probleme batteriegespeister Geräte

Die große Herausforderung batteriebetriebener Geräte mit Aufweck-Intervall (trifft nicht auf Geräte mit FLiRS-Technik zu) ist ihr Tiefschlafzustand. In diesem Zustand ist das betreffende Gerät für andere Z-Wave-Geräte quasi unsichtbar und damit ist nicht eindeutig bestimmbar, ob das Gerät existiert oder defekt ist. Ein Tastendruck sollte das Gerät aber in jedem Falle aufwecken und dieses Aufwecken sollte in einer Information an den Controller folgen. Leider gibt es im Zusammenhang mit batteriegespeisten Geräten immer noch recht seltsame Implementierungen, die regelmäßig zu Irritationen beim Nutzer führen. Die neue Z-Wave Plus-Spezifikation - siehe Abschnitt 1.6.4 - schafft auch hier klare Verhältnisse und unterbindet allzu seltsames Verhalten. Zu diesen gehören:

- Geräte gehen nach der Inklusion nicht automatisch in den Tiefschlafmodus. Ist der Controller aus irgendeinem Grund daran gehindert, das betreffende Gerät in den Tiefschlaf zu versetzen, wird die Batterie sehr schnell entladen sein. Eine entsprechende Abschätzung zur Batterielebensdauer findet sich in Abschnitt 4.2.4. Z-Wave Plus legt fest, dass ein Gerät spätestens nach 10 Sekunden Inaktivität in den Tiefschlafmodus schalten muss.

- Ein Gerät bleibt nach dem Einlegen der Batterie wach und wartet auf die Inklusion. Erfolgt diese nicht, wird die Batterie ebenfalls sehr schnell entladen sein.

- Ist kein korrektes Aufweck-Intervall konfiguriert, geht das Gerät entweder gar nicht in den Tiefschlaf oder es weckt nicht wieder auf. bzw. es sendet aus Mangel an Information über den Empfänger der Aufweck-Benachrichtigung keine entsprechende Nachricht aus.

Obwohl Geräte mit nicht zweckdienlichem Aufweckverhalten nahezu vom Markt verschwunden sind und alle neuen Geräte während der Zertifizierung auf ein korrektes Aufweckverhalten getestet werden, sollten zur Sicherheit folgende Hinweise beachtet werden:

5 Z-Wave in der Praxis

1. Ein Gerät sollte sofort nach dem Einlegen der Batterie inkludiert werden. Es ist sicherzustellen, dass ein korrektes Wakeup-Intervall und ein korrekter Empfänger der Aufweck-Benachrichtigung eingestellt wird, bevor das Gerät das erste Mal in den Tiefschlaf fällt.

2. Falls viele Konfigurationen durchzuführen sind, kann ein kurzes Aufweck-Intervall für mehr Bequemlichkeit und effektivere Konfiguration sorgen. Alternativ muss ein Gerät immer manuell geweckt werden, wenn eine Konfiguration übergeben werden soll. Nach Beendigung der Konfiguration sollte dann ein längeres batterieschonendes Aufweck-Intervall gewählt werden.

3. Immer nur ein batteriebetriebenes Gerät inkludieren und danach konfigurieren.

4. Das optimale Aufweck-Intervall ist ein Kompromiss zwischen zwei gegensätzlichen Zielen:

    - Ein sehr langes Aufweck-Intervall verlängert die Batterielebensdauer. Es entstehen aber Probleme, wenn das Netz neu organisiert werden muss. Der Controller, der das Netz organisiert, wird dann über einen langen Zeitraum nichts von dem betreffenden Batterie-Gerät empfangen. Dies verzögert die Netzneuorganisation. Weiterhin können bestimmte Statusvariablen wie eine Temperatur gegebenenfalls schon veraltet sein bevor ein neuer Wert abgefragt werden kann. Dieses Problem kann durch selbständiges Aussenden von aktualisierten Messwerten bei Werteänderungen gelöst werden. Diese Funktion wird jedoch nicht von allen Sensoren unterstützt.

- Ein kurzes Aufweck-Intervall ermöglicht einem Controller, die Batteriegeräte besser zu managen. Das geht jedoch auf Kosten der Batterielaufzeit.

5. Das Aufweck-Intervall muss innerhalb des erlaubten Wertebereiches liegen. Moderne Z-Wave-Geräte stellen die obere und die untere Schranke des Aufweck-Intervalls sowie einen vorgeschlagenen Wert innerhalb der Wakeup-Kommandoklasse per Funk zur Verfügung. Hier kann davon ausgegangen werden, dass ein Controller eine korrekte Konfiguration wählt. Ältere Geräte beschreiben die Grenzen nur in ihrem Benutzerhandbuch. Übliche Aufweck-Intervalle liegen zwischen 5 Minuten bis mehreren Tagen. Ein guter Kompromiss liegt bei 15 Minuten.

5.1.8 Interview-Prozess

Direkt nach der Inklusion führt der Controller eine Sequenz von Befehlen aus, um das neue Gerät besser kennenzulernen. Dies heißt in der Z-Wave Sprache 'Interview' und ist im Kapitel 4.2.2 näher beschrieben.

5 Z-Wave in der Praxis

Entsprechend der Informationen im Node Information Frame sendet der Controller im Interview eine Reihe von GET-Kommandos und erwartet die entsprechenden REPORT-Antworten. Die Fragesequenz muss einem bestimmten Muster folgen:

1. Ermittele, ob das neue Gerät die Security-Kommandoklasse unterstützt. Wenn ja, dann wird durch Schlüsselaustausch eine sichere Verbindung aufgebaut und innerhalb dieser sicheren Umgebung erneut ein Node Information Frame abgefragt, um Funktionen zu erkennen, die nur in der sicheren Umgebung angeboten werden - zum Beispiel Schlosssteuerung.

2. Ermittle alle Versions-Nummern der Kommandoklassen, sowohl innerhalb als auch außerhalb des sicheren Kommunikationskanals.

3. Bietet das neue Gerät die Kommandoklasse Multi Channel an, ermittle die Anzahl der Funktionskanäle und durch Abfrage eines Node Information Frame innerhalb der Funktionskanäle deren angebotenen Kommandoklassen.

4. Ermittle für alle Kommandoklassen, die dies anbieten, zusätzliche Informationen wie Sensortypen, Skalen, Anzahl Assoziationsgruppen, deren Größe etc.

In Abhängigkeit von der Anzahl der angebotenen Kommandoklassen kann das Interview recht lange dauern (mehrere Sekunden sind nicht unüblich). Die Verzögerung wird noch deutlich länger, wenn es sich beim neuen Gerät um ein FLiRS-Gerät handelt, das durch einen Wakeup-Beam gegebenenfalls immer wieder aufgeweckt werden muss (mehr Informationen über die Funktion eines FLiRS-Gerätes finden sich in Kapitel 3.3.2) und unter Umständen auch noch durch Verwendung der 'Security-Kommandoklasse V1' zusätzlichen Kommunikationsoverhead erzeugt (mehr Informationen über die `Security-Kommandoklasse V1` finden sich in Kapitel 4.6).

Ein Interview kann nicht nur ziemlich umfangreich sein; es sollte auch komplett durchgeführt werden. Die teilweise sehr umfangreiche Kommunikation ist ein echter Stresstest für die Funkverbindung und das Gerät selbst. Wird das Interview nicht beendet, kann dies eine Reihe von Gründen haben:

1. Die Kombination aus Security Command Class V1 und FLiRS erfordert eine sehr lange Zeit für das Interview. Es ist möglich, dass verschiedene Controller den Prozess zu zeitig abbrechen. Hier lohnt es sich, das Interview einfach nochmals anzustoßen.

2. Durch viel Funkverkehr und/oder eine schlechte Funkverbindung kommt es zu Paketverlusten. Damit wird der Interviewprozess meist angehalten. Ein Neustart hilft hier. Sollte das Interview danach immer noch nicht beendet werden können, dann sollte die Qualität der Funkverbindung getestet werden. Abschnitt 5.3 gibt einige Hinweise zur Fehlersuche.

5 Z-Wave in der Praxis

3. Batteriebetriebene Gerät gehen unter Umständen zu schnell in den Tiefschlafzustand. Hier hilft es, das entsprechende Gerät einfach manuell aufzuwecken.
4. In einigen sehr wenigen Fälle verletzt ein Gerät - insbesondere Testgeräte - das Z-Wave Protokoll. Dies wird zwar durch die Z-Wave Zertifizierung geprüft; leider werden aber gerade Vorseriengeräte gern schon verkauft, bevor die Zertifizierung vollständig bestätigt wurde.

Wurde das Interview erfolgreich beendet, dann ist dies ein recht guter Indikator für die Qualität des Gerätes und seiner Funkverbindung zum Controller.

5.1.9 Konfiguration

Der zweite Schritt nach der Inklusion ist die Konfiguration der Geräte. Ursachen und Möglichkeiten der Konfiguration von Z-Wave-Geräten sind in Kapitel 4.2.3 beschrieben. In Abhängigkeit von ihrer Stromversorgung reagieren Z-Wave-Geräte unterschiedlich auf Konfigurations-Kommandos:

- **Netzbetriebene Geräte:** Änderungen der Konfiguration werden sofort nach Speichern und Absenden an das Gerät aktiv.

- **FLiRS-Geräte:** Änderungen der Konfiguration werden sofort nach Speichern und Absenden an das Gerät aktiv.

- **Batteriegespeiste Geräte mit Aufweck-Intervall** Änderungen der Konfiguration werden erst nach dem nächsten Aufwecken wirksam. Dies gilt auch für eine Änderung des Aufweckintervalls selbst. Es ist möglich, durch manuelles Aufwecken die Konfigurationsänderungen sofort wirksam werden zu lassen.

- **Batteriegespeiste Controller (ohne Aufweck-Intervall):** Änderungen der Konfiguration werden nur nach einem manuellen Aufwecken des Gerätes wirksam.

5.1.10 Assoziationen und Szenen

Es ist möglich, eine Automatisierung mittels Assoziationen und mittels im Controller gespeicherter Szenen zu vermischen. Es wird allerdings empfohlen, sich auf eine Art der Automatisierung zu konzentrieren und die jeweils andere Art nur bei konkretem Bedarf zu ergänzen.

Assoziationen sind sehr sinnvoll bei einfachen Steuer-Beziehungen wie zum Beispiel Bewegungsmelder → Licht. Eine solche Beziehung kann auch über eine Szene gesteuert werden, bei deren Ausführung das Licht gesteuert wird und die über den Bewegungsmelder aktiviert wird. Die direkte Steuerung bringt hier aber viele Vorteile:

- Die Assoziation funktioniert auch, wenn der Controller ausgefallen ist.

- Es werden weniger Funkkommandos benötigt.

- Die Ausführung erfolgt wahrscheinlich schneller, da kein verzögernder Controller dazwischengeschaltet ist.

Wie bei Konfigurationen werden auf Änderung der Assoziationseinstellungen bei batteriebetriebenen Geräten erst nach dem nächsten Aufwecken des Gerätes mit der entsprechenden Assoziationsgruppe wirksam. Nähere Informationen zum unterschiedlichen Verhalten von Geräten stehen in Kapitel 5.1.9.

5.2 Hausaufgaben - wie entsteht ein stabiles Funknetz

Z-Wave ist eine recht robuste Funktechnologie, die sich sogar selbständig an veränderte Umgebungsbedingungen anpasst. Trotzdem sollten einige Regeln beachtet werden, um das eigene Funknetz stabil und funktionsfähig zu halten.

5.2.1 Funkschicht

Nachfolgend einige Tipps, um eine stabile Funk-Kommunikation zu erreichen und zu erhalten:

- Vermeiden sie den Einsatz von Wanddosen aus Metall, wenn durch Z-Wave Wandschalter eingebaut werden sollen. Es ist möglich, Z-Wave-Wandschalter direkt in Metalldosen einzubauen (Einige Produkte von englischen Herstellern sind sogar speziell für einen solchen Einsatz optimiert) aber es wird immer zu einer reduzierten Funkreichweite führen.

- Prüfen und berechnen sie die effektive Funkreichweite entsprechend Abschnitt 2.3 und berücksichtigen Sie insbesondere mögliche Probleme durch Abschattungen, Reflektionen und Interferenzen. **Vermeiden Sie Positionen im Abstand kleiner als 30 cm zu großen Metallstrukturen wie Kühlschränken etc.**

- Aus der Tatsache, dass ein Z-Wave-Netz bei der Installation korrekt gearbeitet hat, folgt leider nicht, dass dies auch in Zukunft der Fall sein wird. Die Funksituation in einem Haus oder einem Raum kann sich schon durch kleine Änderungen wie dem Öffnen oder Schließen einer Tür maßgeblich ändern. Z-Wave kann sich meist mit eigenen Mitteln automatisch und ohne Nutzereingriff an eine neue Situation anpassen, aber leider nicht immer.

Viele Installationswerkzeuge oder die Z-Wave-Steuersoftware stellen die Tabelle der Nachbarschaftsbeziehungen im Z-Wave-Netz grafisch dar. Aus einer solchen Darstellung ist ersichtlich, welche Geräte in welcher Funknachbarschaft sind. Abbildung 5.20 zeigt eine solche Tabelle.

5.2.2 Z-Wave Netzwerkfunktion und Routing

Um ein stabiles und verzögerungsarmes Z-Wave-Netzwerk zu betreiben sollten ebenfalls einige grundlegende Regeln beachtet werden:

- Permanente Versuche der Funkkommunikation mit nicht mehr vorhandenen Geräten sind zu vermeiden.

- Unnötiger Funkverkehr sollte vermieden werden um den Funkkanal für wichtige und zeitkritische Nachrichten freizuhalten.

Dies führt zu folgenden Empfehlungen:

1. Immer wenn ein Gerät nicht mehr per Funk erreichbar ist, sollte es aus der Netzkonfiguration entfernt werden. Dies trifft auf Geräte zu, die nicht mehr mit Strom versorgt sind oder sich außerhalb der Funkabdeckung des Z-Wave-Netzes befinden. Ansonsten entsteht unnötiger Datenverkehr, wenn das Netz verschiedene Alternativrouten testet, um das Gerät doch noch zu erreichen.

2. Wenn ein Gerät offensichtlich defekt ist, muss es ebenfalls aus der Netzkonfiguration entfernt werden. Das Netzwerk wird ein solches Gerät nach mehreren erfolglosen Kommunikationsversuchen als defekt erkennen. Es bleibt aber in der Netzkonfigura-

5 Z-Wave in der Praxis

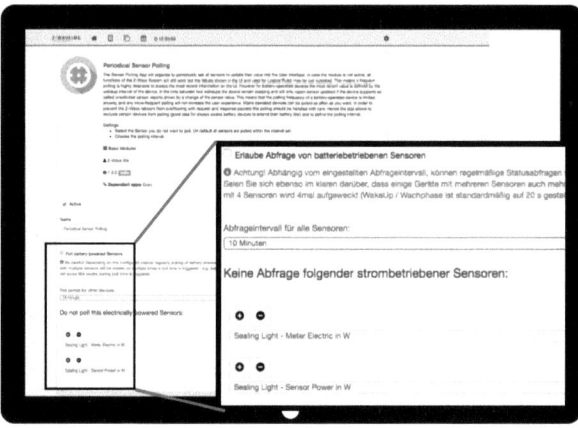

Abbildung 5.9: Nutzerschnittstelle zum individuellen Polling von Geräten

5 Z-Wave in der Praxis

tion erhalten und muss vom Controller durch eine manuelle Aktion entfernt werden.

3. Das Entfernen eines Gerätes - entweder durch Exklusion oder durch manuelles Entfernen eines als defekt erkannten Gerätes führt in der Regel nicht dazu, dass dieses Gerät auch aus den Assoziationsgruppen aller Geräte im Netz entfernt wird, wo es vorher eingetragen war. Als Resultat werden diese Geräte ebenfalls versuchen, weiter mit dem Gerät zu kommunizieren und damit die Funkkommunikation insgesamt verlangsamen. Nicht mehr existente Geräte sind also auch aus den Assoziationsgruppen zu entfernen. Am einfachsten geht dies mit einer Netzreorganisation.

4. Wechselt ein Gerät innerhalb des Netzes seinen Standort, sollte zur Sicherheit ebenfalls eine Netzreorganisation durchgeführt werden.

5. Sehr lange Routen durch das Netz sollten wenn möglich vermieden werden. Z-Wave erlaubt (siehe dazu Kapitel 3.2) bis zu vier Router auf einem Weg vom Sender zum Empfänger. Erfahrungen zeigen, dass Routen mit mehr als zwei Zwischenschritten dazu tendieren, instabil zu werden.

6. Das ständige Abfragen von Geräten durch einen Controller- auch Polling genannt - ist je nach Anwendung mehr oder weniger notwendig aber immer ei-

ne hohe Belastung für das Funknetz. Eine hohe Polling-Frequenz ermöglicht, dass Statusinformationen im Controller stets aktuell gehalten werden. Dies erfordert aber den Transport vieler Datenpakete, so dass Polling vorsichtig und selektiv eingesetzt werden sollte. Einige Controller ermöglichen nur ein generelles Einstellen des Polling-Intervalls während andere Controller sogar eine geräteindividuelle Einstellung des Intervalls ermöglichen. Abbildung 5.9 zeigt die Nutzerschnittstelle des Controllers VERA mit der Möglichkeit, für Geräte eine individuelle Polling-Frequenz zu bestimmen.

a) Wählen Sie ein sinnvolles Poll-Intervall. Es ist nicht zu empfehlen, öfters als einmal pro Minute zu pollen, Ein 5 Minuten-Intervall ist ein sinnvoller Kompromiss.

b) FLiRS-Geräte sollen nicht gepollt werden!

c) Wenn verfügbar sollten Geräte so konfiguriert werden, dass sie selbständig und ohne Anforderungen durch den Controller Messwertaktualisierungen senden.

d) Sensorwerte ändern sich öfters und weniger vorhersagbar wie Zählerwerte. Zählerwerte, die einen Verbrauch wie Gas, Elektroenergie oder Wasser aufsummieren sollten maximal einmal pro Stunde oder noch seltener gepollt werden.

e) Wenn bereits durch eine Kommandoklasse der

5 Z-Wave in der Praxis

Status eines Gerätes ermittelt wird - zum Beispiel durch die Switch Binary Klasse - dann muss eine andere Kommandoklasse - zum Beispiel Basic - gar nicht mehr gepollt werden. Sie würde nur den gleichen Wert zurückliefern.

Eine Netzwerkreorganisation ist die beste Methode, ein stabiles Funknetz zu erhalten. Dabei werden alle Nachbarschaftsbeziehungen zwischen Geräten neu erfasst und defekte Geräte erkannt. Eine Reorganisation sollte nach jeder Änderung des Netzes, also bei Inklusion, Exklusion, Entfernung defekter Geräte, Standardwechsel eines Gerätes durchgeführt werden. Eine regelmäßige Reorganisation ist darüber hinaus zu empfehlen, um immer die besten Routen im Netz zu nutzen.

Die wichtigsten Punkte dieser langen Liste an Empfehlungen können wie folgt zusammengefasst werden:

- Vermeiden Sie wenn möglich Metallstrukturen näher als 30 cm vom Z-Wave-Gerät.

- Nutzen Sie moderne Z-Wave-Geräte mit Explorer Frame so weit wie möglich.

- Entfernen Sie alle nicht mehr genutzten oder defekten Geräte aus dem Netzwerk (durch Exklusion) und auch aus allen Assoziationsgruppen.

- Führen Sie regelmäßig eine Netzreorganisation durch.

5 Z-Wave in der Praxis

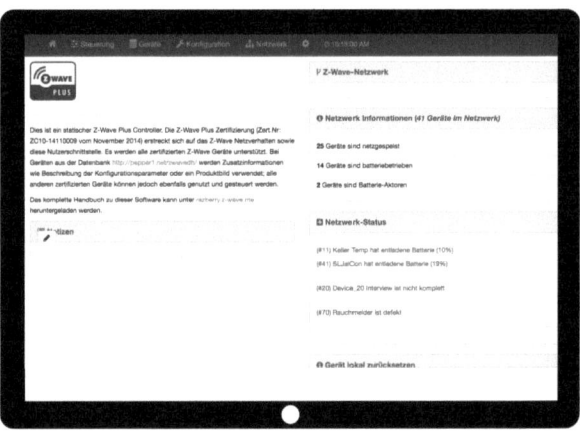

Abbildung 5.10: Experten-Zugang von Z-Way

5.3 Fehlersuche mit CIT bzw. Z-Way Expert UI

Die Fehlersuche in einem Z-Wave-Netz sollte anhand der verschiedenen Protokollschichten organisiert werden wie sie in Abschnitt 1.3 vorgestellt werden. Probleme können auf der Radioschicht, der Netzwerkschicht und der Applikationsschicht auftreten. Bei der Fehlersuche ist es sinnvoll, sich von unten nach oben durch alle möglichen Problembereiche zu arbeiten. Leider bieten nur sehr wenige Controller die dafür notwendigen Informationen und Statistiken an. Es gibt eine Reihe von Controllern, die auf der bekannten Middleware Z-Way von Z-Wave.Me basieren:

5 Z-Wave in der Praxis

- Z-Wave.Me RaZberry (razberry.z-wave.me),
- Popp Hub,
- Dome Z-Box,
- ...

Diese Gateways bieten neben ihrer eigentlichen Benutzeroberfläche einen zusätzlichen Nutzerzugang, der speziell für professionelle Z-Wave-Anwender, Installateure und Techniker gedacht ist. Diese heißt 'Expert-UI' und wird in Abbildung 5.10 gezeigt. In der Regel kann diese Expert-UI mit einem normalen Webbrowser über

$$http://IP.OF.CONTROLLER:8083/expert$$

zugegriffen werden. Alle nachfolgenden Dialoge und Optionen beziehen sich auf diese Schnittstelle.

Für alle anderen Controller bietet die Z-Wave-Alliance ein Werkzeug, dass parallel zu dem eigentlichen Controller agiert und nahezu die gleichen Informationen liefert. Das 'Certified Installer Toolkit CIT' [Alliance2017] ist für alle zertifizierten Z-Wave Alliance Installers erhältlich und kann ansonsten nicht im freien Handel gekauft werden. Das CIT ist ein voll funktionsfähiger Controller, wird aber für Fehlersuche als Zweitcontroller (Secondary Controller) in das zu analysierende Netz integriert. Es bleibt dann weitgehend inaktiv, analysiert und lauscht aber ins Netz und zeigt die entsprechenden Ergebnisse auf einer Website an. Nach getaner Arbeit kann das CIT wieder aus

5 Z-Wave in der Praxis

Abbildung 5.11: CIT Werkzeug

Source: Z-Wave Alliance

dem Netz entfernt werden und für Fehlersuche in anderen Netzen verwendet werden.

Besitzer von Controllern mit Z-Way und der Expert UI benötigen das CIT zur Fehleranalyse nicht, da alle Daten direkt vom Controller bereitgestellt werden. Damit entfällt auch eine eventuell notwendige Wartezeit für das CIT, um entsprechend viele Daten sammeln zu können. Um möglichst die gleiche Funksituation wie beim Controller analysieren zu können, sollte das CIT möglichst in räumlicher Nähe zum zentralen Controller positioniert werden.

Nach dem Einloggen in die Web-Oberfläche sind eine Reihe von Dialogen aus Auswertungen sichtbar, die für die Fehlersuche in den einzelnen Schichten des Z-Wave-Netzes nützlich sind.

5 Z-Wave in der Praxis

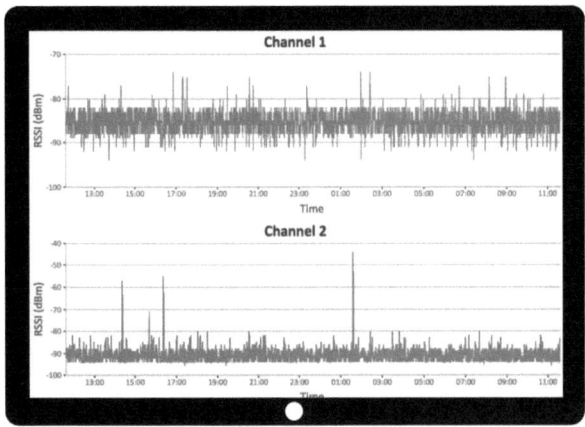

Abbildung 5.12: Hintergrundrauschen

5.3.1 Radio-Schicht

Probleme auf der Radio-Schicht entstehen durch Interferenzen und Hintergrundrauschen das durch andere elektrische Geräte (Babyphone, Funklautsprecher, Motoren, ...) aber auch durch andere Z-Wave-Netze mit hohem Datenverkehr in der Umgebung entstehen können. Nicht ungewöhnlich ist auch, das andere Funkdienste und hier insbesondere der LTE-Dienst in ländlichen Gebieten bei 852 MHz in das SRD860 einstreuen [Paetz2013].

Der Menüpunkt **'Hintergrundrauschen'** zeigt ein Diagramm mit dem Rauschen auf den beiden von Z-Wave verwendeten Funkkanälen. Kanal 1 bezieht sich auf die die Frequenz von 868,4 MHz mit den Übertragungsraten von 9.6 kB/s und 40 kB/s. Kanal 2 bezeichnet die Funkfrequenz von 869.3 MHz mit der Datenrate von 100 kB/s.

Abbildung 5.12 zeigt eine solche Darstellung mit minütlichen Messwerten über 24 Stunden. Der Rauschpegel liegt hier bei ca. -85 dBm im Kanal 1 und ca. -90 dBm für Kanal 2 und ist damit definiert damit gleichzeitig die minimale Energiemenge, die ein Z-Wave Sender bis zum Controller senden muss[1].

Je niedriger der Rauschpegel, desto besser ist die Funksituation. Alle Rauschpegel unterhalb -95 dBm bedeuten einer sehr 'saubere' Funkumgebung. Rauschpegel von -70 dBm oder höher sind schlecht. Eine zuverlässige Funkverbindung ist dann nur noch über wenige Meter möglich.

Achtung: Die Messung erfolgt nur am Ort des CIT bzw. des Controllers. Am Ort des Kommunikationspartners kann ein anderes Rauschen herrschen, das es dann zwar dem Controller ermöglichen würde, Nachrichten des betreffenden Gerätes zu empfangen; die Bestätigung der Kommunikation geht dann aber im Rauschen am Ort des anderen Gerätes verloren.

Mit dem CIT ist es einfach möglich, das Rauschniveau an anderen Orten im Haus zu messen. Dafür existiert der Dialog **Rauschmessung** wie in Abbildung 5.13 dargestellt. Diese Anzeige wird aller 2 Sekunden aktualisiert. Da das CIT als eigener WIFI-Accesspoint arbeitet, ist es möglich,

---

[1] Wenn diese Messung mit dem CIT gemacht wird, dann wird der Rauschpegel am CIT und nicht am Controller angezeigt.

5 Z-Wave in der Praxis

Abbildung 5.13: Echtzeitmessung des Hintergrundrauschens

das Gerät frei im Raum zu bewegen. Dazu muss es allerdings mit einer Batterie versorgt werden. Eine handelsübliche 'Powerbank' wie in Abbildung 5.14 gezeigt ist dazu bestens geeignet.

Das Rauschen sollte stärker werden, je näher das Messgerät an das aussendende Gerät kommt.

Neben dem Rauchpegel zeigt Abbildung 5.12 einige 'Nadeln', d.h. kurze Momente mit sehr viel höherer gemessener Feldstärke. Diese Nadeln stammen in der Regel von der Kommunikation anderer Z-Wave-Geräte untereinander. Beim CIT, das ja nur im zu untersuchenden Funknetz zu Gast ist, kann dies auch Kommunikation vom zentralen Controller sein. Bei der Expert UI wird genau dieser Datenverkehr nicht beim Rauschen angezeigt. Hier muss die Quelle dann die direkte Kommunikation anderer Z-Wave-Geräte im Netz sein. Das Rauschen kann

5 Z-Wave in der Praxis

Abbildung 5.14: Powerbank zur Stromversorgung des CIT beim mobilen Einsatz

aber auch von Z-Wave-Geräten aus anderen Netzen in der Nähe stammen. Um hier Klarheit zu erlangen hilft der Dialog **Netzwerkstatistik** wie in Abbildung 5.15 gezeigt. Hier wird angegeben, wieviel der vom Controller (oder dem CIT) empfangenen korrekten Pakete aus dem eigenen Netz oder aus Fremdnetzen stammen. Die beiden anderen Statistiken zeigen an, wie schwer es für den Controller (oder das CIT) ist, eigene Pakete in den Funkkanal zu senden und wieviel fehlerhafte Pakete empfangen wurden.

5.3.2 Netzwerk-Schicht - defekte Geräte

Z-Wave-Geräte können zwei Arten von Fehlern aufweisen:

5 Z-Wave in der Praxis

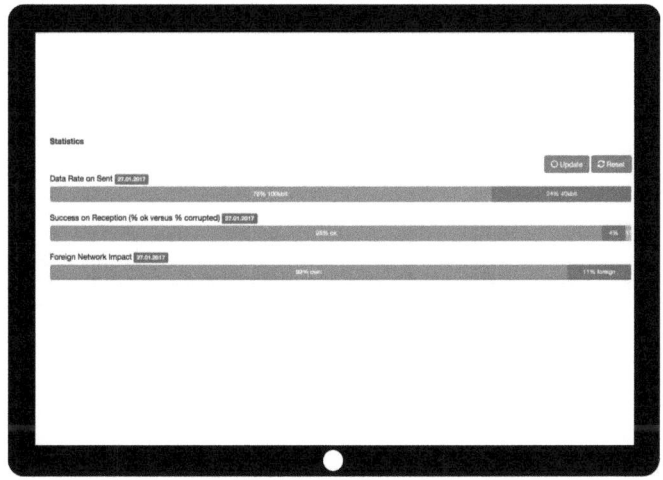

Abbildung 5.15: Netzwerkstatistik

- Sie sind defekt, entfernt, gestohlen oder anderweitig nicht mehr aktiv. In diesem Falle wird das der Controller irgendwann erkennen und das Gerät als fehlerhaft markieren (Mehr Informationen über die Verwaltung fehlerhafter Geräte steht im Kapitel 3.28). Die Statusübersicht wie in Abbildung 5.16 zeigt alle Geräte im Netz und markiert fehlerhaft erkannte Geräte. Hierbei muss beachtet werden, das batteriebetriebene Geräte vom Controller nicht automatisch als fehlerhaft erkannt werden können, da diese ja meistens im Tiefschlaf und damit ohnehin nicht funktechnisch erreichbar sind. Da Batteriegeräte aber keine Routingfunktionen für andere Geräte erbringen, würde ein fehlerhaftes batteriebetriebenes Gerät keine negativen Auswirkungen auf die Stabilität des Netzes haben.

- Das Gerät ist funktechnisch erreichbar, aber es sendet zu häufig oder ständig Funknachrichten aus. Der Grund liegt in der Regel in fehlerhafter Software auf dem Gerät oder grob falscher Konfiguration. Dieser Fehler tritt daher sehr selten auf, ist aber nicht unmöglich. Mittels dem **Paketanalysator** (Sniffer View) wie in Abbildung 5.17 gezeigt, ist ein solches Fehlverhalten sehr leicht zu erkennen.

Eine weitere Möglichkeit, fehlerhafte Geräte zu erkennen ist die **Zeitinformation** (Timing Info), die allerdings nur in der Expert UI verfügbar ist.

5 Z-Wave in der Praxis

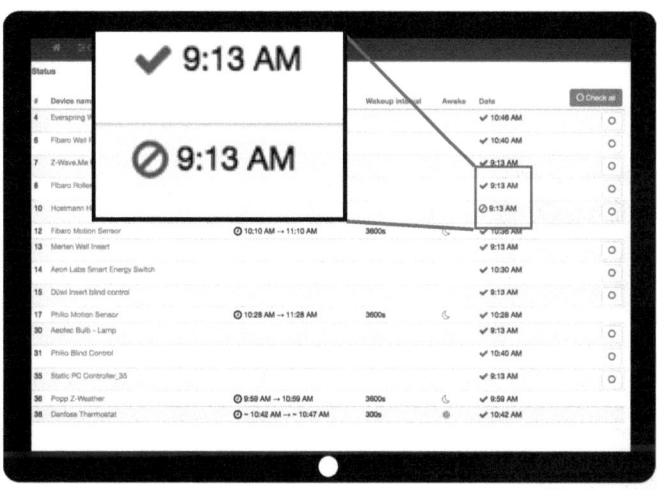

Abbildung 5.16: Status-Ansicht im CIT oder Z-Way-Experten-Zugang

5 Z-Wave in der Praxis

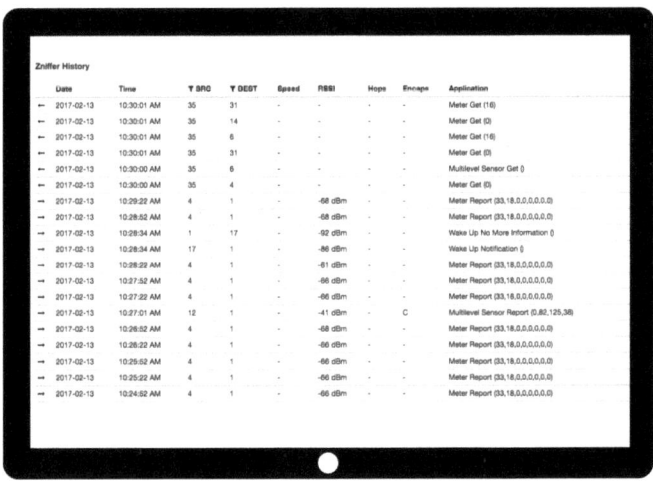

Abbildung 5.17: Paket-Sniffer

5 Z-Wave in der Praxis

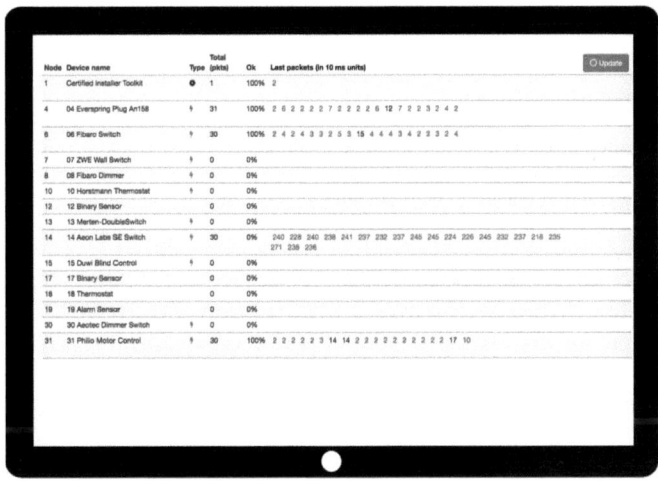

Abbildung 5.18: Paketlaufzeiten

5 Z-Wave in der Praxis

Abbildung 5.18 zeigt diese Analyse-Möglichkeit. Sie zeigt, nach welcher Zeit Pakete die vom Controller abgesendet wurden, final vom Empfänger bestätigt wurden. In diese Zeit gehen eine Reihe von Verzögerungen ein:

- Zugriff auf den Funkkanal, d.h. mögliche mehrere Versuche, ein Paket überhaupt absenden zu können. Dies beinhaltet das gleiche Problem auf Seite des Empfängers der ja eine Bestätigungsnachricht absenden muss.

- Notwendiges mehrfaches Absenden über gleiche Route und/oder danach über alternative Routen.

- Verzögerungen durch das Routing selbst

- Die Verarbeitungszeit im eigenen Controller. Diese ist aber meist konstant und vernachlässigbar.

Jeder Sendeversuch benötigt ca. 10 ms. Daher werden die Zeiten in Vielfachen von 10 ms angegeben. Durch unterschiedliche Farben werden die prinzipiellen Fälle beim Absenden einer Nachricht unterschieden:

- Grün: Erfolgreiche Übertragung auf direktem Wege ohne Routing.

- Schwarz: Erfolgreiche Kommunikation über eine Route.

- Rot: Fehlgeschlagene Kommunikation (in der Regel nach 9 Sendeversuchen).

5 Z-Wave in der Praxis

Abbildung 5.18 zeigt die Situation in einem Netz, das gerade frisch installiert wurde. Es wurden bisher überhaupt nur mit wenigen Geräten kommuniziert. Es wurde wahrscheinlich noch kein Polling von Sensoren etc. eingestellt. Die Abbildung zeigt, dass Geräte 4, 6 und 31 in direkter Funkverbindung liegen und mit ihnen sehr schnell und zuverlässig kommuniziert werden kann (grün, kleine Zahl).

Gerät 14 scheint ein Problem zu haben. Der Controller hat mehrere Male erfolglos versucht, mit diesem Gerät in Verbindung zu treten. Ab einem bestimmten Zeitpunkt wird der Controller dieses Gerät als defekt markieren und keinen Kommunikationsversuch mehr unternehmen.

Abbildung 5.19 zeigt ein Z-Wave-Netz, das deutlich komplexer ist, mehr Kommunikation stattgefunden hat und das auch schon eine Zeit lang in Betrieb war. Gerät Nummer 20 ist wiederum ein defektes Gerät, das ersetzt werden sollte. Die folgenden weiteren Erkenntnisse können aus Abbildung 5.19 abgeleitet werden:

- Gerät 5 kann nur über eine Route erreicht werden und mitunter funktioniert auch diese Verbindung nicht. es werden mehrere Verbindungsfehler angezeigt. Hier muss die Route zwischen Controller und Gerät 5 näher untersucht werden. Offensichtlich war es dem Controller auch nicht möglich, eine alternative Route zu finden.

- Gerät 6 befindet sich in direkter Funkreichweite und

5 Z-Wave in der Praxis

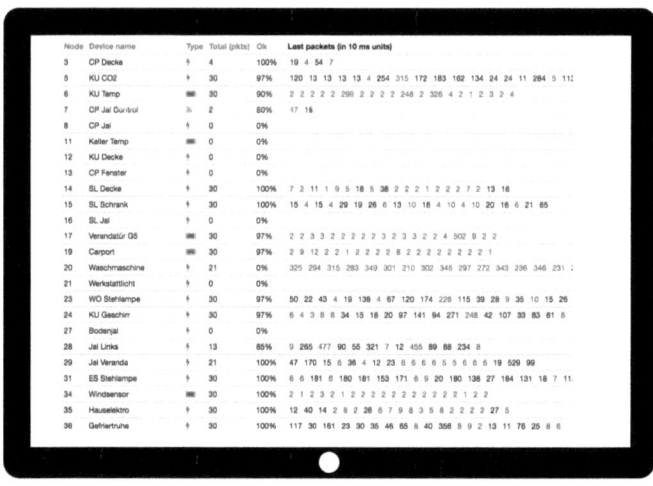

Abbildung 5.19: Paketlaufzeiten in einem gealterten Z-Wave-Netz

5 Z-Wave in der Praxis

hat in der Regel eine sehr gute Verbindung. Von Zeit zu Zeit wird aber ein Fehler gemeldet. Dieses Gerät ist ein batteriebetriebenes Gerät, dass mitunter zu schnell wieder in den Tiefschlaf-Modus geschaltet hat. Das letzte Datenpaket vom Controller, das dies eigentlich anweisen soll, erreicht das Gerät dann nicht mehr. (Mehr Informationen über das Schlaf- und Aufweckverhalten von batteriebetriebenen Geräten finden sich in Kapitel 4.2.4.). Dieses Verhalten ist zwar ärgerlich aber prinzipiell nicht schädlich für die Netzstabilität.

- Gerät 15 schaltet permanent zwischen direkter Kommunikation und einem Routing. Die direkte Kommunikation scheint aus Sicht des Controllers immer die beste Lösung zu sein, aber mitunter muss er einfach einen Umweg gehen. Dies könnte darin liegen, dass eine Tür offen oder geschlossen ist oder eine andere Änderung der Funkumgebung entsteht. Das gleiche Verhalten zeigt Gerät 29 und 31.

- Gerät 24 hat eine interessante Geschichte. Es hatte eine sehr stabile Verbindung, aber diese Verbindung wurde mit der Zeit immer schlechter bis zu dem Punkt, wo die Verbindung komplett abgebrochen ist. Die allerletzte Kommunikation funktionierte dann wieder tadellos, allerdings mit einer Verzögerung von 80 ms. Dieses Verhalten ist nicht einfach zu erklären, weil eine Vielzahl von Einflüssen

(Rauschen, falsches Routing, ...) hier Einfluss haben könnten.

5.3.3 Netzwerkschicht - falsche oder schlechte Verbindungen

Es ist immer von Vorteil, wenn die Geräte schon bekannt sind, die im Netz Probleme bereiten. Wenn das Gerät selbst ordnungsgemäß arbeitet und auch keine Probleme mit Hintergrundrauschen bestehen, dann kann ein Routing-Problem vorliegen. Der Dialog **Nachbarn** (Neighbors) in Abbildung 5.20 zeigt, welche Geräte welche anderen Geräte als Funknachbarn besitzen. Diese Übersicht ist auch in einigen anderen Controllern vorhanden und wird dort fälschlicherweise als Routing-Tabelle bezeichnet. Ein Gerät sollte zu möglichst vielen Geräten eine direkte Funkverbindung besitzen oder zumindest eine Verbindung über eine kurze Route. Dies kann aus der Darstellung herausgelesen werden. Besitzt ein bestimmtes Gerät nur eine Route zu einem anderen Gerät so führt die Störung dieser Route sofort zum Ausfall der Funkkommunikation. Die Übersicht gibt aber nicht an, welche Verbindungen tatsächlich genutzt werden und wie die Qualität der einzelnen Funkverbindungen ist. Genau diese Qualität kann über den Dialog **Verbindungstest** (Link Test) ermittelt werden. Abbildung 5.21 zeigt diese Darstellung. Hier werden nur die Verbindungen von netzbetriebenen als routenden Geräten angezeigt und können auch getestet werden. Bei

5 Z-Wave in der Praxis

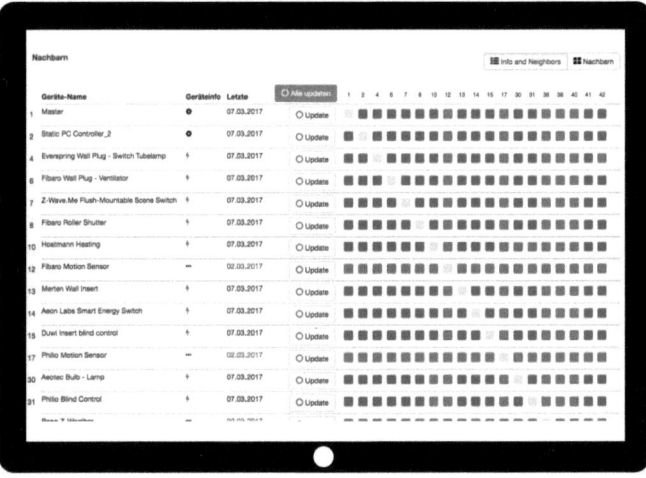

Abbildung 5.20: Nachbarschaftstabelle in einem Controller

der Angabe der Qualität wird wieder auf einfache Farbkodierungen zurückgegriffen:

- Grün: Gute Qualität

- Schwarz: Unbekannt, d.h. noch nicht getestet oder Test war nicht erfolgreich

- Rot: Problematische Qualität

kann also nicht ausgeschlossen werden, dass ein Linktest erfolgreich ist und doch danach wieder Probleme bereitet.

5 Z-Wave in der Praxis

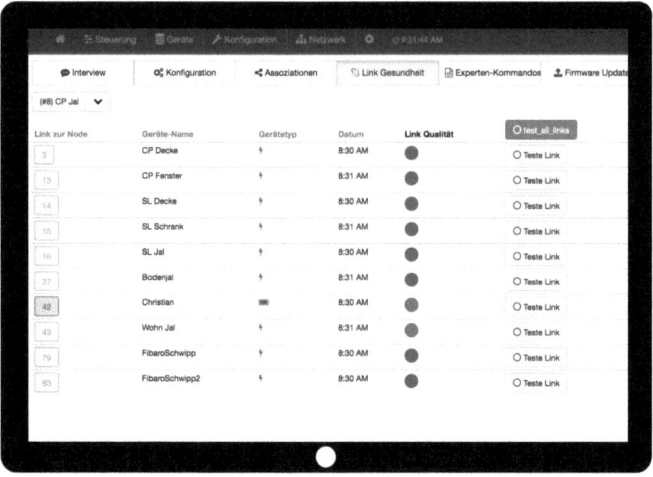

Abbildung 5.21: Tests der Funkverbindungen für ein bestimmtes Gerät

5.3.4 Konfigurationsfehler auf Applikations-Ebene

Auf der Applikationsebene gibt es in der Regel kein Fehlverhalten von Geräten. Es ist aber durchaus möglich, dass Geräte falsch konfiguriert wurden und daher Probleme bereiten. Die Z-Way Expert UI und in gewissen Grenzen auch das CIT können solche falschen Konfigurationen erkennen und beheben.

Polling

Zu kurze Polling-Intervalle erzeugen eine zu hohe Last auf dem Netz. Ein Blick auf den Paketsniffer wie in Abbildung 5.17 lässt dieses Problem schnell erkennen. Kapitel 5.2.2 gibt einige Hinweise zur richtigen Konfiguration von Polling.

Tote Assoziationen

Assoziationen ermöglichen die direkte Kommunikation zwischen Geräten. Gibt es in einer Assoziationsgruppe mehr als ein Gerät, so wird das steuernde Geräte die Geräte in der Gruppe in der Reihenfolge ihres Eintrags ansteuern. Ein durchaus häufiges Problem ist, das während der Installation eines Netzes bereits Geräte in Assoziationsgruppen eingetragen werden, die später nochmals zurückgesetzt oder exkludiert werden. Da deren erste Geräte-ID dann immer noch in der Assoziationsgruppe hinterlegt ist, wird die Kommunikation zu diesem nicht mehr vor-

5 Z-Wave in der Praxis

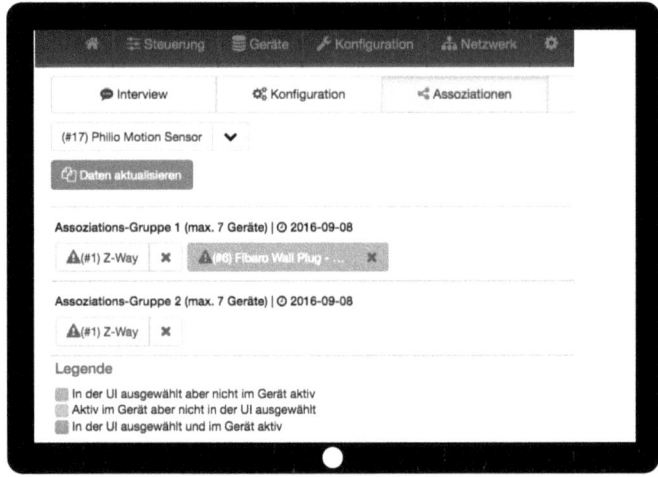

Abbildung 5.22: Assoziation-Dialog

handenen Gerät fehlschlagen. Alle Steuerkommandos zu den anderen später hinzugefügten Geräten werden deutlich verzögert.

In der Expert-UI und auch im CIT gibt es eine Übersicht über die aktiven Assoziationen. Abbildung 5.22 zeigt die entsprechende Darstellung. Wird eine falsche Assoziation erkannt, kann diese im gleichen Dialog auch gleich entfernt werden.

Falsche Konfiguration des Aufweck-Intervalls

Falsche Aufweck-Einstellungen bei batteriebetriebenen Geräten können nicht nur zu hohem Datenverkehr führen; die größere Auswirkung ist eine deutlich reduzierte Batterielebensdauer. Wird der Aufweckintervall allerdings zu groß gewählt, dann führt dies zu sehr trägen Reaktionen auf Konfigurationsänderungen und eventuell zu verspäteten Meldungen über geänderte Messwerte schlafender Sensoren. Die Statusübersicht nach Abbildung 5.16, die so nur in der Expert UI verfügbar ist zeigt ebenfalls die eingestellten Aufweckintervalle und den vorhergesagten Zeitpunkt des nächsten Aufweckens. Die Konfigurationseinstellungen pro Gerät erlauben nicht nur das Ändern des Aufweckintervalls, sondern auch das Setzen der Geräte-ID des Zentral-Controllers. Hier muss unbedingt die ID des zentralen SUC/SIS stehen, da die batteriebetriebenen Geräte sonst nicht korrekt verwaltet werden können.

5.3.5 Zusammenfassung

Tabelle 5.1 beschreibt die *'10 Gründe für Z-Wave Netzwerkprobleme'* und gibt Vorschläge, wie diese behoben werden können.

Tabelle 5.2 zeigt einen Vergleich der beim CIT und der bei Z-way Expert vorhandenen Dialoge und Funktionen.

5.4 Bekannte Probleme und Lösungen

Im Allgemeinen ist Z-Wave eine überraschend stabile und einfach zu nutzende Technologie. Es muss allerdings beachtet werden, dass Z-Wave schon viele Jahre im Markt ist und von verschiedensten Firmen aus verschiedensten Branchen genutzt wird. Dies führt zu unterschiedlichen Sichtweisen auf Anwendungen und Probleme und diese spiegeln sich nicht zuletzt in unterschiedlicher Qualität der Produkte und der dazugehörenden Dokumentation wieder.

> Z-Wave garantiert Interoperabilität aber nicht Qualität.

Die folgenden Abschnitte geben daher einen Überblick über typische Probleme im Umgang mit Z-Wave.

5 Z-Wave in der Praxis

No.	Grund	Wo gefunden?	Wie gelöst?
1	Rauschen durch andere Geräte	Hintergrund-Rauschen, Rauchmessung	Finden und Ausschalten
2	Rauschen durch andere Z-Wave-Netze	Hintergrund-Rauschen, Netzwerk-Statistik	Mit dem Nachbarn sprechen
3	Defekte Geräte	Status-Übersicht	Gerät ersetzen
4	Geräte in Endlosschleife sendend	Sniffer	Gerät entfernen oder ersetzen
5	Schwacher Funk-Link	Nachbarschafts-Tabelle, Link-Qualität	mehr Geräte hinzufügen, Geräteposition verändern
6	Zu hohes Fading	Zeit-Information	Network Reorganisation, mehr Geräte hinzufügen
7	Falsches Routing	Zeit-Information	Netzwerk-Reorganisation
8	Zu intensives Polling	Sniffer	Ändern und Speichern
9	Falsches Aufweck-Intervall	Status-Übersicht	Ändern und Speichern
10	Tote IDs in Assoziationsgruppen	Assoziations-Übersicht komplett oder pro Gerät	Ändern und Speichern

Tabelle 5.1: Schritte zur Fehlersuche im Z-Wave-Netz

Funktion	CIT	Expert
Hintergrundrauschen	ja	ja
Rauschmessgerät	ja	nein
Netzwerkstatistik	ja	ja
Netzwerkstatus	nur netzbetriebene Geräte	ja
Sniffer	alle empfangenen Pakets	alle eigenen Pakets
Zeitinfo	nein	ja
Nachbarschaftstabelle	ja	ja
Link-Qualität	nur netzbetriebene Geräte	ja
Aufweck-Verhalten	nein	ja
Batteriestatus	nein	ja
Assoziationen	nur netzbetriebene Geräte	ja

Tabelle 5.2: Schritte zur Fehlersuche im Z-Wave-Netz

5.4.1 Sprachverwirrung

Die Z-Wave Alliance fordert im Rahmen der Zertifizierung die Verwendung einiger vorgegebener Grundbegriffe in Z-Wave.

- Inklusion und Exklusion
- Assoziation
- Vermaschung und Routing

Diese Begriffe sind in englischer Sprache definiert und es obliegt dem einzelnen Hersteller, diese in lokale Sprache zu übersetzen. Die nichtenglischen Handbücher werden jedoch nicht von der Z-Wave Alliance zertifiziert und bieten damit allerhand Stoff für Irritationen. Darüber hinaus sind die Anforderungen an die Dokumentation von Produkten recht einfach. Sie können unmöglich komplett unterschiedliche Anforderungen an Dokumentation durch unterschiedliche Nutzergruppen abdecken. Ein Handbuch für Programmierer wird Begriffe anders verwenden als eine Installationsanleitung für Elektriker. Auch dies fördert Missverständnisse.

Die im Anhang A angegebene Webseite mit Handbüchern verfolgt das Ziel, Benutzerdokumentationen für die wichtigsten europäischen Produkte in deutscher Sprache und in einer einheitlichen Struktur zur Verfügung zu stellen.

5.4.2 Verwechslung von Funktionen

Um die Benutzung von Z-Wave-Geräten zu vereinfachen, haben manche Hersteller - besonders von Fernbedienungen - die Schritte Inklusion und Assoziation in einem einzigen Schritt miteinander verbunden. Diese Produkte ermöglichen dann die *Inklusion eines neuen Gerätes in eine Gruppe*. Dies ist die Beschreibung zum Setzen einer Assoziation. Erfahrene Nutzer werden hier den ersten Schritt - die Inklusion vermissen und sind verwirrt. Die Kombination aus zwei ohnehin nacheinander durchzuführenden Schritten ist keine schlechte Idee - sie muss nur entsprechend beschrieben werden.

5.4.3 Keine Vorwärts-Kompatibilität

Das Kernversprechen von Z-Wave ist seine Interoperabilität und in der Tat ist es beeindruckend, wie viele unterschiedliche Geräte von unterschiedlichen Herstellern gemeinsam in einem Netz arbeiten können. Erreicht wird dies unter anderem durch eine strikte Rückwärts-Kompatibilität der Produkte. Wird eine Erweiterung des Standards vorgeschlagen, dann ist es zwingend erforderlich, dass weiterhin alle bestehenden Funktionen unterstützt werden.

Abbildung 5.23 zeigt das erste Z-Wave-Gerät aus dem Jahre 2004, dass für Europa produziert wurde. Dieses Gerät wird mittlerweile nicht mehr verkauft, funktioniert aber immer noch in modernen Netzen.

5 Z-Wave in der Praxis

Abbildung 5.23: Erstes europäisches Z-Wave-Produkt von ACT aus dem Jahre 2004

Die Rückwärts-Kompatibilität ist jedoch eine Einbahnstraße und es existiert keine Vorwärtskompatibilität. Dies würde bedeuten, das ein Produkt heute schon Funktionen unterstützt, die erst in einigen Jahren erfunden werden. Das ist technisch logisch, wird aber nicht jedem Anwender in einer konkreten Situation auch deutlich.

Beispiel

Eine Fernbedienung, die im Jahre 2007 entwickelt wurde, war und ist in der Lage Schalter zu schalten und Dimmer zu dimmen. Sie wurde zertifiziert und führt all die damals bekannten Funkkommandos korrekt aus. Ungefähr um das Jahr 2009/2010 kamen die ersten 3 Farben-LED-Leuchten auf den Markt. Diese können geschaltet und gedimmt werden, es kann aber auch durch die Farbstimmung definiert werden.

Die Z-Wave Alliance hat auf diese Veränderung reagiert und eine neue Kommandoklasse zur Farbwahl von Leuchten definiert. Diese Kommandoklasse *'Color Control Command Class'* wurde ca. 2011 Teil des Z-Wave-Standards.

Alle Multi-Color-Leuchten mit Z-Wave sind selbstverständlich rückwärtskompatibel und können weiterhin mit den bekannten Kommandos geschaltet und gedimmt werden. Eine Farbwahl ist allerdings nur mit neueren Fernbedienungen möglich, die ebenfalls die Kommandoklasse zur Farbsteuerung implementieren. Die ebenfalls interoperable Fernbedienung aus dem Jahre 2007 kann das nicht, da zum Zeitpunkt der Entwicklung und Zertifizierung weder die Funktion einer Farbwahl noch eine entsprechende Kommandoklasse bekannt war. Anwender können dieses Verhalten trotzdem als Inkompatibilität interpretieren.

5.4.4 Multi Channels versus Multi Instances

Keine Regel ohne Ausnahme. Während Z-Wave die Rückwärts-Kompatibilität kompromisslos durchsetzt, gibt es eine einzige Ausnahme: die Kommandoklasse *Multi Instance Command Class*. Hier ist der Hintergrund:

Als Z-Wave Anfang der 2000er Jahre entworfen wurde, sollten Geräte immer nur eine einzige Funktion besitzen. Ein Schalter-Gerät hatte einen Schalter, ein Dimmer-Gerät einen Dimmer usw. Später wurde offensichtlich, dass es

5 Z-Wave in der Praxis

Geräte geben könnte, die mehrere identische Funktionen in einem Gerät vereinen. Ein gutes Beispiel dafür wäre eine Stromschaltleiste, die ein einziges Z-Wave-Funkgerät darstellt aber mehrere Schaltkontakte besitzt. Um Z-Wave um identische Geräte zu erweitern und gleichzeitig die Rückwärtskompatibilität zu erhalten wurde eine neue Kommandoklasse mit dem Namen *Multi Instance Command Class* eingeführt. Sie sollte Informationen über mehrere Instanzen bestimmter Funktionen liefern und auch eine Unterscheidung dieser Funktion gewährleisten.

Nachdem mehrere Geräte mit dieser Kommandoklasse im Markt waren, stellte sich heraus, dass die Kommandoklasse zwar im Prinzip das Problem löste, aber in einigen Situationen keine eindeutige Zuordnung von Funktionen in einem Gerät liefern konnte. Daher wurde eine zweite Version der Kommandoklasse entworfen, die zur ersten nicht mehr kompatibel war. Sie zählt nicht mehr die Anzahl der Funktionen, sondern unterteilt dein physisches Gerät in logische Kanäle. Zur Unterscheidung wurde diese Kommandoklasse *Multi Channel Command Class* genannt. Die alte *Multi Instance*-Kommandoklasse wurde nicht mehr zur Zertifizierung zugelassen und nur sehr wenige Hersteller haben daher die erste nicht mehr unterstützte Version implementiert, darunter allerdings die deutsche Firma Merten, jetzt Teil des französischen Großunternehmens Schneider Elektrik.

Da nur sehr wenige Geräte mit der '*Multi Instance Command Class*' im Markt existieren, unterstützen wiederum nur sehr wenige Controller-Hersteller diese Kommandoklasse. In Europa wird die alte Kommandoklasse und damit die Produkte von Merten nur von der Software Z-Way von z-wave.me [Zme2017] unterstützt. Die modernere *Multi Channel Command Class* ist heute für Geräte mit mehreren Funktionen nicht mehr wegzudenken und für Controller nach der Z-Wave Plus-Zertifizierung als eine Pflichtklasse.

5.4.5 Sünden der Vergangenheit

Als Anfang der 2000er Jahre die ersten Z-Wave-Geräte auf den Markt kamen, war das Zertifizierungsverfahren noch nicht so ausgereift wie heute. Es wurden einige wenige Geräte zertifiziert, die heute aufgrund unglücklicher oder sogar falscher Implementierung von Kommunikationsabläufen keine Zertifizierung mehr erhalten würden. Ein Großteil dieser Geräte ist mittlerweile entweder aktualisiert worden oder vom Markt verschwunden. Im Anhang A ist ein Link zu einer Auflistung der Geräte mit Problemen genannt. Der größte Teil der Probleme sind auf den fehlenden Support der neueren *Multi Channel Command Class* zurückzuführen.

5.4.6 IP-Gateways

Intelligente Häuser bilden eine Schnittstelle zwischen zwei unterschiedlichen Produktwelten. Auf der einen Seite steht die Installationstechnik mit Heizung- und Elektrik-Kom-

5 Z-Wave in der Praxis

ponenten, die eine sehr lange Entwicklungs- und Produktlebenszeit aufweisen und entsprechend robust entworfen werden.

Auf der anderen Seite steht die Informationstechnologie mit ihren kurzen Lebenszeiten und einer sehr dynamischen Produktwelt. Produkttests werden hier immer wieder von Kunden durchgeführt und Updates und Verbesserungen sind an der Tagesordnung.

IP-Gateways mit ihren Nutzerschnittstellen für Mobiltelefone und Webbrowser gehören zur zweiten Kategorie. Hersteller dieser Produkte veröffentlichen immer wieder neue Softwareversionen, die alte Produkte lösen aber nicht selten neue Probleme schaffen.

5.4.7 Schwacher Prüfsummenalgorithmus

Der Abschnitt 3.1.5 beschreibt den in Z-Wave benutzten Prüfsummenalgorithmus und diskutiert dessen Schwächen. Für sensible Messdaten wurde daher eine Erweiterung des Z-Wave-Standards in Form einer Kommandoklasse für eine sichere Prüfsumme eingeführt. Um dieses nunmehr sichere Verfahren nutzen zu können, müssen allerdings beide Kommunikationspartner die neue Kommandoklasse (CRC 16) unterstützen. Da die Mehrheit der aktuell im Markt angebotenen Z-Wave Produkte die Kommunikation über den Z-Wave-Kanal 3 mit 100 kBit/s und 16 Bit Prüfsumme nutzt, ist dieses Problem nahezu verschwunden.

5.4.8 Komplettangebote von bestimmten Herstellern

Es liegt im normalen Interesse eines Herstellers, so viel Produkte wie möglich an einen einmal gewonnenen Kunden zu verkaufen. Daher versuchen Hersteller immer wieder mit Komplettlösungen Kunden an sich zu binden. Z-Wave erzwingt aber ein offenes System, wo auch Geräte von Fremdherstellern in einem anderen Netz betrieben werden können.

Während des Zertifizierungsprozesses wird ein Produkt daraufhin getestet, inwieweit es die formalen Anforderungen der Interoperabilität erfüllt. Dabei wird auch getestet, ob ein Hersteller Geräte anderer Produzenten in seinem System (Controller) akzeptiert.

Hersteller sind aber sehr kreativ, andere Produkte zugunsten der eigenen Produkte zu diskriminieren und Kunden sanft aber bestimmt zum Kauf nur der eigenen Produkte zu motivieren. Mitunter hilft nur ein Anruf beim Kundensupport des Herstellers, um die Tricks zu erfragen, wie Fremdprodukte doch in einem bestimmten Controller genutzt werden können.

6 Spezialthemen rund um Z-Wave

6.1 Rechtliche Situation

Die Z-Wave-Kommunikationsarchitektur besteht aus verschiedenen Teilen mit unterschiedlichem rechtlichen Status.

Abbildung 6.1 gibt einen Überblick über die vier Teil-Bereiche

- PHY: Die physikalische Schicht behandelt Funkfrequenzen, Funkrahmen, Fehlererkennung, Kodierung etc. Dieser Teil ist ITU-T-Spezifikation G.9959 und damit öffentlich und von jedermann frei und lizenzfrei nutzbar.

- MAC: Die Medienzugangsschicht beschreibt Details der Geräteadressierung, der Home ID, Übertragungsverfahren etc. Dieser Teil ist ebenfalls ITU-T-Spezifikation G.9959 und damit öffentlich und von jedermann frei und lizenzfrei nutzbar.

- NET: Die Netzwerkschicht beschreibt Vorgänge wie Inklusion, Exklusion, Routing und Netzwerkreorga-

6 Spezialthemen rund um Z-Wave

Abbildung 6.1: Funktionsschichten von Z-Wave

nisation. Dieser Teil von Z-Wave ist Eigentum von Sigma Designs, wird aber jedem Hersteller eines Z-Wave-Gerätes diskriminierungs- und lizenzkostenfrei zur Verfügung gestellt.

- APP: Die Anwendungsschicht definiert, was einzelne Produkte tun sollten und wie sie dies zu tun haben. Sie sind damit Eigentum des jeweiligen Produktherstellers. Die Implementierung der Funkkommandos muss allerdings durch eine Zertifizierung genehmigt werden und unterliegt strengen Anforderungen und Kontrollen. Alle nicht funkrelevanten Funktionen eines Z-Wave Protokolls unterliegen kei-

6 Spezialthemen rund um Z-Wave

Abbildung 6.2: ITU-T G.9959

nen Einschränkungen durch den Z-Wave-Standard.

Die ITU-T-Spezifikation G.9959 ist gegen eine kleine Unkostenpauschale bei der ITU in der Schweiz bestellbar. Alle dort beschriebenen Verfahren sind frei von Patentansprüchen und anderen Rechten Dritter.

Abbildung 6.2 zeigt das Deckblatt der entsprechenden ITU-Spezifikation.

6.1.1 Wichtige Patente im Zusammenhang mit Z-Wave

Die Netzwerkschicht ist durch einige Patente geschützt, die weltweit gelten und von der Firma Sigma Designs gehalten werden:

- US6856236: *RF home automation system comprising nodes with dual functionality, filed April 25th, 2001*

  A system that has multiple devices with receiver, transmitter, a CPU and memory to store identifiers; a controller with receiver, transmitter, memory to store the identifiers of the devices and another memory to hold the controllers own identifier information, and a processor one or more devices that can act as repeaters by receiving information, processing them and sending them out again and one or more devices that act as I/O devices, means generating an event signal in response to received input.

- US6879806: *System and a method of building routing tables and for routing signals in an automation system, eingereicht am 1. Juni 2001*

  A system defined in US6856236 that is able to build neighborhood tables that can be used for routing.

- US6980080: *RF home automation system with replicable controllers, eingereicht am 25. April 2001*

A system defined in US6856236 that allows transferring routing information from one controller to another controller.

- US7680041: *Node Repair in a mesh network, eingereicht am 9 März 2007* The use of SUC and SIS in a meshed network.

6.1.2 Wichtige Patente, die Z-Wave gegenüberstehen

Die Z-Wave-Kernspezifikation ist zum gegenwärtigen Zeitpunkt rechtlich nicht umstritten und frei von Rechten Dritter. Reale Implementierungen führen jedoch fast zwangsläufig zu Architekturen, die wiederum durch Patente Dritter besetzt sind. Dies hat in der Vergangenheit bereits mehrfach zu Rechtsstreitigkeiten und zur Zahlung von Lizenzgebühren in den USA geführt.

Das Lutron-Patent

Das US-Unternehmen Lutron besitzt seit Mitte der neunziger Jahre ein Patent mit der Nummer 5.905.442. Dies beschreibt ein Funksystem zur Steuerung von Licht mittels Wandschaltern. Das Patent bezieht sich speziell auf Funksysteme mit Funkvermaschung und wird daher von vielen preiswerten und nicht vermaschenden Funktechnologien nicht verletzt.

Patentanspruch 1 beschreibt: *1. Apparatus for controlling at least one electrical device by remote control comprising: at least one control device coupled to the electrical device by a wire connection for providing power to the electrical device, the control device having a controllably conductive device for adjusting the status of said electrical device, the control device further having a manual actuator for adjusting the status of the electrical device, the control device further having a radio frequency transmitter/receiver and antenna coupled thereto for adjusting the status of the electrical device in response to control information in a radio frequency signal, the transmitter/receiver being coupled to the antenna of the control device for receiving the radio frequency signal and for transmitting a status radio frequency signal having status information therein regarding the status of the electrical device as affected by the control information and the manual actuator; a master control unit having at least one actuator and status indicator thereon, the master unit comprising a transmitter/receiver for transmitting a radio frequency signal having the control information therein to control the status of said at least one electrical device and for receiving the status information from the control device, the status indicator indicating the status of the electrical device in response to the status information; and a repeater transmitter/receiver for receiving the radio frequency signal from the master unit and transmitting the control information to the control device and for receiving the status information from the control device and transmitting the status information to the master unit.*

Jedes Aussenden eines Statussignals mittels eines REPORT-

Befehls in ein vermaschtes Funknetz (zum Beispiel über einen neuen Schaltzustand eines Wandschalters), dass durch manuelle Betätigung des entsprechenden Schalters ausgelöst wurde, verletzt dieses Patent.

Dies ist der Grund, warum manche Schalterhersteller auf genau diese Funktion verzichten. Das Ergebnis ist, dass insbesondere in IP-Gateways nach einer lokalen Schalterbetätigung der Status des Schalters nicht korrekt dargestellt wird.

Das Problem hat sich mittlerweile entschärft. In den USA haben sich die meisten Wandschalterhersteller entschieden, das Patent zu lizenzieren und in Europa konnte das Patent nicht durchgesetzt werden. Daher melden europäische Geräte in der Regel jede Änderung des Schaltzustandes über eine Assoziationsgruppe. Ältere Geräte, die nicht über eine solche Funktion verfügen, müssen regelmässig durch Polling abgefragt werden.

Die Sipco-Patente

Sipco ist ein kleines US-Unternehmen, das bereits im Jahre 2000 einige Ideen rund um die Steuerung vermaschter Netze über IP-Gateways als Patent angemeldet hat. Diese Ideen, die wahrscheinlich nie in reale Produkte umgesetzt wurden, haben sich für den Besitzer zu einem wertvollen Patentportfolio entwickelt.

Die Hauptpatente von SIPCO, die für Z-Wave-Gerätehersteller relevant sind, lauten:

- US6891838: System and Method for monitoring and controlling residential devices
- US6914893: System and Method for monitoring and controlling remote devices
- US7103511: Wireless Communication Networks for providing remote monitoring of devices

Die Ansprüche aus diesen Patenten zielen alle auf ein vermaschtes Netz wie es bei Z-Wave genutzt wird und auf welches über ein IP-Gateway aus dem Internet zugegriffen wird. In der Realität verletzen damit alle Hersteller von Z-Wave IP-Gateways dieses Patent. Glücklicherweise ist auch dieses Patent in Europa nicht gültig; in den USA werden aber Lizenzen gezahlt.

6.2 SDKs

Die Steuersoftware aller Z-Wave-Geräte besteht aus zwei Teilen:

- der gemeinsame Code-Teil, der von Sigma Designs kompiliert zur Verfügung gestellt wird und die Funktionen der Netzwerkschicht implementiert.
- der gerätespezifische Teil, der von jedem Hersteller gerätespezifisch implementiert wird und der in der Geräte-Zertifikation auf die Einhaltung der Z-Wave-Spezifikation geprüft wird.

6 Spezialthemen rund um Z-Wave

Der Teil, der von Sigma Designs zur Verfügung gestellt wird, wird auch als **Systems Development Kit (SDK)** bezeichnet und hat verschiedene Versionsnummern. Neue Versionsnummern wurden verwendet um neue Funktionen zur Verfügung zu stellen oder neue Hardware zu unterstützen. Alle SDK-Versionen sind rückwärtskompatibel. Die folgenden SDK-Versionen wurden bisher publiziert.

- SDK 3.0x: Erste Generation Z-Wave ICs ZW0102
- SDK 3.20: Einführung des Statischen Updatecontrollers 2003
- SDK 3.40: SUC ID Server (SIS) 2005
- SDK 4.00: Zweite Generation von Z-Wave ICs ZW0201 2005
- SDK 4.20: Schnelle Rückbestätigung von Paketen 2006
- SDK 5.0x: Dritte Generation von Z-Wave ICs ZW0301 2007
- SDK 4.5x: Explorer Frame und Netzweite Inklusion 2009
- SDK 6.0x: Vierte Generation von Z-Wave ICs ZW0401 2010
- SDK 6.5x: Fünfte Generation von Z-Wave ICs 2013

6 Spezialthemen rund um Z-Wave

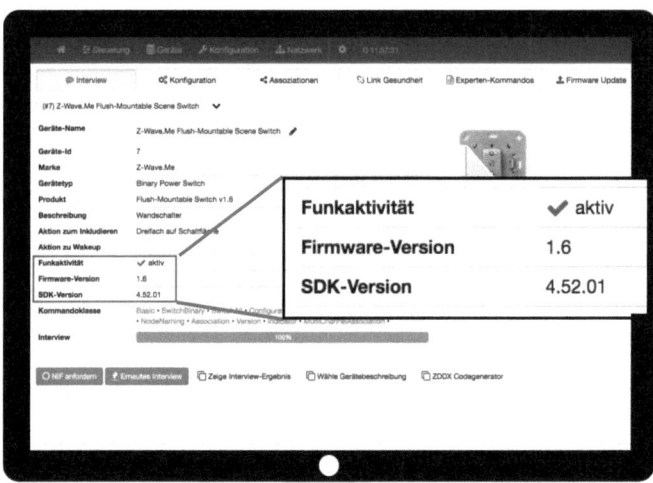

Abbildung 6.3: SDK Versionen in einer Z-Wave-Controller-GUI

- SDK 6.7x: Neue Sicherheitsarchitektur S2

Alle SDK-Versionen bis Version 4.2 können als veraltet angesehen werden und nur noch sehr wenige Geräte basieren auf diesen Versionen. Abbildung 6.3 zeigt die Darstellung der SDK-Versionsnummer in der Z-Wave-Steuersoftware Z-Way.

6 Spezialthemen rund um Z-Wave

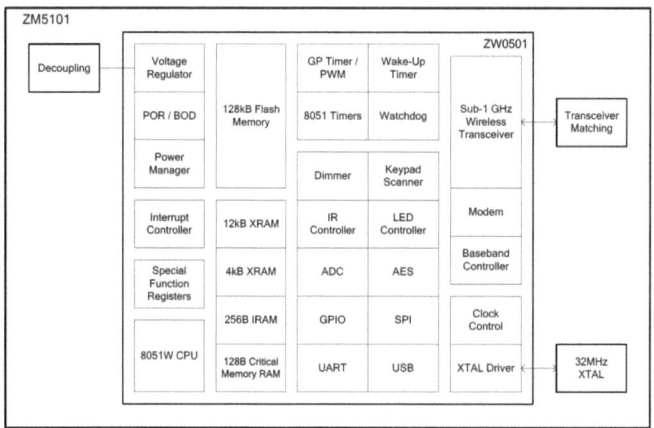

Abbildung 6.4: Z-Wave ASIC Blockschaltbild

Quelle: Sigma Designs

6.3 Wie werden Z-Wave Geräte entwickelt

6.3.1 Hardware

Alle Z-Wave-Geräte basieren auf dem Z-Wave-ASIC, der entweder von Sigma Designs oder vom japanischen Hersteller Mitsumi geliefert wird. Beide Unternehmen bieten unterschiedliche Varianten des ASICs, die sich in ihren herausgeführten Peripherieanschlüssen unterscheiden, aber ansonsten immer die gleichen Kernbaugruppen haben.

6 Spezialthemen rund um Z-Wave

Abbildung 6.4 zeigt das Blockschaltbild des Z-Wave ASICs. Die Schlüsselbaugruppen sind der 8051 kompatible 8-Bit-Microcontroller mit Speicher sowie die Funkbaugruppe. Weiterhin sind eine ganze Reihe von Peripherieansteuerungs-Funktionen integriert, welche dem ASIC sehr flexible Anwendungsgebiete mit nur einem einzigen IC ermöglichen.

Abbildung 6.5 zeigt beipielhaft ein Komplettschaltbild eines Z-Wave-Produktes mit einem Taster. Dieses Produkt könnte ein Tür-Fenster-Sensor sein, aber auch ein Panik-Knopf oder eine Fernbedienung mit nur einer Taste. Der Schaltplan ist bemerkenswert einfach. Der Reset-Pin und ein allgemeiner I/O haben Pull-Up-Widerstände, ein Kondensator soll den Schalter entprellen. Die Antennenanpassung besteht in der Regel aus zwei Kondensatoren und dem SAW-Filter. (Mehr Informationen zum SAW-Antennenfilter finden sich im Abschnitt 2.2.3). Einige Kondensatoren an der Stromversorgung vervollständigen das Schaltbild.

Das Schaltbild nach Abbildung 6.5 hat eine weitere externe Komponente: einen seriellen EERPOM, um zusätzliche Variablenwerte zu speichern. Da der interne Speicher des ASIC aber hinreichend groß ist, wird der EEPROM eigentlich nur zur Zwischenspeicherung einer neuen Firmware gebraucht, die *über die Luft (OTA = Over the Air)* auf das Gerät geladen werden. Wenn diese Funktion nicht benötigt oder nicht gewünscht ist, dann kann der EEPROM auch entfallen. Damit verbleiben dann gerade einmal 11 Elektronik-Komponenten, um ein einfaches Z-Wave Gerät

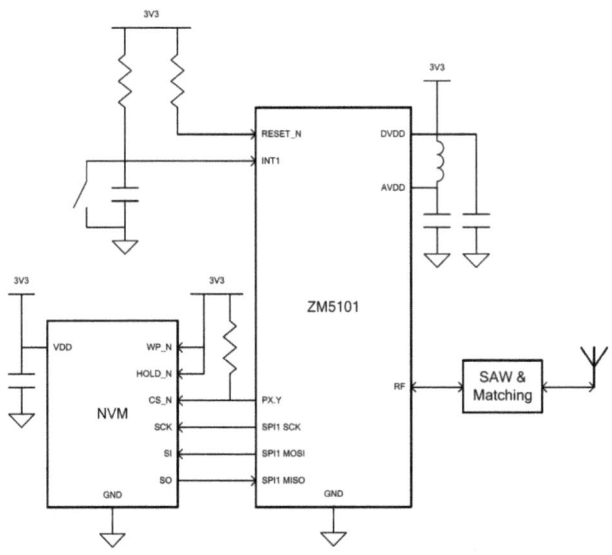

Abbildung 6.5: Schaltplan eines einfachen Z-Wave-Gerätes mit einem Taster

Quelle: Sigma Designs

6 Spezialthemen rund um Z-Wave

Abbildung 6.6: Z-Wave SDK Hardware

Qelle: Sigma Designs

zu realisieren.

Bei anderen Produkten können weitere zusätzliche analoge oder digitale Baueltmente wie MOSFETS, TRIACS oder sogar zusätzliche Microcontroller hinzugefügt werden.

Allerdings wird für die meisten Produktideen der Z-Wave-ASIC als aktive Komponente genügen.

6.3.2 Firmware

Auf dem Microcontroller arbeitet eine Firmware. Diese Firmware besteht aus zwei Teilen:

- Einer vorkompilierten Bibliothek mit alle Funktionen für die Netzsteuerung und das Netzmanagment,

- Dem geräte- und herstellerspezifischen Teil mit der Implementierung der Kommandoklassen und der Anwenderlogik.

Um eine Firmware zu entwickeln, wird ein System Development Kit (SDK) benötigt (Mehr Informationen über das Z-Wave-SDK finden sich in Abschnitt 6.2.).

Dieses SDK kann bei Sigma Designs oder bei bestimmten Distributoren wie digikey.com bezogen werden. Das SDK enthält Hardware und Software zur Entwicklung von Z-Wave-Produkten. Abbildung 6.6 zeigt den Hardwareteil eines SDKs. Insgesamt werden bereitgestellt:

- Vorkompilierte Bibliotheken für verschiedene Gerätetypen.

- Eine Programmierumgebung für C mit Beispielen, Headerfiles, Werkzeugen, Hilfsprogrammen, etc.

- Umfangreiche Dokumentation der Hardware, Software, Beispiele und Testgeräte

- Einige Beispiel-Hardware wie ein Controller und divers Testgeräte

- Ein USB-Stick als Funksniffer, der alle Pakete in der Luft erkennen und dekodieren kann.
- Ein Werkzeug zum Flashen des internen EEPROM Speichers
- Zugang zu geschlossenen Bereichen von Webseiten mit zusätzlichen Informationen, Beispielcodes, Anwendungshinweisen Fehlerbeschreibungen, etc.
- Standard-Software wie ein PC-Controller, das Werkzeug zum Flashen von Programmcode, die Sniffer-Anwendung etc. Diese Anwendungen laufen in der Regel unter Windows.

Teil des SDKs sind weiterhin Programm-Skeletons, um die Firmware-Entwicklung zu vereinfachen. Dies sind kompilierbarer Quellcode, der an vorgegebenen Stellen um eigenen Code erweitert werden kann:

- `ApplicationProgrammHandler`: Hier wird der Code platziert, der in der Hauptanwendungschleife des Microcontrollers ausgeführt werden soll.
- `ApplicationMessageHandler`: Hier wird der Code platziert, mit dem auf ankommende Datenpakete reagiert werden soll (als Beispiel das Aussenden eine REPORT als Antwort auf ein GET-Kommando).
- `Interrupthandler`: Hier wird der Programmcode platziert, der beim Auftreten eines Externen Ereignisses (Interrupt) ausgeführt werden soll.

6 Spezialthemen rund um Z-Wave

Abbildung 6.7: ZUNO

Quelle: Z-Wave.Me

Diese Beschreibung suggeriert, das die Entwicklung einer Firmware eine einfache Aufgabe ist. Das ist falsch! Sogar erfahrene Entwickler benötigen mehrere Monate, um ein neues Z-Wave-Produkt zu entwickeln. Die Komplexität des Z-Wave-Protokolls, sowie die strengen Anforderungen der Z-Wave Zertifizierungen erfordern umfangreiche Kenntnisse und Erfahrungen.

6.3.3 ZUNO

Ein eleganter Weg zur Entwicklung eigener Z-Wave-Produkte heißt ZUNO (zuno.z-wave.me). Dies ist eine kleine Leiterplatte wie in Abbildung 6.7 gezeigt, bei der al-

6 Spezialthemen rund um Z-Wave

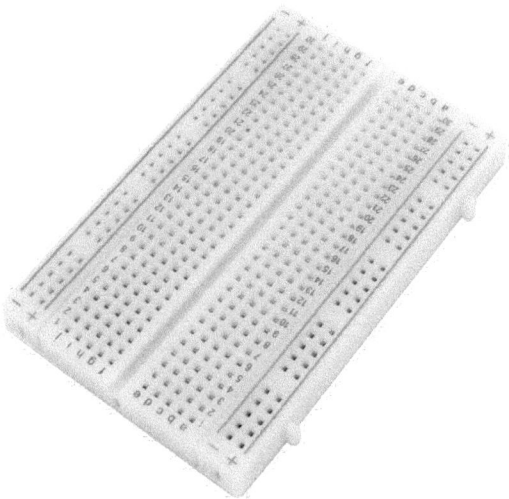

Abbildung 6.8: Breadboard zum schnellen Aufbau eines Prototyps

6 Spezialthemen rund um Z-Wave

le Pins des Z-Wave-ASICs als leicht erreichbare Kontakte vorhanden. Der ZUNO kann damit auf ein sogenanntes 'Breadboard' gesteckt und sehr leicht mit kleinen Drähten verkabelt werden. Abbildung 6.8 zeigt ein solches 'Breadboard'.

Die eigentliche Magie steckt aber in der Firmware, die sich bereits auf dem Z-Wave-ASIC befindet. Sie hat alle wesentlichen Kommandoklassen von Z-Wave bereits in einer Art und Weise implementiert, dass es möglich ist, diese über ein Arduino-Projekt denkbar einfach zu parametrisieren[1]. Damit müssen nur noch die Grundfunktion des Gerätes definiert und die I/O-Kontakte entsprechend der Außenbeschaltung konfiguriert werden. Einfache Anwendungen wie ein Binärschalter benötigen weniger wie 20 Zeilen Programm-Code im Arduino-Stil.

Auf der Website zuno.z-wave.me steht die komplette Funktionsreferenz sowie viel konkrete Beispiele zum Nachbauen und Lernen zur Verfügung.

Abbildung 6.9 zeigt das Projekt einer Ansteuerung eines Mehrfarb-LED-Streifens mittels ZUNO. Der Arduino-Code ist ebenfalls auf der Website verfügbar und - wie im Listing unten erkennbar - gerade einmal 46 Zeilen lang und auch für Leute ohne umfangreiche C-Programmierkenntnisse lesbar.

---

[1]Arduino ist ein sehr populäres System zur Microcontroller-Programmierung, für das es auch schon sehr viel leicht zu nutzende Sensoren und Aktoren gibt.

6 Spezialthemen rund um Z-Wave

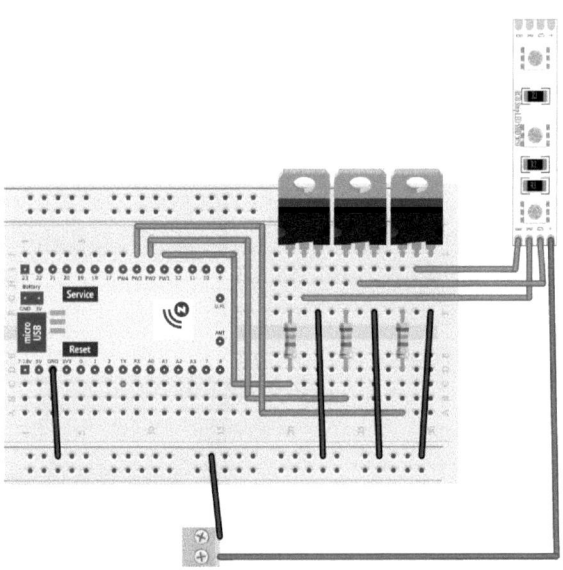

Abbildung 6.9: RGB Leuchtstreifenprojekt mit ZUNO

Quelle: Z-Wave.Me

6 Spezialthemen rund um Z-Wave

Listing 6.1: Arduino Scetch für einen RGB-Leuchtstreifen mittels ZUNO

```
#define REDPIN    PWM1    // pin connection R
#define GREENPIN  PWM2    // pin connection G
#define BLUEPIN   PWM3    // pin connection B

ZUNO_SETUP_CHANNELS(
    ZUNO_SWITCH_MULTILEVEL(getRed, setRed),
    ZUNO_SWITCH_MULTILEVEL(getGreen, setGreen),
    ZUNO_SWITCH_MULTILEVEL(getBlue, setBlue));

int levelRed;      // will store for R
int levelGreen;    // will store for G
int levelBlue;     // will store for B

void setup() {
  pinMode(REDPIN, OUTPUT);
  pinMode(GREENPIN, OUTPUT);
  pinMode(BLUEPIN, OUTPUT);
  Serial.begin();
  Serial.println("start");
  analogWrite(REDPIN,0);   // R switch off
  analogWrite(GREENPIN,0); // G switch off
  analogWrite(BLUEPIN,0);} // B switch off

void loop() { }

int getRed() { return levelRed; }
```

```
int getGreen() {return levelGreen; }
int getBlue() { return levelBlue; }

void setRed(byte value) {
  levelRed = value;
  analogWrite(REDPIN, levelRed*255/99);
  Serial.print("set red = ");
  Serial.println(value);}

void setGreen(byte value) {
  levelGreen = value;
  analogWrite(GREENPIN, levelGreen*255/99);
  Serial.print("set green = ");
  Serial.println(value);}

void setBlue(byte value) {
  levelBlue = value;
  analogWrite(BLUEPIN, levelBlue*255/99);
  Serial.print("set blue = ");
  Serial.println(value);}
```

6.3.4 Z-Way Middleware

ZUNO ermöglicht die Entwicklung von Slave-Geräten. Das Gegenstück dazu ist der Controller. Hier ist es ebenfalls möglich, alle notwendigen Funktionen in einer Firmware zu implementieren. In der Regel verwenden aber Unternehmen eine von Sigma Designs bereits fertiggestellte

6 Spezialthemen rund um Z-Wave

Abbildung 6.10: UZB: Ein USB Stick mit Sigma Serial Interface und Zusatzfunktionen

Quelle: Z-Wave.Me

und kostenfrei angebotene Modem-Firmware, welche diverse Steuerfunktionen des Netzes bereits ausführt und eine modem-artige serielle Schnittstelle anbietet. Das darauf verfügbare Protokoll heißt `Sigma Designs Serial Interface Protocol` und wird von nahezu allen Gateways und Controllern im Markt sowie USB-Sticks genutzt. Einige USB-Sticks (wie der in Abbildung 6.10 gezeigte UZB von z-wave.me) bieten noch diverse Erweiterungen wie Frequenzumschaltung, schnellere Datenverarbeitung Backup und Restore etc. Die Sigma-Designs-Schnittstelle ist allerdings immer der kleinste gemeinsame Nenner.

Genauso wie die Firmware-Entwicklung für Slave-Geräte hat auch die Nutzung der Sigma Designs Modem-Schnittstelle ihre Fallstricke. Daher gibt es nur eine abzählbare Anzahl von Unternehmen und Projekten, die eine wirklich gute, eine Vielzahl von Produkten und Funktionen unterstützende Software auf Basis dieser Schnittstelle entwickeln können. Die meisten Controller greifen daher auf bereits bestehende sogenannte Middlewares zurück, welche das Handling der seriellen Schnittstelle übernehmen und alle Z-Wave relevanten Steuerfunktionen in einer deutlich einfacheren, sicher und leicht zu benutzenden Schnittstelle entweder als Bibliothek oder sogar als IP Schnittstelle anbieten.

Daher ist es ratsam, eine solche Middleware zu benutzen, wenn es nicht sehr gute Gründe gibt, eine eigene Entwicklung von Grund auf anzustoßen. Am Markt gib es einige Optionen, darunter die folgenden:

- Open Z-Wave: Eine quell-offene Implementierung, die aber weitgehend auf 'Reverse Engineering' des Protokolls beruht und nicht offiziell von der Z-Wave Alliance oder Sigma Designs unterstützt wird.

- ZIPR: Ein Projekt innerhalb des Z-Wave SDKs, das einen fertig kompilierten Controller mit einer einfach zu nutzenden TCP/IP Schnittstelle bietet. Die Benutzung ist kostenfrei für Käufer einer SDK.

- Z-Way: Ein zertifizierter sehr gut getesteter kommerziell verfügbarer Z-Wave Controller, unter anderem die Basis für das CIT der Z-Wave Alliance oder das bekannte Do-it-yourself Gateway RaZberry. Z-Way besteht nicht nur aus den Treiberbibliotheken sondern ist eine komplett einsetzbare Lösung inklusive des bekannten Z-Wave-Expert-Zuganges.

6.3.5 Z-Wave-Zertifizierung

Ein Z-Wave-Gerät kann nur dann Z-Wave-Gerät genannt werden, wenn es durch die Z-Wave-Allianz auch zertifiziert wurde. Es ist verboten, den Namen oder das Logo Z-Wave zur Vermarktung anderer als zertifizierter Z-Wave-Geräte zu verwenden. Während der Zertifizierung wird getestet, inwieweit ein Gerät alle Anforderungen an die Interoperabilität erfüllt. Dies beinhaltet:

- Korrekte Definition des Gerätes in Bezug auf Netzwerkrolle und Kommandoklasse.

- Korrekte Implementierung aller Pflichtklassen.

- Korrekte Implementierung aller freiwilligen Kommandoklassen, so sie denn im NIF deklariert werden.

- Korrekte Benutzung der Z-Wave-Bezeichner im Handbuch und des Z-Wave Logos auf dem Gerät und der Verpackung.

- Erreichung der minimalen Funkreichweite.

- Grundlegende Qualitätsanforderungen.

Die Zertifizierung wird von unabhängigen Testlabors aufgrund vorher bekannter Testkriterien durchgeführt. Die Ergebnisse werden von der Z-Wave-Alliance veröffentlicht. Alle zertifizierten Geräte können in der Z-Wave-Alliance Produktdatenbank auf der Website products.z-wavealliance.org gefunden werden.

6.4 Allgemeines über Dimmer

Dimmer sind elektrische Schaltgeräte, mit denen ein Anwender die Leuchtstärke einer Lampe stufenlos regeln kann. Auf dem Markt existieren verschiedene Lampentypen, die leider nicht mit allen Dimmern steuerbar sind.

Bekannt sind

- die klassische Edison-Glühlampe

- Halogenstrahler, die mit 230 V betrieben werden (HV-Halogen)

- Halogenlampen, die mit Niedervolt betrieben werden. Hier wird nochmals zwischen Lampen mit einem klassischen gewickelten Trafo und Lampen mit einem modernen elektronischen Trafo (Schaltnetzteil) unterschieden.

- Leuchtstofflampen

- Energiesparlampen, auch Kompaktleuchtstofflampen genannt. Von der Steuerbarkeit entsprechen diese Lampen normalen Leuchtstofflampen

6 Spezialthemen rund um Z-Wave

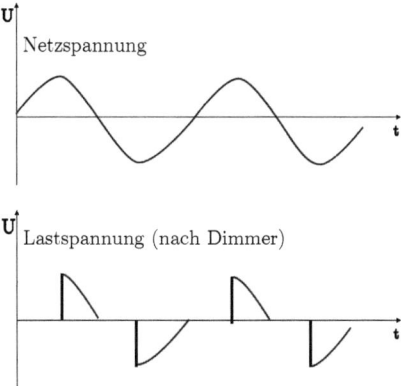

Abbildung 6.11: Spannungsverlauf bei einem Phasenanschnittdimmer

- LED-Lampen

6.4.1 Phasenanschnittdimmer

Konventionelle Lampen werden nach dem Prinzip der Phasenanschnitt-Steuerung gedimmt. Dabei wird die Spannung nur für einen bestimmten Zeitraum pro Netzperiode auf den Verbraucher geschaltet. Die im Mittel umgesetzte Leistung, in Abbildung 6.11 sind dies 50 Prozent der Volllast, wird von der Länge der Zeitspanne bestimmt.

Beim Phasenanschnitt ist der Verbraucher nach dem Netznulldurchgang zunächst spannungslos. Nach Ablauf einer einstellbaren Zeit wird ein im Dimmer vorhandener

Triac gezündet, der die Netzspannung einschaltet. Im darauffolgenden Nulldurchgang wird der Haltestrom des Triac unterschritten und die Spannung ist abgeschaltet. Nach jedem Nulldurchgang wiederholt sich der zuvor beschriebene Vorgang. Diese Phasenanschnittdimmer arbeiten sehr gut bei ohmschen Lasten, d.h. bei konventionellen Glühlampen und bei Hochvolt-Halogenlampen.

6.4.2 Phasenanschnittdimmer für induktive Lasten

Transformatoren, wie sie bei Niederspannungshalogenlampen verwendet werden, stellen für den Dimmer eine induktive Last dar, wodurch zwischen Spannung und Strom eine Phasenverschiebung entsteht. Während die Spannung bereits den Nulldurchgang durchlaufen hat, ist der Strom noch nicht zu null geworden.

Phasenanschnittdimmer sind für diesen Lastfall nicht geeignet, da der Triac nicht 'stromrichtig' angesteuert wird. Gibt der Dimmer einen Zündimpuls aus, bevor der Strom zu null geworden ist, ist dieser wirkungslos (siehe Abbildung 6.13). In der darauffolgenden Halbwelle bleibt der Triac daher gesperrt. Als Folge stellt sich ein sogenannter Halbwellenbetrieb ein, der den Transformator schnell in die Sättigung treibt und in der Regel zu dessen Zerstörung führt.

Daher sind für das Dimmen von Halogenlampen mit konventionellen Trafos spezielle Phasenanschnittdimmer

6 Spezialthemen rund um Z-Wave

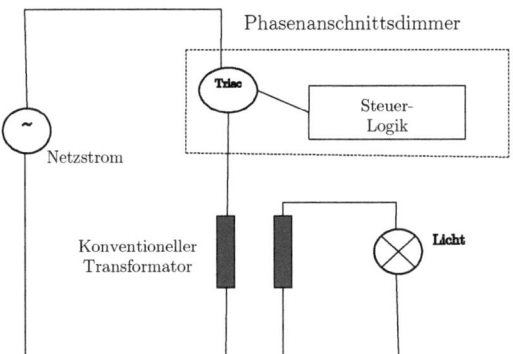

Abbildung 6.12: Prinzipschaltbild eines Phasenanschnittdimmers

erforderlich, die durch Messen von Strom und Spannung bzw. Ermitteln der Nulldurchgänge eine Phasenverschiebung erkennen und den Zeitpunkt des Zündimpulses automatisch anpassen.

Abbildung 6.12 zeigt das Prinzipschaltbild eines Phasenanschnittdimmers für induktive Lasten. Die oben beschriebene Strom- und Spannungsmessung ist Teil der Steuerlogik und damit komplexer als bei einem konventionellen Anschnittdimmer für rein ohmsche Lasten.

6.4.3 Phasenabschnittsdimmer

Die meisten elektronischen Trafos oder Schaltnetzteile erfordern für das Dimmen einen so genannten Phasenabschnittsdimmer,

6 Spezialthemen rund um Z-Wave

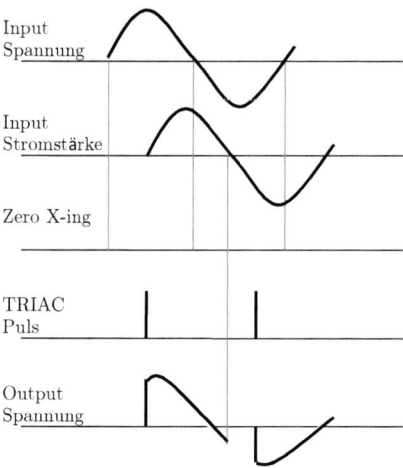

Abbildung 6.13: Stromverschiebung durch eine induktive Last an einem Phasenanschnittdimmer

6 Spezialthemen rund um Z-Wave

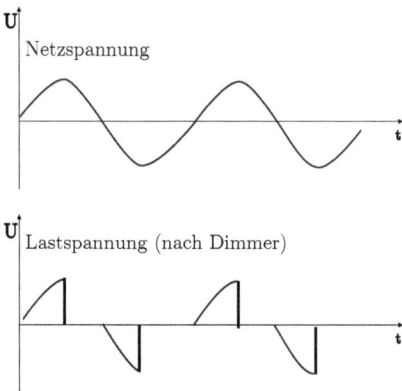

Abbildung 6.14: Spannungsverlauf an einem Phasenabschnittdimmer

da sie für den Dimmer eine kapazitive Last darstellen. Die steile Einschalt-Schaltflanke der Spannung beim Phasenanschnittsdimmer würde durch die dann als Kurzschluss wirkende Kapazität zu zerstörerisch wirkenden Spitzenströmen führen. Mit Phasenabschnittsdimmern lassen sich normale Glühlampen und Hochvolt-Halogenlampen problemlos dimmen.

Im Gegensatz zu einem Phasenanschnittdimmer schaltet ein Phasenabschnittdimmer die Netzspannung direkt im Nulldurchgang ein und nach Ablauf einer bestimmten einstellbaren Zeit wieder ab wie in Abbildung 6.14 dargestellt.

Da das Abschalten der Spannung während der Halbwelle mit einem herkömmlichen Triac nicht möglich ist, müssen, um einen solchen Dimmer zu realisieren, andere Wege beschritten werden. Abbildung 6.15 zeigt die Prinzipschaltung des Phasenabschnittdimmers. Als Schalter wird ein Hochvolt-MOSFET eingesetzt. Da ein MOSFET lediglich für das Schalten von Gleichspannungen geeignet ist, muss die Netzspannung zunächst über einen Brückengleichrichter gleichgerichtet werden.

Eine Steuerlogik ermittelt die Nulldurchgänge der Netzspannung und schaltet den MOSFET im Nulldurchgang ein. So steht die Netzspannung am Verbraucher an, hier dem elektronischen Transformator. Nach Ablauf der eingestellten Zeit wird der MOSFET abgeschaltet und der Verbraucher ist spannungslos. Dieser Vorgang wiederholt sich nach jedem Netznulldurchgang, wodurch sich am Verbraucher der in Abbildung 6.3 dargestellte Spannungsverlauf ergibt.

6.4.4 Universaldimmer

Während Phasenabschnittsdimmer elektronische Transformatoren und andere kapazitive Lasten sehr gut dimmen können, ist das sichere Dimmen eines konventionellen induktiven Trafos wiederum nicht möglich, da hier die steile abfallende Flanke der Spannung im Ausschaltmoment durch die induktive Last zu einer hohen induzierten Spannung führen würde (Zündspuleneffekt). Daher wird für induktive Lasten immer ein Phasenanschnittsdimmer mit

6 Spezialthemen rund um Z-Wave

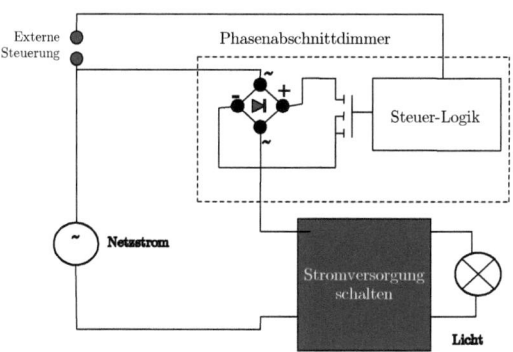

Abbildung 6.15: Prinzipschaltbild eines Phasenabschnittdimmers

Unterstützung induktiver Lasten, wie oben beschrieben, benötigt.

Um einen Dimmer nun universell einsetzen zu können, muss die Elektronik eines Phasenabschnittsdimmers die angeschaltete Last erkennen und entsprechend zwischen Phasenanschnitt und Phasenabschnitt umschalten. Um diese Erkennung zu ermöglichen, sollten Universaldimmer nicht mit gemischten Lasten, d.h. konventioneller und elektronischer Trafo gleichzeitig betrieben werden. Realisiert werden Universaldimmer durch zwei MOSFETs, die jeweils eine Halbwelle schalten.

6.4.5 Leuchtstofflampen

Konventionelle Leuchtstofflampen sind bauartbedingt nicht dimmbar. Es existieren jedoch spezielle elektronische Vorschaltgeräte (EVGd), die ein Dimmen von Leuchtstofflampen durch Regulierung des Lampenstromes ermöglichen. In modernen Kompaktleuchtstofflampen (auch Energiesparlampen genannt) wird ein solches Vorschaltgerät bereits in der Lampenfassung integriert. Diese Vorschaltgeräte sind durch einen Dimmer dimmbar und stellen für diesen je nach Bauart und Hersteller meist eine induktive Last dar (cos phi: 0.6 bis 0.95). Es wird daher entweder ein Universaldimmer oder ein Phasenanschnittsdimmer mit Unterstützung für induktive Lasten benötigt.

6.4.6 LED-Leuchten

Leuchten, die aus LEDs bestehen (unabhängig davon mit welcher Spannung sie betrieben werden) lassen sich weder mit Phasenanschnittsdimmern noch mit Phasenabschnittsdimme dimmen. Sie benötigen spezielle Pulsweiten-Modulations-Dimmer (PWM), die wiederum keine anderen Leuchten dimmen können.

6.4.7 Zusammenfassung

Tabelle 6.1 gibt eine zusammenfassende Übersicht über die einzelnen Dimmerarten und die mit ihnen dimmbaren Lampentypen.

Verfahren	Anschnitt	Anschnitt mit Nullpunktkompensation	Abschnitt	Universal
Glühlampe	Ja	Ja	Ja	Ja
HV Halogen	Ja	Ja	Ja	Ja
NV-Halogen (Transformator)	Nein	Ja	Nein	Ja
NV-Halogen (Schalt-NT)	Nein	Nein	Ja	Ja
Dimbare Leuchtstoffl.	Nein	Ja	Nein	Ja
LED Leuchten	Nein	Nein	Nein	Nein

Tabelle 6.1: Zusammenfassung zu Dimmern

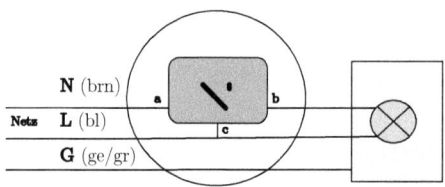

Abbildung 6.16: Dreidraht-Verkabelung einer Wanddose

6.5 Zweidraht versus Dreidraht

6.5.1 Dreidraht-Verkabelungen

Moderne Elektroinstallationen verlegen in Häusern dreiadrige Kabel von der Niederspannungshauptverteilung (Sicherungskasten) zu den Wanddosen für die Wandschalter und von dort zu den elektrischen Leuchten an der Decke oder an der Wand. Abbildung 6.16 zeigt eine solche Verkabelung mit den drei Adern N (meist braun), L (meist blau) und dem Schutzleiter (immer grün/gelb). Der Schutzleiter wird in der Wanddose immer gebrückt, eine der beiden stromführenden Adern wird durch einen Schalter geschaltet, die andere Ader in der Regel ebenfalls gebrückt.

Wird der traditionelle Schalter durch einen Funkschalter ersetzt, kann dieser Funkschalter genauso eine der beiden Adern schalten. Er benötigt für die eigene Stromversorgung jedoch noch eine Verbindung zum anderen stromführenden Leiter. Diese drei notwendigen Verbindungen geben dieser Verkabelungsart den Namen *'Dreileitersystem'*. Es existieren keinerlei Einschränkungen für den Einsatz von Funkschaltern in dieser Verkabelungsart.

6.5.2 Zweidraht-Verkabelung

Die Alternative zum Dreileitersystem ist das *'Zweileitersystem'*. Hier wird nur ein stromführender Leiter zur Wanddose und von dort weiter zur elektrischen Leuchte geführt. Der zweite Leiter - und wenn vorhanden auch der Schutzleiter - werden direkt ohne Umweg über die Wanddose von der Hauptverteilung zum Verbraucher geführt.

Der Vorteil der Zweidraht-Verkabelung liegt im geringeren Preis, da nur eine Ader den langen Weg über die Wanddose gelegt werden muss. Da in der Dose nichts gebrückt und nur zwei Kabel angeschlossen werden müssen, gibt es weniger Drähte in der Wanddose und die Installation ist schneller.

Daher sind Zweidraht-Verkabelungen öfters anzutreffen als man vermuten sollte. Sie stellen jedoch für elektronische Schaltungen, die in der Wanddose zu betreiben sind, eine Herausforderung dar, weil nun keine zwei stromführenden Leiter zur Speisung der Steuerelektronik mehr zur Verfügung stehen. Abbildung 6.17 zeigt die Situation.

Um auch in einem Zweidraht-System elektronische Installationen wie Bewegungsmelder oder eben Z-Wave-Funktechnik betreiben zu können, bedient man sich elektroni-

6 Spezialthemen rund um Z-Wave

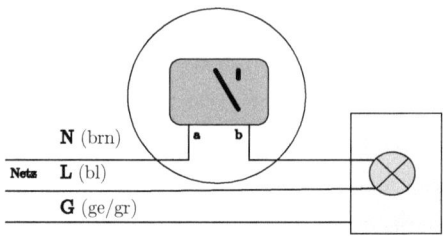

Abbildung 6.17: Zweidraht-Verkabelung einer Wanddose

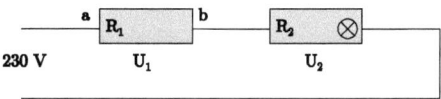

Abbildung 6.18: Ersatzschaltbild der Zweidraht-Lösung

scher Schaltungstricks.

Solange der elektrische Verbraucher, d.h. die Leuchte, nur einen ohmschen Widerstand darstellt, liegt über den beiden Polen 'a' und 'b' eine Spannung an, die zur Versorgung der Elektronik genutzt werden kann. Das Ersatzschaltbild in Abbildung 6.18 zeigt zwei in Reihe geschaltete Widerstände R1 (Elektronik) und R2 (Leuchte), über denen jeweils eine Spannung abfällt. Die Summe der Spannungen beträgt 230V und das Verhältnis der Spannungen entspricht dem Verhältnis der Widerstände.

Es wird ersichtlich, unter welchen Voraussetzungen eine solche Schaltung funktioniert. Der Widerstand der Leuchte darf nicht zu groß werden, da dann über dem Widerstand R1 zu wenig Spannung abfällt und die Elektronik nicht mehr betrieben werden kann. Wird zum Beispiel die Glühlampe herausgeschraubt, dann ist der Widerstand R2 unendlich, und der Spannungsabfall am dann immer unendlich kleineren Widerstand R1 ist Null. Dann arbeitet die Elektronik nicht mehr.

Ebenso wird die elektronische Schaltung immer eine galvanische Verbindung zwischen den Punkten a und b herstellen, so dass eine vollständige Trennung der Leuchte vom Netz nicht mehr möglich ist. Die Dimensionierung der Elektronik ist damit nicht trivial aber in vielen Schaltung erfolgreich gelöst. Das Ergebnis ist, dass

1. in Zweidrahtsystemen immer eine minimale Last angeschlossen sein muss, damit eine Elektronik funktionieren kann. Diese Lasten liegen meist bei ca. 20 W. Dies entspricht einem maximalen Widerstand R2 von ca 2.6 kOhm.

2. Durch die elektrische Last fließt immer ein minimaler Strom, um die Steuerelektronik zu versorgen. Die Verlustleistung der Steuerelektronik heutiger Funkschalter oder Bewegungsmelder liegt bei unter 1 W. Damit fliesen weniger als 10 mA durch die Leuchte und diese Leuchte wird bei einem derartig niedrigen Strom nicht aufleuchten.

Für ohmsche Lasten wie Glühlampen oder Hochvolt-Halogenleuchten und sogar für Leuchten mit gewickeltem Trafo funktioniert der elektronische Trick recht gut und ist in Millionen von Elektroinstallationen so eingebaut. Da die Elektronik immer eine wenn auch minimale Verbindung 'über' den Schalter herstellt, wird darauf verzichtet, echte relaisbetriebene Schalter mittels Zweidrahttechnik herzustellen. Zweidraht-Geräte werden immer als Dimmer realisiert, wobei es durchaus möglich ist, mit der Dimmertechnik einen Ein/Aus-Schalter zu emulieren, allerdings auf elektronischem Weg.

6.5.3 Der Bypass

Neue elektronische Leuchtmittel wie LED-Leuchten und Energiesparlampen haben aber eine neue elektrische Charakteristik. Zum einen verbrauchen sie deutlich weniger Strom als die alten Glühlampen, wodurch teilweise die Mindestleistung von ca. 20 W zum Betreiben einer Elektronik im Zweidrahtsystem nicht mehr erreicht wird. Die Elektronik des Dimmers oder Schalters kann dann nicht mehr arbeiten und die Leuchte bleibt dunkel.

Ein weiterer möglicher Effekt ist, dass der minimal notwendige Strom von ca. 10 mA die neueren Leuchtmittel schon zum Flackern bringt. Dies ist insbesondere auch dadurch möglich, da diese Leuchtmittel keine rein ohmschen Widerstände mehr sind und es damit zu diversen nicht vorhersagbaren elektrischen Effekten kommen kann.

Eine Lösung für dieses Problem sind kleine Bauelemente, die als Bypass parallel zur Leuchte angeschlossen wer-

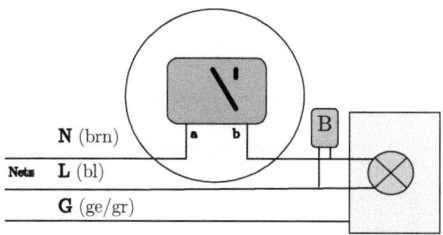

Abbildung 6.19: Bypass zum Betreiben neuer Leuchtmittel am Zweidraht-System

den. Sie sorgen dafür, dass wieder ein definierter Widerstand in Reihe zur Steuerelektronik des Funkschalters entsteht und damit dessen Elektronik wieder arbeiten kann. Da die Gesamtleistungsaufnahme einer solchen Schaltung durch eben diese Elektronik bestimmt ist, erhöht der Bypass die Verlustleistung der Schaltung nicht über das Maß hinaus, die beim Betrieb einer 'normalen' Leuchte notwendig wäre. Abbildung 6.19 zeigt eine Schaltung mit einem solchen Bypass.

6.6 Treppenhausschaltung

Die Treppenhausschaltung bietet die Möglichkeit von mindestens zwei verschiedenen Schaltern, meist unten und oben im Treppenhaus, eine Leuchte wechselseitig an- und ausschalten zu können.

Konventionell wird dies durch zwei Wechselschalter rea-

6 Spezialthemen rund um Z-Wave

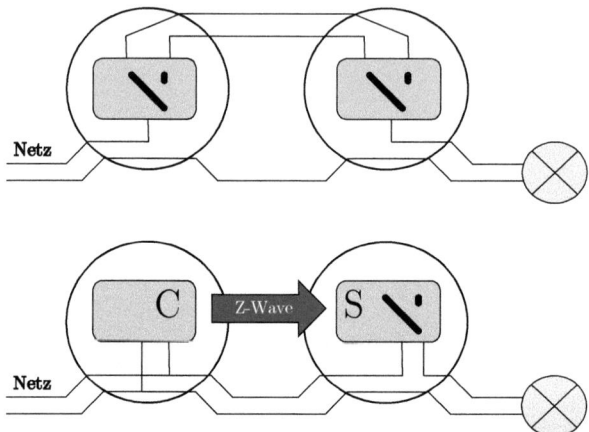

Abbildung 6.20: Treppenhausschaltung durch Z-Wave

lisiert. Kommt Z-Wave-Technologie zum Einsatz, wird ein Wechselschalter durch einen per Z-Wave steuerbaren Schalter mit lokaler Bedienung ersetzt. In der Unterputzdose des zweiten Wechselschalters wird die Spannung einfach durchgeleitet und gegebenenfalls ein mit 230 V betriebener Z-Wave-Controller gespeist. Es ist aber auch möglich, einen batteriebetriebenen Z-Wave-Controller an dieser Stelle zu platzieren.

Das System kann nun leicht um weitere Controller und Z-Wave-Schalter erweitert werden.

A Nützliche Online-Ressourcen

Es gibt viele Online-Ressourcen über Z-Wave. Dies kann daher nur eine kleine Auswahl besonders nützlicher Seiten sein.

http://www.z-wavealliance.org Dies ist die zentrale Seite der Z-Wave Allianz mit einer Produktübersicht und vielen Nachrichten und Hintergrundinformationen über Z-Wave, besondere wichtig ist die Datenbank der zertifizierten Geräte auf *http://products.z-wavealliance.org/*.

http://www.zwave.eu Homepage des europ. Zentraldistributors für Z-Wave Produkte, kein Verkauf an Endkunden

http://www.zwave.de Zentrales deutschsprachiges Portal zum Thema Z-Wave mit Nachrichten, Forum, Anwendungshinweisen, ...

http://manuals.z-wave.info Sammlung von Hunderten von Z-Wave Handbüchern in mehreren Sprachen, darunter auch Deutsch

A Nützliche Online-Ressourcen

http://zwavepublic.com   Die komplette Kommandoklassen- und Geräteklassen-Spezifikation von Z-Wave

http://www.siio.de   Einer der führenden deutschsprachigen Blogs zum Thema Smart Home

http://razberry.z-wave.me   Eine Aufsteckkarte für den Razberry Pi, kommt mit der Steuersoftware Z-Way, von der die meisten Bildschirm-Beispiele aus diesem Buch stammen.

http://code.google.com/p/open-zwave/   Eine Open-Source-Implementierung des Z-Wave-Protokolls, entstanden durch 'reverse engineering' und damit nicht immer aktuell.

http://www.zwaveproducts.com   Einer der führenden Online-Läden in den USA, nur US-Produkte

http://www.vesternet.com   Einer der führenden Online-Läden in Europa, nur EU-Produkte

http://www.sigmadesigns.com   Der wichtigste Hersteller der Z-Wave-ICs

http://www.zwave.com   Endkundeninformationen über Z-Wave

B Z-Wave Device Types

- Device class Av Control Point
    - Doorbell
    - Specific Device Class Not Used
    - Satellite Receiver
    - Satellite Receiver V2
- Device class Display
    - Specific Device Class Not Used
    - Display (simple) Device Type
- Device class Entry Control
    - Specific Device Class Not Used
    - Door Lock
    - Advanced Door Lock
    - Door Lock (keypad lever) Device Type
    - Door Lock (keypad deadbolt) Device Type
- Device class Generic Controller
    - Specific Device Class Not Used
    - Remote Control Multi Purpose Device Type

B Z-Wave Device Types

- Portable Scene Controller
- Portable Installer Tool
- Remote Control AV Device Type
- Remote Control Simple Device Type

- Device class Meter
  - Specific Device Class Not Used
  - Sub Energy Meter Device Type
  - Whole Home Energy Meter (Advanced) Device Type
  - Whole Home Meter (Simple) Device Type

- Device class Meter Pulse
  - Specific Device Class Not Used

- Device class Non Interoperable

- Device class Repeater Slave
  - Specific Device Class Not Used
  - Basic Repeater Slave

- Device class Security Panel
  - Zoned Security Panel

- Device class Semi Interoperable
  - Energy Production
  - Specific Device Class Not Used

B Z-Wave Device Types

- Device class Sensor Alarm
  - ADV Zensor Net Alarm Sensor
  - ADV Zensor Net Smoke Sensor
  - Basic Routing Alarm Sensor
  - Basic Routing Smoke Sensor
  - Basic Zensor Net Alarm Sensor
  - Basic Zensor Net Smoke Sensor
  - Specific Device Class Not Used
  - Routing Alarm Sensor
  - Routing Smoke Sensor
  - Zensor Net Alarm Sensor
  - Zensor Net Smoke Sensor
  - Sensor Alarm Device Type
- Device class Sensor Binary
  - Specific Device Class Not Used
  - Routing Binary Sensor
- Device class Sensor Multilevel
  - Specific Device Class Not Used
  - Sensor Multilevel Device Type
  - Chimney Fan
- Device class Static Controller

B Z-Wave Device Types

- Specific Device Class Not Used
- Central Controller Device Type
- Scene Controller
- Static Installer Tool
- Set Top Box Device Type
- Sub System Controller Device Type
- TV Device Type
- Gateway Device Type

• Device class Switch Binary

- Specific Device Class Not Used
- On/Off Power Switch Device Type
- Binary Scene Switch
- Power Strip Device Type
- Siren Device Type
- Valve (open/close) Device Type

• Device class Switch Multilevel

- Window Covering No Position/Endpoint Device Type
- Window Covering Endpoint Aware Device Type
- Window Covering Position/Endpoint Aware Device Type

B Z-Wave Device Types

- Multiposition Motor
- Specific Device Class Not Used
- Light Dimmer Switch Device Type
- Multilevel Scene Switch
- Fan Switch Device Type

- Device class Switch Remote
  - Specific Device Class Not Used
  - Binary Remote Switch
  - Multilevel Remote Switch
  - Binary Toggle Remote Switch
  - Multilevel Toggle Remote Switch

- Device class Switch Toggle
  - Specific Device Class Not Used
  - Binary Toggle Switch
  - Multilevel Toggle Switch

- Device class Thermostat
  - Specific Device Class Not Used
  - Setback Schedule Thermostat
  - Thermostat (Setback) Device Type
  - Setpoint Thermostat
  - Thermostat General

B Z-Wave Device Types

- Thermostat (HVAC) Device Type
- Thermostat Heating

- Device class Ventilation
  - Specific Device Class Not Used
  - Residential Hrv

- Device class Window Covering
  - Specific Device Class Not Used
  - Simple Window Covering Control

- Device class Zip Gateway
  - Specific Device Class Not Used
  - ZIP Adv Gateway
  - ZIP Tun Gateway

- Device class Zip Node
  - Specific Device Class Not Used
  - ZIP Adv Node
  - ZIP Tun Node

- Device class Wall Controllers
  - Wall Controller Device Type

C Z-Wave Command Classes Reference

Hex	Dec	Name
0x20	32	**BASIC**
0x21	33	CONTROLLER REPLICATION
0x22	34	**APPLICATION STATUS**
0x23	35	ZIP
0x24	36	SECURITY PANEL MODE
0x25	37	**SWITCH BINARY**
0x26	38	**SWITCH MULTILEVEL**
0x27	39	**SWITCH ALL**
0x28	40	*SWITCH TOGGLE BINARY*
0x29	41	*SWITCH TOGGLE MULTILEVEL*
0x2A	42	CHIMNEY FAN
0x2B	43	SCENE ACTIVATION
0x2C	44	SCENE ACTUATOR CONF
0x2D	45	SCENE CONTROLLER CONF
0x2E	46	SECURITY PANEL ZONE
0x2F	47	SECURITY PANEL ZONE SENSOR
0x30	48	**SENSOR BINARY**

0x31	49	**SENSOR MULTILEVEL**
0x32	50	**METER**
0x33	51	**COLOR CONTROL**
0x34	52	NETWORK MANAGEMENT INCLUSION
0x35	53	*METER PULSE*
0x36	54	BASIC TARIFF INFO
0x37	55	HRV STATUS
0x38	56	THERMOSTAT HEATING
0x39	57	HRV CONTROL
0x3A	58	DCP CONFIG
0x3B	59	DCP MONITOR
0x3C	60	METER TBL CONFIG
0x3D	61	METER TBL MONITOR
0x3E	62	METER TBL PUSH
0x3F	63	PREPAYMENT
0x40	64	THERMOSTAT MODE
0x41	65	PREPAYMENT ENCAPSULATION
0x42	66	**THERMOSTAT OPERATING STATE**
0x43	67	**THERMOSTAT SETPOINT**
0x44	68	**THERMOSTAT FAN MODE**
0x45	69	**THERMOSTAT FAN STATE**
0x46	70	CLIMATE CONTROL SCHEDULE

C Z-Wave Command Classes Reference

0x47	71	**THERMOSTAT SETBACK**
0x48	72	RATE TBL CONFIG
0x49	73	RATE TBL MONITOR
0x4A	74	TARIFF CONFIG
0x4B	75	TARIFF TBL MONITOR
0x4C	76	**DOOR LOCK LOGGING**
0x4D	77	NETWORK MANAGEMENT BASIC
0x4E	78	*SCHEDULE ENTRY LOCK*
0x4F	79	ZIP 6LOWPAN
0x50	80	*BASIC WINDOW COVERING*
0x51	81	*MTP WINDOW COVERING*
0x52	82	NETWORK MANAGEMENT PROXY
0x53	83	SCHEDULE
0x54	84	NETWORK MANAGEMENT PRIMARY
0x55	85	TRANSPORT SERVICE
0x56	86	CRC 16 ENCAP
0x57	87	APPLICATION CAPABILITY
0x58	88	ZIP ND
0x59	89	**ASSOCIATION GRP INFO**
0x5A	90	**DEVICE RESET LOCALLY**
0x5B	91	**CENTRAL SCENE**
0x5C	92	IP ASSOCIATION
0x5D	93	ANTITHEFT

C Z-Wave Command Classes Reference

0x5E	94	**ZWAVEPLUS INFO**
0x5F	95	ZIP GATEWAY
0x60	96	**MULTI CHANNEL**
0x61	97	ZIP PORTAL
0x62	98	**DOOR LOCK**
0x63	99	**USER CODE**
0x64	100	
0x65	101	DMX
0x66	102	BARRIER OPERATOR
0x67	103	NETWORK MANAGEMENT INSTALL
0x68	104	ZIP NAMING
0x69	105	MAILBOX
0x6A	106	WINDOW COVERING
0x6B	107	IRRIGATION
0x6C	108	**SUPERVISION**
0x6D	109	
0x6E	110	
0x6F	111	
0x70	112	**CONFIGURATION**
0x71	113	**ALARM now NOTIFICATION**
0x72	114	**MANUFACTURER SPECIFIC**
0x73	115	**POWERLEVEL**
0x74	116	
0x75	117	**PROTECTION**
0x76	118	LOCK

0x77	119	NODE NAMING
0x78	120	
0x79	121	
0x7A	122	**FIRMWARE UPDATE MD**
0x7B	123	*GROUPING NAME*
0x7C	124	*REMOTE ASSOCIATION ACTIVATE*
0x7D	125	*REMOTE ASSOCIATION*
0x7E	126	
0x7F	127	
0x80	128	**BATTERY**
0x81	129	**CLOCK**
0x82	130	*HAIL*
0x83	131	
0x84	132	**WAKE UP**
0x85	133	**ASSOCIATION**
0x86	134	**VERSION**
0x87	135	**INDICATOR**
0x88	136	*PROPRIETARY*
0x89	137	LANGUAGE
0x8A	138	**TIME**
0x8B	139	TIME PARAMETERS
0x8C	140	GEOGRAPHIC LOCATION
0x8D	141	
0x8E	142	**MULTI CHANNEL ASSOCIATION**

C Z-Wave Command Classes Reference

0x8F	143	**MULTI CMD**
0x90	144	ENERGY PRODUCTION
0x91	145	MANUFACTURER PROPRIETARY
0x92	146	SCREEN MD
0x93	147	SCREEN ATTRIBUTES
0x94	148	SIMPLE AV CONTROL
0x95	149	AV CONTENT DIRECTORY MD
0x96	150	AV RENDERER STATUS
0x97	151	AV CONTENT SEARCH MD
0x98	152	**SECURITY V1**
0x99	153	AV TAGGING MD
0x9A	154	IP CONFIGURATION
0x9B	155	ASSOCIATION COMMAND CONFIG
0x9C	156	**SENSOR ALARM**
0x9D	157	SILENCE ALARM
0x9E	158	**SENSOR CONFIGURATION**
0x9F	159	**SECURITY S2**

Tabelle C.1: SDK 6.71 (Feb. 2017, *deprecated*, **important**)

D Frequencies by Country

Region	Standard	Z-Wave Frequency
Algeria	ETSI EN 300 220	868.40 MHz, 869.85 MHz
Argentina	FCC CFR47 Part 15.249	908.40 MHz, 916.00 MHz
Armenia	ETSI EN 300 220	868.40 MHz, 869.85 MHz
Australia	AS/NZS 4268	919.80 MHz, 921.40 MHz
Bahamas	FCC CFR47 Part 15.249	908.40 MHz, 916.00 MHz
Bahrain	ETSI EN 300 220	868.40 MHz, 869.85 MHz
Barbados	FCC CFR47 Part 15.249	908.40 MHz, 916.00 MHz
Bermuda	FCC CFR47 Part 15.249	908.40 MHz, 916.00 MHz
Bolivia	FCC CFR47 Part 15.249	908.40 MHz, 916.00 MHz

D Frequencies by Country

Brazil	ANATEL Resolution 506	919.80 MHz, 921.40 MHz
British Virgin Islands	FCC CFR47 Part 15.249	908.40 MHz, 916.00 MHz
Canada	FCC CFR47 Part 15.249	908.40 MHz, 916.00 MHz
Cayman Islands	FCC CFR47 Part 15.249	908.40 MHz, 916.00 MHz
CEPT	EN 300 220	868.40 MHz, 869.85 MHz
Chile	FCC CFR47 Part 15.249	919.80 MHz, 921.40 MHz, 921.42 MHz
China	CNAS/EN 300 220	868.40 MHz
Colombia	FCC CFR47 Part 15.249	908.40 MHz, 916.00 MHz
Costa Rica	ARIB T96, ARIB STD-T108	922.50 MHz, 923.09 MHz, 926.30 MHz
Ecuador	FCC CFR47 Part 15.249	908.40 MHz, 916.00 MHz
Egypt	ETSI EN 300 220	868.40 MHz, 869.85 MHz
El Salvador	AS/NZS 4268	919.80 MHz, 921.40 MHz

Country	Standard	Frequency
EU	EN 300 220	868.40 MHz, 869.85 MHz
French Dept. of Guiana	ETSI EN 300 220	868.40 MHz, 869.85 MHz
Guatemala	FCC CFR47 Part 15.249	908.40 MHz, 916.00 MHz
Haiti	FCC CFR47 Part 15.249	908.40 MHz, 916.00 MHz
Honduras	FCC CFR47 Part 15.249	908.40 MHz, 916.00 MHz
Hong Kong (China)	HKTA 1035	919.80 MHz
India	CSR 564 (E)	865.20 MHz
Indonesia	ETSI EN 300 200	868.40 MHz, 869.85 MHz
Israel		916.00 MHz
Jamaica	FCC CFR47 Part 15.249	908.40 MHz, 916.00 MHz
Japan	ARIB STD-T108	922.50 MHz, 923.90 MHz, 926.30 MHz
Jordan	ETSI EN 300 220	868.40 MHz, 869.85 MHz
Kazakhstan	ETSI EN 300 220	868.40 MHz, 869.85 MHz
Lebanon	ETSI EN 300 220	868.40 MHz, 869.85 MHz

Libya	ETSI EN 300 220	868.40 MHz, 869.85 MHz
Malaysia	MCMC MTSFB TC T007:2014	919.80 MHz, 921.40 MHz, 921.42 MHz
Mauritius	ETSI EN 300 220	868.40 MHz, 869.85 MHz
Mexico	FCC CFR47 Part 15.249	908.40 MHz, 916.00 MHz
New Zealand	AS/NZS 4268	921.40 MHz, 919.80 MHz
Nicaragua	FCC CFR47 Part 15.249	908.40 MHz, 916.00 MHz
Nigeria	ETSI EN 300 220	868.40 MHz, 869.85 MHz
Oman	ETSI EN 300 220	868.40 MHz, 869.85 MHz
Panama	FCC CFR47 Part 15.249	908.40 MHz, 916.00 MHz
Paraguay	AS/NZS 4268	919.80 MHz, 921.04 MHz
Peru	AS/NZS 4268	919.80 MHz, 921.40 MHz
Qatar	ETSI EN 300 220	868.40 MHz, 869.85 MHz
Russian Federation	GKRCh/ETSI 300 220	869.00 MHz

D Frequencies by Country

Saudi Arabia	ETSI EN 300 220	868.40 MHz, 869.85 MHz
Singapore	TS SRD/ETSI 300 220	868.40 MHz, 869.85 MHz
South Africa	ICASA/ETSI 300 220	868.40 MHz, 869.00 MHz
Republic of Korea	Clause 2, Article 58-2 of Radio Waves Act	920.90 MHz, 921.70 MHz, 923.10 MHz
St Kitts and Nevis	FCC CFR47 Part 15.249	908.40 MHz, 916.00 MHz
Suriname	FCC CFR47 Part 15.249	908.40 MHz, 916.00 MHz
Taiwan (China)	NCC/LP0002	922.50 MHz, 923.90 MHz, 926.30 MHz
Trinidad and Tabago	FCC CFR47 Part 15.249	908.40 MHz, 916.00 MHz
Turks and Caicos Islands	FCC CFR47 Part 15.249	908.40 MHz, 916.00 MHz
UAE	ETSI EN 300 220	868.40 MHz, 869.85 MHz
Uruguay	AS/NZS 4268	919.80 MHz, 921.40 MHz
USA	FCC CFR47 Part 15.249	908.40 MHz, 916.00 MHz

D Frequencies by Country

Yemen	ETSI EN 300 220	868.40 MHz, 869.85 MHz

Tabelle D.1: Frequencies by Country

Literaturverzeichnis

[Mitsumi2011] Mitsumi Electric Co, Ltd Press Release :*Mitsumi concluded Z-Wave Module Supply Agreement with Sigma Designs, Inc. in USA* , May23rd, 2011, http://www.mitsumi.co.jp/pdf/20110523_e.pdf

[ITU2012] ITU-T G.9959: *Short range narrowband digital radiocommunication transceivers - PHY & MAC layer specification*, International Telecommunication Union, 02/2012

[Merten2008] Merten CONNECT Produkt Literatur, *www.merten.com*

[SmartHome2017] *http://de.wikipedia.org/wiki/Smart_Home*

[6LoWPAN2017] *http://de.wikipedia.org/wiki/6LoWPAN*

[Merten2007] Homepage: *http://www.merten.com*

[CEPT2017] *http://de.wikipedia.org/wiki/CEPT*

[Tutorial2015] *http://www.electronics-tutorials.ws/boolean/bool_6.html*

Literaturverzeichnis

[Givant2008] Givant, Steven, Halmos, Paul: *Introduction to Boolean Algebras*, Springer-Verlag New York, 978-0-387-68436-9

[Zme2017] Homepage: *www.zwave.me*

[Sigma2008] Press Release Sigma Designs Dec, 18th, 2008: *Sigma Designs Acquires Zensys* http://www.silicontap.com/sigma_designs-_acquires_zensys/s-0019088.html

[Fouladi2013] Bahrang Fouladi, Shand Ghanoun: *Honey, I am Home!!, Hacking Z-Wave Home Automation Systems*, Black Hat USA 2013, Las Vegas July 27-Aug1st, 2013, Slides available at http://www.slideshare.net/sensepost/hacking-zwave-home-automation-systems

[Hall2016] Joseph Hall and Ben Ramsey: *Z-WAVE PROTOCOL HACKED WITH SDR*, Hackaday 16. January 2016, Story available at http://hackaday.com/2016/01/16/shmoocon-2016-z-wave-protocol-hacked-with-sdr/

[Markoffnov2016] John Markoffnov: *Why Light Bulbs May Be the Next Hacker Target* New York Times, Nov 3rd, 2016, https://www.nytimes.com/2016/11/03/technology-/why-light-bulbs-may-be-the-next-hacker-target.html

Literaturverzeichnis

[Sigma2017] *Z-Wave Alliance Announces New Security Requirements for All Z-Wave Certified IoT Devices*, Press Release Z-Wave Alliance, Nov. 17th, 2016, http://z-wavealliance.org/z-wave-alliance-announces-new-security-requirements-z-wave-certified-iot-devices/

[Alliance2012] *Z-Wave Alliance Announces 700th Certified Product*, Press Release Z-Wave Alliance, Sept. 4th, 2012, http://z-wavealliance.org/z-wave-alliance-announces-700th-certified-product/

[Alliance2014] *Z-Wave Extends Smart Home Market Leadership With 1000th Certified Product*, Press Release Z-Wave Alliance, May 2014, http://z-wavealliance.org/z-wave-extends-smart-home-market-leadership-1000th-certified-product/

[Sigma2016] Z-Wave Public Application Layer Specification, www.zwavepublic.com

[Alliance2017] Z-Wave Alliance: Certified Installer Tookit

[Edhc2013] *Elliptic Curve Diffie-Hellman cryptography*, http://nvlpubs.nist.gov/nistpubs/SpecialPublications/NIST.SP.800-56Ar2.pdf

[Bernstein2006] D. J. Bernstein: *Curve25519: new Diffie-Hellman speed records* Proceedings of PKC 2006. URL: http://cr.yp.to/papers.html

Literaturverzeichnis

[Aes2001] - *FIPS197: Advanced Encryption Standard (AES)*, November 26, 2001, URL: http://csrc.nist.gov/publications/fips/fips197/fips-197.pdf

[Paetz2013] Paetz, Christian; Volkmar, Andre: *Das 868 MHz Frequenzband zwischen Kurzstreckenfunk und LTE*, elektronik wireless, October 2013, pp34-38

[Nsa2003] *National Policy on the Use of the Advanced Encryption Standard (AES) to Protect National Security Systems and National Security Information*, June 2003, http://csrc.nist.gov/groups/ST/toolkit/documents/aes/CNSS15FS.pdf

[Diffie1976] - Diffie, W.; Hellman, M. (1976). *New directions in cryptography* IEEE Transactions on Information Theory 22 (6): 644–654. Introduction to DH: https://www.khanacademy.org/computing/computer-science/cryptography/modern-crypt/v/diffiehellman- key-exchange-part-1 https://www.khanacademy.org/computing/-computerscience/ cryptography/ modern-crypt/v/diffie-hellman-key-exchange-part-2

[Sigma2011] *Sigma Designs, SDS13349, Security considerations in Home Control installations*

[Sigma2017] *Sigma Designs, SDS11274, Security 2 Command Class, version 1*

Literaturverzeichnis

[Sigma2013] *Sigma Designs, ZM5101 General Purpose Z-Wave SiP Module*

Tabellenverzeichnis

1.1 Vor- und Nachteile verschiedener Funktechnologien 46

2.1 Struktur des Frequenzbandes SRD 65
2.2 SAW-Filter unter Frequenzeinschränkungen 71
2.3 Dämpfung verschiedener Materialien[Merten2008] 84
2.4 Arbeitsblatt zur Bestimmung der Funkreichweite 85

3.1 Z-Wave-Funkkanäle 97
3.2 Max. und min. Übertragungszeiten von Funkrahmen 100
3.3 Home-ID versus Geräte-ID 105
3.4 Bedeutung der Steuerbits im Transport-Funkrahmen 111
3.5 Eigenschaften der Z-Wave-Gerätetypen . . . 135
3.6 Mögliche Kombinationen von Gerätetypen und Stromversorgungsoptionen 151
3.7 Vergleich verschiedener Methoden zum Korrigieren von Routen 174
3.8 Verschiedene gültige Netzkonfigurationen . 183

Tabellenverzeichnis

4.1 Bedingungen zum Statuswechsel eines batteriegespeisten Gerätes 221
4.2 Stromverbrauch verschiedener Generationen von Z-Wave-ASICs 224
4.3 Batterielebensdauer, wenn kein statischer Controller im Netzwerk präsent ist 225
4.4 Batterielebensdauer mit statischem Controller im Netzwerk 225
4.5 Vergleich zwischen Assoziationsgruppen und Szenen 261

5.1 Schritte zur Fehlersuche im Z-Wave-Netz . . 359
5.2 Schritte zur Fehlersuche im Z-Wave-Netz . . 360

6.1 Zusammenfassung zu Dimmern 403

C.1 SDK 6.71 (Feb. 2017, *deprecated*, **important**) . 424

D.1 Frequencies by Country 430

Abbildungsverzeichnis

1.1 Herkömmliches Haus am Ende des 20sten Jahrhunderts 19
1.2 Erster Schritt zum intelligenten Haus 20
1.3 Zweiter Schritt zum intelligenten Haus . . . 21
1.4 Letzter Schritt zum intelligenten Haus 23
1.5 Allgemeines Schichtenmodell der Funkkommunikation 28
1.6 Das erste Z-Wave-Gerät, hergestellt von Zensys im Jahre 2001 47
1.7 Z-Wave Alliance Webseite (von 2017) 49
1.8 Sigma Designs Z-Wave ASIC Series 500 . . . 51
1.9 Entwicklung vom proprietären Produkt zum offenen Standard 52
1.10 Z-Wave Plus Logo 56
1.11 Entwicklung des Z-Wave Logos 57

2.1 Dämpfung einer Funkwelle durch eine Hauswand 59
2.2 Verbindungsmodel zwischen Sender und Empfänger 61
2.3 Aufteilung der Welt in ITU Regionen 62
2.4 Mitglieder der CEPT-Organisation in Europa 66

Abbildungsverzeichnis

2.5	FCC Logo	68
2.6	Frequenzwechselmöglichkeit in einem Z-Wave-Controller	70
2.7	ZM5202 Module mit Filtermarkierung (Pfeil)	72
2.8	Darstellung des Hintergrundrauschens beim CIT	77
2.9	Vergleich von zwei Antennendesigns	79
2.10	Unterschiedliche Verluste einer gleichen Helix-Antenne bei unterschiedlicher Umgebung	80
2.11	Dedizierte Industrie-Antenne für 868 MHz	81
2.12	Drahtantenne	82
2.13	Antenne auf Leiterplatte	82
2.14	Effektive Wandstärke	86
2.15	Funkschatten metallischer Strukturen	87
2.16	Signalverstärkung durch Interferenz	88
2.17	Signalabschwächung durch Interferenz	88
2.18	Signalstärkenänderung durch Fading	90
2.19	Funkreichweite in Abhängigkeit der Linkmarge	91
2.20	Sendeleistung bei Z-Wave im Vergleich zu Mobiltelefonen	93
3.1	Frequenzspektrum bei Z-Wave	96
3.2	NRZ-Kodierung	98
3.3	Manchester-Kodierung	98
3.4	Z-Wave-Funkrahmen	99
3.5	Z-Wave-Geräte vor Inklusion in ein Netzwerk	106
3.6	Z-Wave Netz nach erfolgter Inklusion	107

Abbildungsverzeichnis

3.7 Zwei Z-Wave-Netze mit unterschiedlichen Home-IDs existieren nebeneinander 108
3.8 Transportrahmen (Singlecast) 110
3.9 Format des Multicast-Transport-Rahmen . . 113
3.10 Kommunikation mit und ohne Bestätigung . 118
3.11 Netzwerk ohne Routing 120
3.12 Z-Wave Netzwerk mit Routing 122
3.13 Maximale Route zwischen 2 Geräten über 4 Repeater 123
3.14 Beispiel einer Routingtabelle 126
3.15 Beispiel eines funkvermaschten Netzes . . . 126
3.16 Routingtabelle des Beispielnetzes 127
3.17 Routing von Gerät 1 via Gerät 3 zu Gerät 6 . 128
3.18 Mehrfachversuch der Kommunikation in Z-Wave - Schritt 1 129
3.19 Mehrfachversuch der Kommunikation in Z-Wave Schritt 2 130
3.20 Mehrfachversuch der Kommunikation in Z-Wave - Schritt 3 130
3.21 Veränderter Transport-Rahmen durch Routinginformation 132
3.22 CO_2-Sensor mit Netzspeisung 138
3.23 Z-Weather, das erste Z-Wave-Gerät mit Energie-Harvesting 141
3.24 Fernbedienung als Beispiel eines Gerätes mit manuellem Aufwecken 144
3.25 Sensor als Beispiel für ein Gerät mit regelmäßigem Aufwecken 146

Abbildungsverzeichnis

3.26 Wakeup-Beam weckt ein FLiRS-Gerät auf . . 147
3.27 Sirene als FLiRS-Gerät 148
3.28 Nutzerschnittstelle eines Controllers zum Entfernen von defekten Geräten 155
3.29 Nutzerschnittstelle eines Controllers zum Markieren von Geräten als defekt 157
3.30 Bildschirmdialog eines Netzwerk-Reorganisations-Prozesses 160
3.31 SUC in einem Z-Wave-Netzwerk 163
3.32 Update einer Routing-Tabelle mit SUC . . . 164
3.33 SIS Server in einem Z-Wave-Netzwerk 166
3.34 Explorer-Frame in Aktion 167
3.35 Explorer-Frame 168
3.36 Z-Wave-Netzwerk mit einem portablen Controller 175
3.37 Z-Wave-Netzwerk mit einem statischen Controller 177
3.38 Z-Wave-Netzwerk mit einem statischen und einem portablen Controller 179
3.39 Z-Wave Netzwerk mit einem statischen und einem portablen Controller 181

4.1 Z-Wave-Controller, -Aktoren und -Sensoren 186
4.2 Beispiele verschiedener Kommandoklassen . 192
4.3 Nachrichtenformat einer Kommandoklasse . 194
4.4 Basic-Kommandoklasse 196
4.5 Optionale, empfohlene und Pflicht-Kommandoklassen 200

4.6	Verschiedene Implementierungen eines Gerätes 'Binärschalter' durch verschiedene Hersteller	201
4.7	Schuko-Zwischenstecker	204
4.8	Node Information Frame	210
4.9	Interview eines Z-Wave-Gerätes	212
4.10	Beispiel einer generischen Konfigurations-Schnittstelle	214
4.11	Beispiel einer nutzerfreundlichen Konfigurationsschnittstelle	216
4.12	Tiefschlaf und Aufwecken	219
4.13	Beispiel eines Dialoges zum Einstellen des Schlaf-Intervalls	220
4.14	AAA Batterie	222
4.15	Einbettung eines Kommandos in eine Multikanal-Umgebung	229
4.16	Wie ein *Trigger* arbeitet	233
4.17	Alle Geräte einer Assoziationsgruppe empfangen ein Kommando, wenn ein Ereignis stattfindet	234
4.18	Aktivierung einer Szene	242
4.19	Szenencontroller für Wandmontage, Hersteller: Cooper	244
4.20	Szenendefinition in einem IP-Gateway	247
4.21	Beispiel für eine GUI zur Definition von Zeitgebern	249
4.22	Beispiel für eine GUI zur Definition von logischen Verbindungen	258

Abbildungsverzeichnis

4.23 Dedizierte Tasten zur Netzsteuerung einer Fernbedienung 264
4.24 Graphische Assoziationsverwaltung 265
4.25 Beispiel einer Nutzerschnittstelle auf einem Mobiltelefon 266
4.26 Container der Security-Kommandoklasse V1 278
4.27 AES128-Verschlüsselung 279
4.28 Sichere Kommunikation benutzt Nonces . . 280
4.29 Das Diffi-Hellman-Prinzip zum Schlüsselaustausch 286
4.30 Z-Wave Classic: Autorisierung durch Tastendruck 289
4.31 Z-Wave S2: Autorisierung 291
4.32 Z-Wave S2: Beispiel für einen QR-Code . . . 292
4.33 Z-Wave S2: Zugangskontrolle 293

5.1 Wandeinsatz wird durch originalen Schalter gesteuert 304
5.2 Aufbau eines Funk-Wandschalters 305
5.3 Positionierung eines Schalteinsatzes zwischen Originalschalter (links) in Schaltdose (rechts) 306
5.4 Wandcontroller mit speziellen Tasten zum Netzmanagement 313
5.5 Beispiel für den Inklusionsdialog in einer Web-Schnittstelle 314
5.6 Beispiel für ein Handbuch, das den Inklusionsprozess beschreibt 315
5.7 Controller-Replikation 318

Abbildungsverzeichnis

5.8 Beispiel für die Primärcontroller-Wechsel . . 319
5.9 Nutzerschnittstelle zum individuellen Polling von Geräten 332
5.10 Experten-Zugang von Z-Way 336
5.11 CIT Werkzeug 338
5.12 Hintergrundrauschen 339
5.13 Echtzeitmessung des Hintergrundrauschens 341
5.14 Powerbank zur Stromversorgung des CIT beim mobilen Einsatz 342
5.15 Netzwerkstatistik 343
5.16 Status-Ansicht im CIT oder Z-Way-Experten-Zugang 345
5.17 Paket-Sniffer 346
5.18 Paketlaufzeiten 347
5.19 Paketlaufzeiten in einem gealterten Z-Wave-Netz 350
5.20 Nachbarschaftstabelle in einem Controller . 353
5.21 Tests der Funkverbindungen für ein bestimmtes Gerät 354
5.22 Assoziation-Dialog 356
5.23 Erstes europäisches Z-Wave-Produkt von ACT aus dem Jahre 2004 363

6.1 Funktionsschichten von Z-Wave 370
6.2 ITU-T G.9959 371
6.3 SDK Versionen in einer Z-Wave-Controller-GUI 378
6.4 Z-Wave ASIC Blockschaltbild 379

Abbildungsverzeichnis

6.5 Schaltplan eines einfachen Z-Wave-Gerätes mit einem Taster 381
6.6 Z-Wave SDK Hardware 382
6.7 ZUNO 385
6.8 Breadboard zum schnellen Aufbau eines Prototyps 386
6.9 RGB Leuchtstreifenprojekt mit ZUNO 388
6.10 UZB: Ein USB Stick mit Sigma Serial Interface und Zusatzfunktionen 391
6.11 Spannungsverlauf bei einem Phasenanschnittdimmer 395
6.12 Prinzipschaltbild eines Phasenanschnittdimmers 397
6.13 Stromverschiebung durch eine induktive Last an einem Phasenanschnittdimmer 398
6.14 Spannungsverlauf an einem Phasenabschnittdimmer 399
6.15 Prinzipschaltbild eines Phasenabschnittdimmers 401
6.16 Dreidraht-Verkabelung einer Wanddose ... 404
6.17 Zweidraht-Verkabelung einer Wanddose .. 406
6.18 Ersatzschaltbild der Zweidraht-Lösung ... 406
6.19 Bypass zum Betreiben neuer Leuchtmittel am Zweidraht-System 409
6.20 Treppenhausschaltung durch Z-Wave 410

Index

6LoWPAN, 40

Aktor, 25, 185
Antenne, 78
Anwendungsschicht, 185
ASIC, 49, 380
Assoziation, 230, 328
Assoziationsgruppe, 234
Aufweck-Interval, 144
Aufweck-Nachricht, 144
Auto-Inklusion, 152, 313
Automatisierung, 22

Basic, 195
Batterie-Management, 217
Batteriegespeiste Geräte, 138
Batterielebensdauer, 217
Brückengeräte, 109
Broadcast, 111

CEPT, 64
CIT, 336

Controller, 25, 103, 133, 185
Controller Shift, 317
CRC 16, 114

Dämpfung, 83
Datensicherheit, 114
DECT ULE, 42
Denial-of-Service-Attacke, 274
Drahtgebundene Technologie, 15
Drahtlose Technologie, 16

Energie-Harvesting, 139
EnOcean, 41
Exklusion, 152
Expert UI, 336
Explorer-Frame, 166

Fading, 89
Failed Node List, 153
Fehlersuche, 336

Index

Fernbedienung, 133
Firmware, 383
FLiRS, 146, 226
Frequenznutzung, 61
Funk-Rahmen, 99
Funk-Wandschalter, 303
Funkkanäle, 96
Funkschatten, 86

G.9959, 94, 371
Gateway, 25
Generische Geräteklasse, 198
Geräte-ID, 100
Geräteentwicklung, 379
Geräteklassen, 197
Grund-Geräteklasse, 197

Haus-Automatisierung, 22
Hintergrund-Rauschen, 75
Home-ID, 100

IEEE 802.15.4, 36
Industry Science Medicine Band, 67
Inklusion, 104, 310
Inklusion-Controller, 165
Installationswerkzeuge, 264
Intelligentes Haus, 15, 24

Interferenz, 86
Interview, 211, 324
ISM 915, 67
ITU G.9959, 94, 371

Kommandoklassen, 190
Konfiguration, 213, 327

Learn Mode, 316
Lifeline, 236
Link-Marge, 74
Logo, 56
Low Power Inklusion, 310

Manchester, 97
Medienzugriffsschicht, 94, 109
Meshing, 122
Multi-Channel-Geräte, 227
Multi-Channel-Kommandoklasse, 364
Multicast, 112
Multikanal-Assoziation, 253

Netzgespeiste Geräte, 137
Netzweite Inklusion, 310
Netzwerk-Rekonfiguration, 156
Netzwerk-Reorganisation, 156

Index

Netzwerk-Reparatur, 156
NIF, 208
Node Information Frame, 200, 208
Node-ID, 102
Non Return Zero, 97
Nonce, 271
NRZ, 97

Optionale Kommandoklassen, 199

Patente, 373
Pfadverlust, 73
Pflichtklassen, 199
Physische Schicht, 94
Portable Controller, 133
Prüfsumme, 114
Primär-Controller, 104
Primarcontroller-Wechsel, 317
Proprietäre Funktion, 203
Proprietäre Produkte, 32

Rückbestätigung, 119
Rauschen, 75
Reflektion, 86
Reichweitenabschätzung, 71

Reinklusion, 316
Replay-Attacke, 270
Routing, 120
Routing-Slaves, 134

Schalteinsätze, 303
Schichtenmodell, 26
Scripting, 257
SDK, 376
Sensor, 24, 185
Sicherheit, 267
Singlecast, 111
SIS, 165
Slaves, 133
Smart Home, 15, 19, 24
Spektrum, 95
Spezifische Geräteklasse, 198
SRD 860, 64
Static Id Server, 165
Static Update Controller, 162
Statischer Controller, 133
Steuernetz, 25
SUC, 162
System Development Kit, 376
Szenen, 239, 328
Szenenaktivierung, 240, 248

448

Index

Thread, 40
Transportschicht, 109
Trigger, 233

Vermaschtes Netz, 122
Verschlusselung, 268
Verträglichkeit, 92
Virtuelle Geräte, 254

Wakeup-Beam, 147
WiFi, 34
WLAN, 34

Z-Wave Plus, 54
Z-Way, 390
ZigBee, 37
ZUNO, 385
Zuverlässigkeit, 114
Zwei-Wege-Kommunikation, 119

Index

Notizen